Enquanto

Houver Sol

Nilton de Almeida Junior

Enquanto

Houver Sol

MADRAS®

© 2008, Madras Editora Ltda.

Editor:
Wagner Veneziani Costa

Produção e Capa:
Equipe Técnica Madras:

Revisão:
Arlete Genari
Renata Assumpção
Amanda Maria de Carvalho

Dados Internacionais de Catalogação na Publicação (CIP)
(Câmara Brasileira do Livro, SP, Brasil)

Almeida Junior, Nilton de Enquanto houver sol /
Nilton de Almeida Junior.— São Paulo: Madras, 2008.
ISBN 978-85-370-0334-3
1. Romance brasileiro 2. Umbanda (Culto)
I. Título.
08-02330 CDD-299.672

    Índices para catálogo sistemático:
    1. Romance umbandista : Religiões afro-brasileiras
    299.672

Proibida a reprodução total ou parcial desta obra, de qualquer forma ou por qualquer meio eletrônico, mecânico, inclusive por meio de processos xerográficos, incluindo ainda o uso da internet, sem a permissão expressa da Madras Editora, na pessoa de seu editor (Lei nº 9.610, de 19.2.98).

Todos os direitos desta edição, reservados pela

MADRAS EDITORA LTDA.
Rua Paulo Gonçalves, 88 — Santana
CEP: 02403-020 — São Paulo/SP
Caixa Postal: 12299 — CEP: 02013-970 — SP
Tel.: (11)2281-5555/ 2959-1127 — Fax: (11) 2959-3090
www.madras.com.br

Agradecimentos

Agradeço aos autores das músicas "Parabéns pra você", Jalcireno Fontoura de Oliveira, e "Enquanto houver sol", Sergio Brito, que gentilmente permitiram a utilização de suas letras na narrativa deste romance.

Música: Parabéns pra você
Autor: Jalcireno Fontoura de Oliveira
Editora: Euterpe/Warner Chappell BRSGL8700315

Música: Enquanto houver sol
Autor: Sergio Britto
Editora: Warner Chappell Edições Musicais LTDA – Todos os direitos reservados.

Nilton de Almeida Junior

Índice

Prefácio 9
Antigas recordações 10
Álcool e tranqüilizantes 15
A carta 18
Roberta volta ao passado 21
A Filha de Omolu 25
A traição 29
O despertar de Estela 34
Estela volta ao passado 38
Mediunidade 42
Roberta e Estela conhecem Eduardo 45
Eduardo percebe os sentimentos de Estela 49
Eduardo investe no relacionamento com Estela 53
Omolu disse não 57
A vida segue seu curso 62
Roberta vai ao hospital 65
Estela continua seu relato 68
A morte de Norma 72
Os primeiros sinais de crise 76
Valéria 80
Valéria tece sua teia 83
Seu Lucifér 87
Efeitos da obsessão 90
Consultando os búzios 94
Shirley 98
O sacudimento 101
Shirley faz o segundo aborto 104
Fim de caso 108
A festa de 15 anos 111
Romance no escritório 115
Vítima da dengue 119

No velório 123
Leonor Braga Monserrat 127
Enterrando o passado 131
Valéria volta à crosta 134
Nojo, repulsa e indignação 138
Cinzas de um casamento 143
Perigosas sugestões 147
Bastam alguns comprimidos 151
Solidão e suicídio 155
A espiritualidade em ação 159
Vitória do amor sobre o tempo e a adversidade 163
Eduardo encontra o remorso 166
Lucubrações de Roberta 169
O reencontro com dona Marina 173
Kely e Eduardo conversam 179
Mensagem musical 183
O retorno de Roberta ao terreiro 187
A sessão de mesa 191
Atendimento espiritual na sessão de mesa 196
Acertando contas 203
Tentativa de reconciliação 207
Os búzios falam 212
Eduardo toma uma decisão 216
A decisão de Estela 219
O retorno a casa 225
Recomeços e renascimentos 229
E a vida continua 234

Prefácio

A história do homem é escrita por meio de suas atitudes, sendo estas baseadas em princípios. Esses princípios fazem com que uma atitude traga várias conseqüências – classificadas como boas ou ruins. Essas conseqüências geram sentimentos, que geram novas atitudes, que geram novos sentimentos e assim sucessivamente. É a tão conhecida "Lei da Ação e Reação". Na linguagem espiritualista, essa lei é conhecida como a "Lei do Retorno", uma lei muito importante, porém esquecida e, muitas vezes, desconhecida. Lei esta que nos ajuda a equilibrar os pensamentos e estabelecer princípios, para que nossas atitudes estejam de acordo com as leis que regem a vida humana.

Neste livro, assim como nos outros dois anteriores de sua autoria, Nilton utiliza uma linguagem simples, direta e didaticamente correta para apresentar a Umbanda como deve ser seguida: com estudo, dedicação e, principalmente, humildade.

O romance, que envolve três personagens principais, narra uma trama na qual a vaidade, a ignorância do saber, o orgulho, o medo e a insegurança levam o indivíduo à autodestruição e à daqueles que estão à sua volta. Ao mesmo tempo em que a existência da dor e da fé, a perseverança, o perdão, o amor ao próximo e a renúncia o trazem gradativamente de volta a evolução espiritual.

Desejo que o leitor absorva o conteúdo deste livro – que na realidade são ensinamentos – e entenda que a Umbanda é a prática da caridade e o amor ao próximo, trazendo conforto aos corações de modo a acreditarem que essa existência é só uma das inúmeras chances dadas pelo nosso Criador para resgatarmos, com resignação, os erros cometidos no passado.

Aproveito para parabenizar o escritor pelas linhas inteligentes e interessantes e agradecer o carinho e a confiança depositados para o preenchimento deste espaço.

Boa Leitura!

Roselee Justino de Almeida Pinto

Antigas recordações

Roberta,
Se esta carta chegar às suas mãos, neste momento, você estará lendo as palavras de uma morta.

Antes de tudo, venho pedir perdão pelo que te fiz passar, pois sinto que só assim poderei descansar. Não tenho coragem de te olhar nos olhos e peço covardemente que me perdoe, assim como covardemente deixo esta vida.

Acho que nunca mereci seu carinho, sou a pior das criaturas. Destruí e corrompi tudo o que se aproximou de mim. Minha morte será um descanso para todos aqueles que tiveram a má sorte de um dia terem me conhecido.

Gostaria que soubesse que nunca te quis fazer mal algum. Tudo o que almejei, todos os meus sonhos acabaram transformando-se em verdadeiro martírio. Não suporto mais. Espero que o sono da morte venha logo. Que ao menos este meu desejo seja atendido.

Perdão.
Estela

A noite anunciava sua chegada trazendo o frio. No céu de outono, as primeiras estrelas ousavam brilhar no firmamento sem nuvens antes que o brilho prateado da lua cheia derramasse magia e mistério em seu passeio noturno. Há muito tempo Estela considerava o domingo como o mais longo e o mais triste dos dias da semana, especialmente as tardes. As horas que cercavam o pôr-do-sol a envolviam em uma aura de melancolia e abandono, de forma que tudo o que ela fazia era chorar enquanto vagava pela casa vazia. Carregava um peso que não suportava. Tinha tomado considerável dose de tranqüilizantes, suas lembranças a faziam retorcer as mãos na esperança de que a segunda-feira e as atribuições do dia-a-dia a fizessem esquecer. Tudo o que ela precisava era esquecer.

A caligrafia trêmula expressava ansiedade, mal conseguia enxergar o que estava escrevendo. A casa escura e silenciosa dava a impressão de estar abandonada, o jardim há muito tempo não era tratado. Plantas enfraquecidas teimavam em tentar retirar nutrientes da terra ressecada. Estranho vulto, que ela não percebia, envolvia-na em perigosas vibrações de desânimo e desespero. O efeito dos tranqüilizantes deixava sua boca seca, e ela serviu-se de mais uma dose de uísque. A bebida não cobriu o gelo do copo, dirigiu-se com dificuldade até o bar, abriu outra garrafa, completou a dose e derramou-a garganta abaixo em um rápido movimento. Olhou com dificuldade para o relógio, pois as lágrimas e o efeito do álcool dificultavam a visão. Deduziu que deveria estar próximo das seis e meia. Ainda tinha longas horas de solidão pela frente. Voltou, carregando a garrafa, para a mesa onde tinha deixado a carta que acabara de escrever. Sentou-se ofegante e descansou a cabeça nos braços que se cruzaram sobre o tampo de madeira enquanto soluçava de desespero. Não sabia determinar quanto tempo ficou nessa posição, mas pouco a pouco os soluços cessaram, levantou a cabeça e fixou o olhar no vidro de comprimidos à sua frente. Sua cabeça doía, estava exausta, precisava descansar e, no seu desequilíbrio, pensava estar indo ao encontro do descanso eterno.

Derramou o conteúdo do vidro na mão em forma de concha, levou a mão à boca e, com mais uma dose de uísque, empurrou os comprimidos para dentro de si. Limpou a boca com as costas da mão, levantou-se e dirigiu-se cambaleante em direção ao quarto, tropeçou e caiu sem sequer alcançar a soleira da porta. Em breve, tudo estaria consumado. Por um instante, em sua mente viu o rosto de Eduardo. Sentiu ao mesmo tempo carinho e raiva. O rosto do esposo lentamente deu lugar ao rosto da filha. Tentou chamar seu nome, mas os músculos da face e a língua não mais a obedeciam. A visão ficou turva e um frio mortal começou a envolver seu corpo, iniciando-se pelas extremidades; sentiu medo e tentou gritar, não conseguiu. O telefone começou a tocar e ela não conseguia mover-se para atendê-lo.

* * *

Do outro lado da cidade, desde a manhã do dia anterior, ela lutava contra uma insistente lembrança. A imagem de Estela, apesar de tantos anos passados, voltava com revoltante nitidez. Mergulhada em recordações que não queria ter, tinha o semblante tenso. Sem o perceber, esfregava com violência a roupa na pedra do tanque. Inconscientemente, tentava fazer com que a água e o sabão levassem para longe de si as irritantes recordações.

– Lavando roupa a esta hora? Em um domingo? Que culpa essa pobre toalha tem? Para você a estar castigando deste jeito, ela deve ter feito realmente algo muito feio.

A alegre voz de Tereza fez Roberta voltar de seu frenesi.

– Preciso desta toalha limpa e esqueci de lavá-la... – respondeu Roberta ajeitando, com as costas das mãos cheias de espuma, e os cabelos que lhe caíam na testa.

– Sei... sabia que já inventaram uma coisa chamada máquina de lavar roupas, que faz este trabalho para você? E, por acaso, essa caixa de metal com uma tampa transparente bem ao seu lado é uma máquina de lavar! Eu fui com você até a loja para comprarmos, lembra? – disse Tereza cruzando os braços e sorrindo descrente.

– Deixe-me em paz, Tereza. Não estou com boa disposição, você está toda arrumada para sair e não quero estragar seu fim de domingo com meu mau humor – resmungou Roberta, voltando a abrir a bica do tanque.

– Que você não está bem, eu já sei. Vi em seus olhos hoje pela manhã na fila da padaria. Roberta, mais do que uma vizinha, você é minha amiga! Eu a considero como a uma irmã, conheço você há muito tempo e sei reconhecer seus momentos. Sei quando você precisa de colo ou de um puxão de orelha. Estou aqui para lhe oferecer meu colo.

Tereza disse esta última frase abrindo os braços em generosa e desinteressada oferta de carinho. Roberta suspirou, fechando a bica, abandonou a roupa na pedra do tanque, retirou o avental e enxugou as mãos na toalha que pendia do varal à sua frente.

– Tem certeza de que quer ouvir? Você está toda arrumada... vá se distrair, minha amiga! Meus problemas são antigos e irremediáveis e, por isso mesmo, já resolvidos; afinal, o que não tem remédio, remediado está.

– Se já estivessem resolvidos, não estariam aí te perturbando. Temos todo o tempo do mundo, pois quando estávamos saindo de casa, o telefone tocou, Álvaro atendeu e adivinha quem era? A sogra. E você sabe que quando ela liga são pelo menos duas horas de ladainha sobre a merreca da pensão que nunca cobre as despesas, queixas sobre aquele inútil a quem eu tenho de chamar de cunhado e que não quer nada com a hora do Brasil. Enfim, aquele telefone só vai desocupar lá pelas oito ou oito e meia. A pizzaria pode esperar – disse Tereza, puxando uma cadeira e fazendo um muxoxo enquanto ajeitava o decote do vestido.

– Está sozinha em casa?

– Augusto e Joel foram a um jogo de futebol, vão demorar a chegar.

– É tão bonito ver aqueles dois. Não se vê um sem o outro, mais parecem irmãos e não pai e filho.

– Augusto é uma jóia de rapaz. Agradeço a Deus, todos os dias, pelo filho que tenho – confidenciou Roberta, relaxando por um instante o rosto antes congestionado.

– É alguma coisa com ele? – perguntou Tereza, levantando os braços, ora levando as mãos à cabeça, ora cruzando-as no peito.

– Ai, meu Deus! Ai, minhas Almas! Ai, minha mãe Iansã! Ai, meu Senhor do Bon...

Tereza foi interrompida pelo olhar de reprovação da amiga.

– Tereza, por favor, pare de chamar por estas coisas aqui em casa.

– Desculpe... Ah! Você sabe que isso não é nada de ruim. Você mesma já trabalhou e sabe muito bem do que estou falando – respondeu a vizinha de Roberta, recuperando o bom humor característico e denotando a intimidade que tinha com a dona da casa.

– Disse muito bem. Trabalhei. Não quero mais saber disso. Cansei de ser enganada.

– Tá bom, tá bom. Agora desembucha, por que aquela pobre toalha estava apanhando tanto?

O rosto de Roberta voltou a contrair-se, suspirou e respondeu baixando a cabeça:

– Estela, não consigo parar de pensar em Estela.

– Est ... Este.. Estela?! Aquela Estela? – respondeu cochichando com espanto enquanto olhava para os lados como se não quisesse ser ouvida.

– E que outra Estela poderia ser? Não conheço outra.

– Mas depois de tanto tempo? Você nem tinha se casado ainda! Para que desenterrar esse fantasma agora?

– É mais forte do que eu. Antes de descobrir tudo, éramos amigas. Você sabe que nós tínhamos uma sintonia que a todos espantava. Se uma estava em perigo ou com alguma preocupação, a outra sentia e não sossegava enquanto não se falassem. Depois que tudo aconteceu nos afastamos, mas ainda sentia, de tempos em tempos, aquele chamado. Apesar de saber onde eles moram, até saber o telefone, nunca mais os vi. Sempre fiz questão de esquecer. Esquecer e ser esquecida. Há uns meses, acho que já fez um ano, acordei de madrugada ouvindo minha Preta-Velha me chamando e dizendo que Estela corria perigo. É claro que não dei ouvidos a essa bobagem que, com o tempo, acabou passando. Entretanto, hoje o chamado está muito forte; aliás, desde sexta-feira não consigo parar de pensar nela. Não sei como ela está fisicamente, apenas me lembro dela como há 21 anos, mas em minha mente a vejo precocemente envelhecida.

– Não é por nada, mas aquela falsa já era para ter recebido de volta tudo o que te fez – observou Tereza, ajeitando o penteado.

– Tereza...!

– É isso mesmo, Roberta! Eu presenciei tudo o que aconteceu. Eu conheci a sua "grande amiga" e testemunhei essa sintonia a que você se refere. Você sabe como sou. Para mim, meus amigos não têm defeitos. Já os inimigos, se não tiverem defeitos, eu mesma os coloco.

– Eu refiz minha vida, casei-me com um homem que me ama e tenho um filho maravilhoso. Nunca mais quis saber deles, procurei tocar minha vida e esquecer, mas volta e meia essas lembranças retornam reabrindo feridas que parecem nunca cicatrizar.

– Roberta, você nunca mais falou com ela?

– Não.

– Nem para saber o que ela tinha para dizer? Digo, ela deve ter alguma explicação. Ele te deve uma explicação!

– Não.

– Então deve ser por isso. Você ainda não resolveu essa questão. Você não tem o telefone deles? Se eu fosse você, pegaria o telefone e ligaria.
– Ficou doida, Tereza?! E o que eu falaria depois de tanto tempo?
– Sei lá! Se fosse comigo, eu diria um palavrão assim que ela atendesse. Xingaria a ela e toda a sua descendência. Quem sabe se não é isso que você precisa fazer para tirar isso de dentro de você e colocar de vez uma pedra sobre este assunto?

O esposo de Tereza terminou a conversa telefônica mais cedo do que o esperado por ela e os dois foram cumprir o programa que tinham agendado para aquele final de domingo. Roberta viu-se novamente sozinha, tendo a sugestão de sua amiga ecoando juntamente com a lembrança de Estela. Foi até o quarto e procurou na gaveta do criado-mudo pela agenda que continha o telefone para o qual ela nunca tinha discado. Com dedos hesitantes, discou o número logo depois de ouvir o sinal de linha disponível, não sabia ao certo o que faria caso alguém atendesse. Talvez desligasse sem nada falar.

Enquanto isso, na penumbra, Estela jazia no chão bêbada e dopada, ouvindo o telefone tocar cada vez mais distante, sem forças para reagir.

ÁLCOOL E TRANQÜILIZANTES

O som do telefone parecia cada vez mais distante. Estela já nem discernia se era mesmo a campainha do telefone ou se aquele ruído era algum tipo de efeito da combinação do álcool com tranqüilizantes. A perigosa mistura ingerida alcançava seus efeitos rapidamente, ela balbuciou palavras desconexas antes de revirar os olhos morbidamente e perder os sentidos.

Foi depois de muito tempo que Kely encontrou a mãe sem sentidos estirada no chão. Correu logo que a viu caída no corredor. O vidro de remédios e o copo ao seu lado, aliados ao forte cheiro de bebida, não deixavam dúvidas quanto à gravidade da situação. Arrependeu-se de ter saído com as amigas e passado o final de semana fora de casa. No retorno, precisou ir ao shopping para trocar uma blusa que apresentou defeito e encontrou com uma amiga que a fez demorar-se mais do que pretendia. Já tinha percebido que sua mãe não estava bem e queria fazer-lhe companhia. Sua primeira reação foi gritar agarrada ao corpo inerte da mãe, depois percebeu que precisava com urgência tomar alguma atitude. Não conseguia lembrar o número do telefone de emergências, foi até a estante e procurou o catálogo fornecido pela companhia telefônica; assim que teve a informação de que o socorro estava a caminho, ligou para o celular do pai.

– Quem é?

– Pai, sou eu Kely – disse ela aumentando o tom da voz e tapando o outro ouvido com a mão que estava livre, pois a voz do pai vinha cercada de um barulho ensurdecedor de gente falando alto à sua volta. Era dia de seu plantão na fábrica e uma das máquinas tinha apresentado problemas.

– Se foi sua mãe que mandou você me ligar, diga que não me encontrou. Não posso falar agora – gritou ele do outro lado da linha.

– Não, papai. Ela não mandou procurar pelo senhor. Na verdade, eu é que estou ligando porque ela não está bem. Vocês brigaram de novo?

– O que ela tem?...

Kely relatou para Eduardo o ocorrido. Ele disse que faria o possível para ir ao hospital. Disse à filha para voltar a ligar assim que soubesse para qual hospital Estela seria enviada. Ela desligou o telefone intrigada. O pai tentou ser frio e distante, mas percebeu preocupação em sua voz. Sabia que o relacionamento dos pais não ia bem e apesar de eles procurarem, mesmo para ela, manterem as aparências, acostumou-se nos últimos anos a ver a mãe infeliz enquanto tentava manter a fachada de família perfeita. Entretanto, a verdade era outra.

Estela deu entrada no hospital com fracos sinais vitais, foi imediatamente submetida a uma desintoxicação. Kely aguardava sozinha na sala de espera, há quase três horas. Eduardo não atendia ao telefone e ela demonstrava o inevitável cansaço.

– Por que não vai para casa? Tudo o que podia ser feito já foi. Você precisa descansar – disse a enfermeira, aproximando-se de Kely e despertando-a de seus pensamentos.

– Como ela está?

– O quadro é grave e permanece estável. Ela tomou grande quantidade de bebida alcoólica e de barbitúricos. É uma mistura muito perigosa. Pelo que observamos, está enfraquecida pela alimentação deficiente e pelo consumo contínuo e excessivo de álcool. Está em coma e tudo o que podemos fazer é esperar.

Kely voltou para casa e percebeu com tristeza que, apesar do adiantado da hora, o pai não havia chegado. Tomou um banho demorado e dormiu um sono agitado. Quando acordou, passava um pouco das oito horas da manhã, viu que Eduardo tinha chegado depois de ela ter se deitado, porém já havia saído de casa. A telefonista do hospital só passava informações sobre os internos a partir das 9 horas. Ela então resolveu arrumar a casa para que o tempo passasse mais rápido. Ligou para o colégio onde trabalhava e informou que não poderia comparecer por motivos de saúde de sua mãe. Sentou-se, segurando o telefone sem fio, na mesma cadeira em que a mãe tinha sentado na noite anterior enquanto falava com a diretora do colégio. Seus olhos pousaram sobre o papel em cima da mesa e ela reconheceu a caligrafia de Estela.

* * *

– O quadro permanece estável – respondeu a voz do outro lado da linha telefônica.

– Obrigado mas isto não ajuda muito. A senhora apenas quer dizer que minha mãe permanece em coma, não é? – insistia Kely, na ânsia de obter melhores notícias.

– O quadro da paciente permanece estável senhora. É tudo o que posso informar.

Ela ligou para o serviço de Eduardo, tendo nas mãos a carta escrita por Estela.

– O que aconteceu? – disse Eduardo ansioso ao atender ao telefone.

— Ela permanece em coma. Os médicos querem falar com o senhor.
— Falar o quê?
— Pai, está na cara que ela tentou suicídio. Ela misturou álcool com tranqüilizantes em uma dose que nocautearia um elefante! Mamãe anda depressiva há muito tempo.
— Depressiva por quê? Ela tem tudo o que precisa!
—Não tem não, papai. Não tem e o senhor sabe disso. Vocês não são felizes há tempos, não adianta negar.
Diante do silêncio do pai, Kely continuou.
— Pai, quem é Roberta?
O silêncio de Eduardo foi muito longo para que uma resposta negativa fosse convincente.
— Não sei, por quê?
— Porque encontrei uma carta assinada por mamãe, endereçada a alguém chamada Roberta. Parece que ela escreveu enquanto bebia. Pai, esta é a mesma Roberta que era motivo das brigas entre mamãe e o senhor?
— Em casa conversamos, Kely – disse Eduardo, antes de desligar o telefone.

A CARTA

Roberta sentiu um frio na boca do estômago ao ver a jovem que batia palmas no portão de sua casa naquela tarde de segunda-feira. Apesar de nunca a ter visto, sabia exatamente de onde ela vinha. Aquelas sobrancelhas emoldurando os olhos amendoados eram inconfundíveis, o mesmo nariz, o mesmo sorriso. A jovem parou de bater palmas assim que viu alguém aparecer na porta da casa e sorriu tentando facilitar o primeiro contato. Roberta não retribuiu o sorriso. Com o cenho franzido, perguntou transparecendo nervosismo na entonação de sua voz:

– O que deseja?

– Estou procurando a senhora Roberta.

– A quem devo anunciar? – indagou, ao ver que não foi reconhecida, passando os dedos nos cabelos e ajeitando-os para trás das orelhas, para logo depois cruzar os braços em atitude de desconfiança e desconforto.

– Ela não me conhece. Sou filha de uma pessoa que ela conheceu, mas não vê há muito tempo.

– Desculpe, ela não está. Saiu e não disse quando volta.

– Puxa vida, e eu vim de tão longe... a senhora poderia me dar o número do telefone dela?

– Lamento moça, não posso fazer isso.

– Entendo... me desculpe. Posso ao menos pedir um copo de água antes de ir embora?

– Claro. Como dizia minha mãe: "água não se nega a ninguém". Aguarde por favor, eu volto já – disse Roberta secamente, rodando nos calcanhares e se dirigindo para dentro da casa em busca da água para a jovem em seu portão.

Kely retirou de sua bolsa uma antiga fotografia, observou-a atentamente e voltou a guardá-la logo que viu a porta da casa abrindo-se novamente. Roberta voltava trazendo uma garrafa de água e um copo. Serviu a jovem ali mesmo na calçada. Kely sorveu o conteúdo do copo com gana, fazia calor e ela sabia que a mulher que a servia estava mentindo. Entretanto, não tinha tanta sede assim. Apenas estava tentando ganhar tempo.

– Roberta! ... Roberta!

A voz de Tereza ecoava por perto.

– Pois então moça, lamento não poder ajudá-la. Agora preciso voltar lá pra dentro... – disse Roberta, tentando desvencilhar-se de Kely antes que Tereza aparecesse desmentindo-a e colocando por terra o seu disfarce.

–Como faço para pegar uma condução para o centro de cidade? – indagou Kely, tentando continuar sua conversa com a dona da casa.

– Roberta! Preciso te contar... sabe o irmão do Álv...

Tereza parou diante das duas mulheres entreolhando-se em silêncio.

– Atrapalho alguma coisa?

– Eu sabia que a senhora estava se escondendo. Eu a reconheci pela fotografia. A senhora não mudou muito em todos esses anos... – disse Kely, devolvendo o copo. –...Minha mãe também me ensinou que água não se deve negar a ninguém.

Roberta recolheu o copo das mãos de Kely sem nada dizer, apenas olhava o rosto da jovem à sua frente convidando-a a um retorno no tempo. As feições de Estela e Eduardo estavam irritante e harmoniosamente mescladas naquele rosto. Diante desta última frase de Kely e do silêncio de Roberta, Tereza tocou o ombro da jovem ao seu lado fazendo-a virar-se para que pudesse ser melhor observada. Olhando-a de cima a baixo, com espanto exclamou:

– Ai, meu Deus! Ai, minhas Almas! Ai, minha mãe Iansã! Ai, meu Senhor do Bonfim! Você é a filha de Estela e Eduardo?!

– Sim. Meu nome é Kely. Vejo que a senhora conhece meus pais.

– Minha filha, esta rua inteira conhece seus pais. Aliás, você é a cara de sua mãe! Sua boca lembra um pouco a de Eduardo, mas seus olhos são os olhos de Estela, sem dúvida alguma. Não acha, Roberta? – disse Tereza em sua habitual falação.

Diante da mudez de Roberta, Kely comentou desapontada:

– Dona Roberta, parece que não cheguei em uma boa hora, entretanto preciso fazer chegar às suas mãos uma mensagem de minha mãe ...

Com as mãos trêmulas, ela retirou da bolsa a carta escrita por Estela e a entregou para Roberta.

Tremendo, Roberta desdobrou o papel, leu o primeiro parágrafo e achou melhor convidar a jovem para entrar. Tereza, a pedido da dona da casa, também adentrou a residência.

Dentro da casa, depois de acomodadas na sala de visitas, Roberta leu a carta de Estela. Seus olhos percorreram nervosos várias vezes aquelas linhas, seu coração estava acelerado e ela não conseguia discernir se sentia raiva por estar sendo molestada por um passado que ela queria esquecer, se era medo de remexer em antigas feridas, se era remorso por saber que agora era tarde demais para qualquer tentativa de esclarecimento ou acerto de contas. O silêncio já pesava por longos minutos e Tereza, não suportando a expectativa, disse:

— Pelo amor de Deus, Roberta, você já leu esta carta mais de mil vezes! Quer, por favor, falar o que está acontecendo?!

Roberta entregou-lhe a carta. Logo depois, ela disse:

— Ai, meu Deus! Ai, minhas Almas! Ai, minha mãe Iansã! Ai, meu Senhor do Bonfim! O que aquela maluca fez? De quando é esta carta? Ela não colocou data...mas também o que é que eu estou falando? Quem tenta suicídio lembra de datar cartas? Ela...ela já...?

— Eu a encontrei ontem à noite caída no corredor de casa. Não sei dizer por quanto tempo estava lá, só sei que parecia morta e que chegou no hospital muito enfraquecida. Estive no hospital hoje pela manhã e ela continua inconsciente. Esta carta estava perto da garrafa de uísque em cima da mesa.

— Meu Deus, que coisa mais triste... — sussurrou Tereza, buscando com os dedos a correntinha no pescoço.

— Dona Roberta, só a senhora pode me ajudar a entender o que está acontecendo.

— Sinto muito, minha filha, não vejo sua mãe faz muito tempo. Não vejo em que eu posso ajudar. Quem sabe sua mãe escreveu esta carta sob efeito do álcool.

— Que ela estava sob efeito do álcool quando escreveu esta carta, é inquestionável. Por favor, dona Roberta, não tente e não pense que vai se livrar de mim com respostas evasivas. Estou aqui porque tenho absoluta certeza de que a senhora pode me esclarecer o porquê desta atitude de minha mãe. Esta carta é um pedido de perdão. O que minha mãe fez para tomar uma atitude destas?

— Roberta, a menina tem razão. Não adianta negar o que está mais do que escancarado. Lembra do chamado que você estava recebendo? Chegou a hora de esclarecer as coisas, minha amiga. Esclareça isto logo, antes que seja tarde — retrucou Tereza impaciente com a atitude reticente de Roberta.

— É uma história longa, Kely. É uma longa história.

— Então pode ir começando a contar. Vou colocar água no fogo para fazer um café — disse Tereza, levantando-se e dirigindo-se para a cozinha.

Roberta ajeitou-se no sofá, encarou Kely e suspirou. Ainda não sabia se estava pronta para contar sua história.

— Eu estou vendo que a senhora tem dificuldade para falar sobre minha mãe.

— Tenho sim, Kely. Não me é agradável tocar neste assunto.

— Meu Deus?! O que ela fez de tão grave?

— Sua mãe me traiu.

— Conte-me tudo desde o início, por favor, dona Roberta.

A mente de Roberta a levou de volta no tempo e ela começou sua narrativa.

— Lembro, como se fosse ontem, do primeiro dia de aula do ano de 1963...

ROBERTA VOLTA AO PASSADO

Corria o ano de 1963. Roberta contava 9 anos de idade quando uma nova aluna sentou-se ao seu lado dividindo o banco da carteira do curso primário. As crianças olhavam curiosas para a nova aluna enquanto a professora a apresentava à classe, esclarecendo tratar-se de uma família recém-chegada na cidade e que, doravante, Estela era mais uma companheira de classe.

Logo Roberta e Estela entrosaram-se. Bastou uma troca de olhares para que uma espécie de química eclodisse e uma amizade sólida surgisse. Descobriram que tinham nascido no mesmo dia, no mesmo ano e que tinham praticamente os mesmos gostos por cores de roupa, penteados, tipos de sapato entre outras coisas. Com o passar do tempo, uma passou a ser a sombra da outra. Faziam juntas os trabalhos escolares, visitavam-se nos fins de semana, trocavam de bonecas, uma tomando conta das "filhas" da outra, e passavam juntas as férias escolares. Juraram amizade eterna e prometeram, no futuro, que uma daria o primogênito em batismo para outra.

A família de Estela era espiritualista e foi nestas visitas à casa de sua amiga que Roberta teve seus primeiros contatos com o fenômeno mediúnico. Dona Norma, a mãe de Estela, fazia semanalmente o Culto do Evangelho no Lar. Rigorosamente às quintas-feiras, a família sentava-se à mesa da sala de jantar, abriam ao acaso uma página do *Evangelho Segundo o Espiritismo*, de Kardec,* liam a mensagem, discutiam o tema e, ao final, bebiam a água da jarra de vidro que ficava sobre a mesa.

– De onde vem esta água? – indagou Roberta no primeiro dia que participou de uma dessas leituras.

– É água filtrada – respondeu dona Norma.

– Tem gosto de remédio de homeopatia – retrucou Roberta estalando a língua como se quisesse apurar o paladar.

– A água fluidificada, na maioria das vezes, tem este gosto porque recebe influência dos amigos espirituais que a fortificam e a preparam para este tipo de consumo – esclareceu com um sorriso a mãe de Estela.

---
* N.E.: Sugerimos a leitura de *Resumo Analítico das Obras de Allan Kardec*, de Florentino Barrera, Madras Editora.

Dona Norma fazia reuniões de Culto ao Evangelho no Lar por instrução de seu mentor espiritual, o Preto-Velho Pai Jacinto. Ela era médium de Umbanda,* mas como era nova na cidade, ainda não tinha encontrado um terreiro onde pudesse dar continuidade ao seu trabalho. Desta forma, fazia essas reuniões para não se afastar totalmente do contato com a espiritualidade.

– Norma, por que você não faz sessões em casa? Você não é médium de consulta? – indagou certa vez dona Júlia, a mãe de Roberta.

– Não é aconselhável fazer este tipo de trabalho em casa onde não existe a preparação apropriada do ambiente, pois com toda boa vontade do médium e a proteção dos guias acabamos por movimentar energias que precisam ser corretamente trabalhadas. Acender velas, riscar pontos, trabalhar com entidades, dar passes e consultas, fazer descarregos e desobsessões, improvisar firmezas para trabalhos espirituais condensam e fixam energias que atraem toda sorte de espíritos promovendo uma atmosfera espiritual que não é apropriada para um ambiente residencial.

– Mas você está fazendo reuniões em sua casa! Veja esta leitura do Evangelho – disse dona Júlia, bebendo um gole de água fluidificada.

– Isto é diferente. Veja que não temos incorporação, não acendemos velas, não temos nenhum tipo de ritual que induza ou promova o transe. Apenas estudamos o Evangelho à luz do Espiritismo e não fazemos nenhum tipo de atendimento mediúnico.

– Por quê?

– Porque não se podem misturar as estações. Lugar de tratar doentes é no hospital. Seu marido é dentista não é? Por acaso ele pode fazer tratamentos dentários na sua sala de jantar?

– Não.

– Mas ele pode reunir alguns estudantes e promover um grupo de estudos lá, certo?

– Certo...

– Para o médium de Umbanda é a mesma coisa. Assim como Alípio não pode praticar odontologia em um local onde não exista o mínimo de condições para exercer sua profissão, como um ambiente devidamente higienizado, com os instrumentos próprios para sua atividade profissional, roupas e máscara cirúrgica, também não deve o médium praticar sua mediunidade em um local que não seja o terreiro onde estão plantadas as firmezas necessárias ao bom andamento e proteção dos trabalhos mediúnicos. É por isso que aqui em casa nos limitamos a estudar. Não tenha dúvida de que somente em nos reunirmos com este firme propósito somos amparados por entidades que nos beneficiam com sua presença, mas não posso expor minha residência à influência de energias que um descarrego ou uma pessoa portadora de obsessão traz. Depois, com o passar do tempo, é comum nestes locais aparecerem as brigas e indisposições sem motivo aparente,

---

* N.E.: Sugerimos a leitura de *Código de Umbanda*, de Rubens Saraceni, e *Doutrina e Teologia de Umbanda Sagrada*, do mesmo autor, ambos da Madras Editora.

isto sem falar em enfermidades das mais variadas sem que se descubra sua origem viúva.

– Mas Norma, é só para os amigos mais chegados...não estou falando para você chamar todo mundo...

– É assim que a coisa começa, Júlia. Sei muito bem disso. Começa só com os amigos, depois os amigos começam a trazer outros amigos e aí degringola tudo. Não, minha amiga. Lugar de atender mediunicamente é no terreiro.

Assim Roberta e Estela cresceram, terminaram o curso elementar e iniciaram o científico. Saíram da infância e entraram na adolescência sob os olhares complacentes de Norma e Júlia, que se encantavam com a amizade que unia suas filhas. Durante essa passagem de tempo, Norma encontrou um terreiro onde sentiu que poderia dar continuidade ao seu trabalho mediúnico, e onde Júlia, Roberta e Estela compareciam vez por outra para uma consulta. Roberta demonstrou interesse pelo ritual umbandista, e Norma percebeu que a menina tinha sensibilidade mediúnica.

O tempo correu sem novidades até o 18º aniversário das filhas de Norma e Júlia. Era um belo dia de primavera que fazia naquele 23 de outubro de 1972. Roberta despertou com dores pelo corpo como se tivesse contraído uma forte gripe. Apesar dos calafrios, não tinha febre. Foi ao médico, que receitou repouso atribuindo o fato a uma estafa graças à semana de provas a que a jovem foi submetida no colégio. A jovem festejou modestamente o aniversário, de acordo com o que sua disposição física permitia. Recolheu-se cedo e, ao despertar no dia seguinte, detectou em uma das axilas a presença do primeiro de uma série de furúnculos.

Os ungüentos e injeções receitados pelo dermatologista traziam alívio passageiro, mas não impediam o aparecimento de novos e ainda mais incômodos furúnculos. Parecia ser o mesmo que ressurgia, apenas mudando de posição. Foi quando, por insistência de Norma, a jovem foi levada a uma consulta no terreiro que freqüentava.

Roberta foi levada à presença de dona Marina, a dirigente do terreiro, que seguindo sua intuição abriu uma mesa de jogo para verificar o que os búzios* diziam a respeito da estranha enfermidade da jovem. Observou atentamente as pequenas conchas caírem e se espalharem dentro do espaço divinatório delimitado pela peneira formando desenhos na toalha branca. Após mais algumas jogadas para confirmação, não teve dúvidas e sentenciou com ar solene:

– Omolu responde por você, minha filha. Você é filha de Omolu e o orixá**pede sua iniciação.

---

* N.E.: Sugerimos a leitura de *Jogo de Búzios*, de Ronaldo Antonio Linares, Madras Editora.
** N.E.: Sugerimos a leitura de *Orixás – Teogonia de Umbanda*, de Rubens Saraceni, e *Orixás Ancestrais – A Hereditariedade Divina dos Seres*, do mesmo autor, ambos da Madras Editora.

– Não entendi, dona Marina...a senhora pode explicar de novo por favor? – disse Roberta, ajeitando-se incomodamente na cadeira.

– O que você tem é mediunidade. Sua sensibilidade aflorou e precisa ser cuidada. Esta enfermidade é o chamado para a sua responsabilidade.

A Filha de Omolu

Dona Marina era uma elegante senhora de 59 anos, 40 dos quais dedicados à prática mediúnica na Umbanda. O rosto sereno e sem as características marcas do tempo ostentava um sorriso emoldurado por alvos e bonitos dentes que contrastavam harmoniosamente com sua pele morena. Medindo 1,80 metro de altura, era admirável quando ao falar mostrava uma voz melodiosa semelhante ao cantar de um pássaro.

Seus gestos, sua postura, seu modo objetivo e seguro de se expressar, aliados ao respeito com que era tratada em sua comunidade, asseguravam a certeza de que dona Marina sabia e gostava do que fazia. Filha do orixá Oxum, era uma mãe criadeira[1] por excelência, pois tinha para com os médiuns que iniciavam seus primeiros passos dentro do culto um carinho muito grande, como se quisesse criar a todos e protegê-los em seu regaço. Foi com muita calma que ela esclareceu as dúvidas de Roberta, quando percebeu o ar de preocupação no semblante da jovem ao ser informada de que era filha de Omolu.

— Omolu não é aquele com um capuz de palha? — indagou Roberta.

— Omolu é o calor do Sol, é o senhor das doenças e da sua cura. É o rei da Terra, cobre o rosto com o filá, um capuz feito com palha da costa, pois aos mortais não é permitido que se veja o seu rosto. Ele rege o funcionamento dos órgãos do corpo, regendo, portanto, a saúde. Ele rege a terra e suas camadas interiores, é por isso que ele é associado à morte e à transformação pois é para o interior da terra que nossos corpos são enviados para passarem pelo obrigatório processo de decomposição.

Roberta, com a típica atração que os escorpianos têm pelo mistério e pelo oculto, interessou-se em conhecer mais sobre o temido orixá das doenças.

— Então é por isso que apareceram todos estes furúnculos? Mas sendo eu filha do orixá que controla as doenças, não seria mais lógico que ele me protegesse delas?

---

1. Termo utilizado para designar médium do sexo feminino, desenvolvida, que auxilia os iniciandos durante seu desenvolvimento mediúnico, especialmente nos períodos de reclusão ritualística.

Dona Marina sorriu da habilidade de articulação da jovem e retrucou:
— Entendo o que você quer dizer, minha filha, mas vamos raciocinar da seguinte maneira: o ser humano ainda tem a mania de procurar por ajuda espiritual ou religiosa somente quando precisa, certo? Daí, se o seu Pai te abençoasse com uma saúde de ferro, você nunca chegaria a esta mesa de jogo para saber o que você está sabendo agora, concorda?
— Concordo...continue... — disse Roberta, ajeitando-se novamente na cadeira.
— O orixá sabe perfeitamente qual a melhor maneira de se mostrar ao seu pupilo. Não podemos esquecer também a questão do surgimento da mediunidade. Médium todo mundo é; no entanto, ter esta faculdade em atividade e servir de intermediário entre o mundo espiritual e o material depende de uma pré-disposição orgânica, isso já foi dito pelo próprio Allan Kardec. Logo, podemos também dizer que a ativação de sua mediunidade gerou ou foi gerada por alguma alteração em seu organismo, talvez alguma descarga hormonal que provocou estas alterações cutâneas. É por isto que é necessário que você continue com o tratamento médico. Que você está com a mediunidade aflorada eu garanto, mas que também precisa de uma orientação médica adequada é inegável.

Roberta seguiu as instruções de dona Marina obtidas por meio do jogo de búzios e voltou ao terreiro para fazer o tratamento indicado. Passou por uma limpeza ritual feita com ervas específicas, dona Marina preparou uma oferenda com flores brancas e pipocas e ofereceu ao orixá de Roberta pedindo pelo restabelecimento de sua saúde, pelo seu reequilíbrio energético, que afastasse toda negatividade, que o orixá aceitasse aquela oferenda abençoando sua filha e também aquela casa de culto. Ao verificar, por meio dos búzios, que a resposta do orixá era positiva a tudo o que estava sendo feito, fez com que Roberta, vestida com roupas brancas, passasse a noite deitada em uma esteira tendo à sua cabeceira a oferenda feita ao seu orixá. Este procedimento, de repousar próximo às oferendas que tenham sintonia vibratória com nosso mediunismo, é extremamente salutar, pois revigora e reestabiliza tanto o corpo como o espírito, pois nos impregna de axé.

Ela despertou sentindo-se bem disposta, voltou para casa e, sob orientação de dona Marina, fez resguardo de sete dias. No terceiro dia, os furúnculos haviam secado e, ao final daquela semana, para sua surpresa e também do dermatologista, nem marcas haviam restado em sua pele.

Maravilhada com aquela demonstração de poder do orixá, interessou-se ainda mais pela religião e especialmente pelos orixás Omolu e Oxum, pois esta se apresentou por meio do jogo feito por dona Marina como sendo seu segundo orixá. Percebeu o medo que muitas pessoas tinham em relação ao seu orixá, alguns chegando a evitar pronunciar seu nome, tocando o chão com os dedos e benzendo-se ao escutá-lo. Esse tipo de reação, que a princípio para ela era curiosa, começou gradativamente a insuflar-lhe a vaidade por ser filha de um orixá tão temido. Com sua dedicação e assiduidade ao terreiro, começou a apresentar os sinais ainda mais objetivos de desenvolvimento mediúnico. Durante os trabalhos, apresentava as mãos molhadas pelo suor, tinha arrepios que corriam pelos braços e também sentia tonturas. Esses sintomas nada mais eram do que reações físicas à influência espiritual, pois a ligação do médium com o mundo espiritual é feita pelo perispírito com a ativação dos chacras que estão intimamente ligados ao sistema nervoso.

Dois anos depois, ingressou para o corpo mediúnico e seu desenvolvimento foi relativamente rápido comparativamente à maioria dos médiuns. Suas incorporações eram firmes; suas intuições, bastante claras e objetivas. Logo após seu batismo, seus guias foram autorizados pela chefia espiritual do terreiro a dar consultas, o que gerou comentários dos mais diferentes teores:

— Nossa, como você desenvolveu rápido...eu demorei muito até poder dar consultas – diziam uns.

— Nunca vi médium com menos de sete anos dar consulta – resmungavam outros.

— Seu guia deve ser chefe de terreiro para você riscar ponto tão depressa – segredavam aos seus ouvidos.

— Você tem *coroa de babá,*[2] não precisa que coloquem a mão em sua cabeça – comentavam depois das sessões.

Dona Marina, observando as reações e os comentários que o desenvolvimento de Roberta estava causando, chamou a jovem para esclarecer possíveis mal-entendidos.

— Roberta, minha filha. Estou observando a reação dos outros médiuns ao seu desenvolvimento e precisamos esclarecer umas coisas.

— O que está acontecendo, minha mãe?[3]

— Dentro do ritual umbandista não há uma rigidez tão grande, como a que existe em outros rituais afro-brasileiros, quanto ao tempo de preparo de um médium. Em outros segmentos, é necessário um mínimo de sete anos de iniciação para que o médium possa ser considerado apto a exercer determinadas funções. A Umbanda, de certa forma, procura seguir este padrão, mas existem casos, como o seu, em que algumas etapas são, digamos, aceleradas. Você realmente teve um amadurecimento mediúnico diferente da maioria. A adaptação do médium com as incorporações, o falar quando incorporado, o abrir os olhos durante o transe, o perceber características do guia tais como nome, indumentária, ponto riscado, são coisas que costumam levar mais tempo do que o que você levou para percebê-las. Existem médiuns mais antigos que você que ainda estão em fase de adaptação. A minha preocupação com você é com a vaidade que tudo isso pode despertar. Tome muito cuidado com a vaidade, Roberta. Ela é péssima compa-

---

2. Expressão que significa que o médium tem a missão mediúnica de comando de um terreiro, que seu futuro mediúnico é tornar-se pai ou mãe-de-santo.
3. Expressão muito utilizada dentro dos terreiros, quando médiuns se dirigem ao dirigente do terreiro.

nheira dos médiuns, pois obscurece a razão e o senso crítico. Impede a comunicação com os guias de luz e leva o médium para o triste caminho da mistificação ou do descrédito. Sua mediunidade realmente é especial. Você tem missão de chefiar uma casa um dia, mas isso não a faz melhor do que ninguém, apenas lembra que sua responsabilidade e sua dívida são grandes. E lembre-se: mesmo tendo missão de comando, apesar de sua precocidade, ainda lhe falta a experiência, que só se ganha com a prática e com o tempo. Portanto, sabedora desta informação, abrace sua missão com humildade e procure aprender.

A TRAIÇÃO

Estela acompanhava de perto o desenvolvimento de Roberta. Apesar de muito o desejar, não tinha apresentado qualquer sintoma de mediunidade. Ao mesmo tempo até sentia certo alívio, pois via como a mãe, e agora a amiga, tinham a agenda permeada por compromissos que a atividade no centro exigia. Norma chegava a aconselhar Roberta para que procurasse dar mais atenção à vida social, pois era jovem e precisava viver as experiências próprias de sua idade. Segundo a visão da mãe de Estela, a vida religiosa não pode impedir que a pessoa tenha uma vida social normal. Cada coisa deve ser vivida a seu tempo. Roberta precisava dar atenção também aos estudos, à diversão, sair com pessoas de sua idade, namorar, montar uma família e, paralelamente a tudo isso, ter sua religiosidade. Sabendo administrar o tempo, tudo é possível de ser realizado.

Júlia não escondia o desejo que tinha de que Roberta namorasse Joel, o filho mais velho de dona Amália, a boleira do bairro. Joel tinha dois anos a mais que Roberta e já era funcionário público, o que para a mãe de Roberta era sinônimo de segurança e estabilidade no casamento que sonhava para a filha. Ele, de sua parte, também não escondia seu interesse pela moça, que se sentia envaidecida em ser por ele assediada, entretanto sem sentir por Joel a atração necessária para o tipo de compromisso que ele queria. Enquanto isso, ela pedia para que Omolu e Oxum trouxessem alguém por quem ela pudesse sentir o tal amor do qual se falava nos romances e telenovelas. Qual não foi a sua surpresa quando em um almoço na casa de dona Amália, conheceu um primo distante da família. Chamava-se Eduardo.

Eduardo era possuidor de ótimo senso de humor. Era impossível ficar perto dele sem dar umas boas risadas e tinha assunto para qualquer ocasião. Bonito e sedutor, foi por ele que o coração de Roberta bateu descompassado quando seus olhares se cruzaram naquele almoço familiar. Eduardo estava instalando-se na cidade e iria passar algum tempo na casa da tia. Apesar de ele não ter demonstrado, a princípio, o mesmo interesse por Roberta, ela imaginou ser ele a resposta às suas preces. Joel percebeu o interesse de

Roberta pelo primo, mas também percebeu que o primo não correspondia na mesma proporção.

O interesse de Roberta por Eduardo cresceu. Logo todos ficaram sabendo, pois ela se insinuava ostensivamente; eles chegaram a namorar por um curto período, mas ele mesmo terminou o relacionamento quando ela começou a falar em enxoval e data de casamento. Roberta chegou a adoecer, perdeu peso e começou a fazer todo tipo de simpatias e trabalhos para o amor, para que Eduardo cedesse aos seus encantos. Fez promessas, retirou o menino da imagem de Santo Antônio dizendo que só o devolveria quando conseguisse o casamento desejado, plantou uma cebola junto com um retrato de Eduardo, pedia para que seus nomes fossem escritos nas bainhas dos vestidos das noivas, fez simpatias diversas sem alcançar seu objetivo. Conquistar o amor de Eduardo tornou-se para ela uma obsessão, pedia para que as entidades intercedessem em seu favor. Nessas horas, era imediatamente advertida de que não era essa a finalidade do exercício mediúnico, entretanto Roberta estava fascinada por Eduardo e isso dificultava convencê-la de que aquele relacionamento só existia na cabeça dela. Enquanto Roberta investia toda a sua expectativa em um relacionamento com Eduardo, a reputação de Estela não era das melhores entre as famílias mais conservadoras do bairro, sendo conhecida como aquela que mudava de namorados como quem troca de roupa.

Corria o ano de 1982. Roberta foi comunicada pelo guia de dona Marina da necessidade de recolher-se ritualisticamente para renovação de seus votos e fortalecimento de seu canal mediúnico. Roberta tinha pedido, dias antes, pelo envio de um sinal de que um dia ela seria feliz no amor e esse chamado lhe pareceu ser a resposta que esperava, afinal eram seus próprios orixás a se manifestarem chamando-a para uma confirmação de seus votos. Com certeza, a sua recompensa pela dedicação e fidelidade a eles demonstrada seria a obtenção daquilo que ela mais desejava.

– Se meu orixá é tão poderoso, e ele já demonstrou este poder de várias formas, ele vai me ajudar a ser feliz – disse Roberta para Norma, logo assim que foi comunicada.

– Minha filha, não confunda as coisas.

– Mas, dona Norma, eu pedi por um sinal e recebo esta notícia! O que a senhora quer que eu pense?

– Pense com a cabeça e não com a emoção. Pelo que você tem aprendido com o nosso trabalho, você acha que o orixá se presta a esse tipo de pacto? A mediunidade não é instrumento para ser usado de forma a satisfazer nossos desejos. A espiritualidade nos ensina a sermos pacientes e a lutarmos pelo que buscamos e não a fazer de nossa mediunidade uma moeda para troca de favores.

A jovem apenas respondeu com um muxoxo.

Roberta estava impermeável a qualquer tipo de argumentação Dona Norma compreendeu que o melhor a fazer era deixar que o próprio tempo se encarregasse de mostrar à jovem de que a satisfação de um capricho não era o prêmio oferecido pela espiritualidade. Ela dedicou-se inteiramente aos preparativos do ritual a que fora chamada a se submeter. As semanas que se seguiram foram de expectativa e de alegria a cada confirmação que ia recebendo por meio da mesa de jogo de dona Marina. Chegou, enfim, o dia de recolher-se. Despediu-se dos pais e rumou em direção ao terreiro. Lá chegando foi recebida carinhosamente pela chefe do terreiro, tomou um banho de purificação e trocou as roupas empoeiradas pelas ruas e pela vida mundana, por roupas brancas limpas.

Iniciou-se para Roberta uma dieta que visava purificar seu corpo internamente, pois assim, com o corpo devidamente preparado e purificado, estaria apta a receber a energia de seu orixá. Durante seu tempo de reclusão, a vida fora dos muros do terreiro seguia seu curso, e Omolu confirmava sua presença e sua aceitação dos procedimentos efetuados ritualisticamente por meio da possessão de sua filha e também por meio das respostas positivas no jogo de búzios.

Por fim, Roberta saiu do terreiro, mas ainda precisava seguir um período de resguardo. Como todo período que se segue a uma reclusão ritualística, sentia-se revigorada, mas muito sonolenta, precisando readaptar-se gradativamente à vida comum, pois o excesso de barulho ou de pessoas à volta a incomodavam, tendo a necessidade de manter-se isolada por mais um tempo. Sentia falta de Eduardo e estranhava ele sequer ter telefonado para saber como ela estava. Perguntou por Estela e ficou sabendo que ela precisou viajar a trabalho. Quando terminou o período de resguardo, foi à procura do seu amado para encontrar um Eduardo taciturno e de poucas palavras.

– Puxa vida, tive de esperar acabar meu resguardo para te ver! Por que você não deu ao menos um telefonema? – disse ela fazendo um biquinho enquanto tentava abraçar o rapaz que se mantinha distante, roçando o dedo indicador na ponta do nariz.

– Não queria te aborrecer.

– Você nunca vai me aborrecer, meu amor! Pelo contrário, seu telefonema ia me dar a certeza de que vamos ser muito felizes.

– Roberta...

– Não fale nada Eduardo, apenas me abrace...estou morrendo de saudades de você.

– Roberta...

– O que foi, Eduardo? Que cara é esta? Fico tanto tempo sem te ver e você fica assim esquisito?

– Roberta, deixe-me falar, por favor – disse ele, desvencilhando-se da jovem que se enrodilhava nele como um gato nas pernas de seu dono.

– O que houve? – perguntou ela, retirando os braços do tronco do rapaz.

A notícia da gravidez de Estela destruiu seu sonho de uma união com Eduardo. Roberta teve a sensação de que o chão sob seus pés tinha se aberto fazendo com que ela despencasse vertiginosamente. Tudo à sua volta desabou, restando apenas a sensação de um imenso vazio. Não conseguia imaginar-se sendo traída por sua melhor amiga e pelo homem de sua vida. Então era esta a recompensa por sua dedicação ao Santo? A traição? E o sinal que ela tinha pedido ao seu orixá? Sentia-se traída e enganada não apenas por Estela e por Eduardo, mas também pelos guias. Onde estavam eles que permitiram tamanha desdita? Certamente muito ocupados, recebendo as oferendas enquanto seus sonhos eram destruídos por aqueles a quem ela mais amava.

Viajou três dias depois, foi para a casa de uma tia no Recife e pretendia ficar por lá. Queria esquecer Eduardo, queria nunca mais ouvir falar em Estela, precisava entender por que Omolu e Oxum tinham feito aquilo com ela. Ficou sabendo que o casamento de Eduardo e Estela aconteceu um mês depois de sua ida para o Nordeste. Foi uma cerimônia simples, e os noivos mudaram-se imediatamente para a casa recém-comprada por Eduardo em um bairro distante, do outro lado da cidade.

Quatro meses depois, recebeu o telefonema da mãe pedindo que voltasse. Seu pai estava seriamente doente e ela precisava da presença da única filha. Voltou imediatamente e no caminho tentava sintonizar-se com Omolu, pedindo que fosse misericordioso e que permitisse a cura para a enfermidade de Alípio. Seu pai faleceu no dia seguinte à sua chegada.

– Chega! Cansei de ser enganada!

Explodiu ela assim que chegou do enterro.

– Todos esses anos me dedicando, meus sábados perdidos naquelas infindáveis sessões, eu me recolhi como me foi pedido, segui todo o resguardo...para quê? Para nada?! Perdi meu namorado, perdi minha amiga, perdi meu pai...chega! Vou jogar tudo fora! Esse negócio de santo é tudo uma grande ilusão, é uma perda de tempo.

Roberta não voltou mais ao terreiro. Revoltada com o rumo inesperado que sua vida tomou, pegou sua roupa branca e a jogou fora. Seu material de trabalho, seus fios de conta, tudo ficou no terreiro para onde ela jurou nunca mais voltar. Com o afastamento de Eduardo e Estela, que também não mais voltaram ao bairro, Joel gradativamente foi cativando o coração de Roberta. Casaram-se, satisfazendo o desejo de Júlia, e desta união nasceu Augusto, o único filho do casal. Joel soube despertar o amor de Roberta e seu relacionamento foi construído em bases sólidas de respeito, carinho e companheirismo. Vinte e um anos tinham se passado sem que Roberta e Estela voltassem a se falar. Uma ficava sabendo notícias da outra quando raramente alguém ousava tocar no assunto. Tudo o que tinham notícia é de que estavam bem, que tinham seguido em frente com aquilo que a vida lhes havia reservado.

Quando acabou sua narrativa, Roberta ainda segurava a xícara de café que Tereza tinha trazido e que ela sequer levou à boca. Kely a observava apertando as alças da bolsa que trazia no colo, e Tereza tamborilava no queixo com a ponta dos dedos observando as duas mulheres enquanto ouvia a história que ela já conhecia de trás para frente.

– Isso é tudo o que eu tenho para contar. Nunca mais falei com sua mãe ou com seu pai. É por isto que não consigo entender como eu posso ajudar – disse Roberta secamente colocando a xícara cheia de café sobre a mesa de centro.

– Ai, meu Deus! Ai, minhas Almas! Ai, minha mãe Iansã! Ai, meu Senhor do Bonfim! Ela escreveu esta carta para você criatura! Mesmo que não queira, você está enterrada nesta história até o pescoço! – exclamou Tereza, como de costume.

– Que seja. Já contei tudo o que sei e espero que tenha ajudado a entender o que está acontecendo. Lamento pelo desequilíbrio de Estela, mas, sinceramente, não quero mais me envolver nesta história.

– Dona Roberta...– disse Kely em uma voz sussurrada, e ao mesmo tempo firme, depois de um leve pigarro.

– Agradeço por ter dispensado seu tempo. Esclareceu bastante, pois agora entendo um pouco a conturbada relação de meus pais, mas ainda faltam peças neste quebra-cabeças.

– Relação conturbada? Mas sempre soubemos que seus pais viviam às mil maravilhas! Que não lhes faltava nada! – argumentou Tereza sob o olhar crítico de Roberta.

– Toda história tem dois lados ou mais, dona Tereza...– respondeu Kely, olhando dentro dos olhos de Tereza.

– É por isto que agora preciso conseguir a outra versão desses acontecimentos. Não estou duvidando das palavras de dona Roberta... –Ela disse isso olhando para Roberta.

– Mas tenho certeza de que minha mãe tem uma boa explicação para tudo isso. Agora preciso ir até o hospital.

A jovem despediu-se, pedindo permissão para voltar, pois era para ela uma questão de honra esclarecer tudo o que tinha escutado. Levantou-se e, ao sair, deixou no ar seu perfume amadeirado.

O DESPERTAR DE ESTELA

O espírito de Estela permanecia ligado ao corpo físico por fracos ligamentos fluídicos. Graças ao efeito da perigosa mistura de álcool com tranqüilizantes, apresentava-se confusa, alternando entre quadros de inconsciência e outros de confusão mental nos quais as passagens de sua vida mesclavam-se com a realidade de estar sendo atendida em um hospital e a movimentação da equipe espiritual que lutava em mantê-la ligada ao corpo físico, tentando evitar que seu gesto de desequilíbrio complicasse ainda mais sua situação frente ao carma que precisava cumprir. A lavagem estomacal foi eficiente para a eliminação de alguns comprimidos, e a equipe médica foi rápida combatendo os efeitos da tentativa de suicídio. Para o plano material, ela permanecia inconsciente recebendo hidratação endovenosa enquanto aguardava passar o efeito da mistura química que tinha entrado para a corrente sanguínea.

No plano espiritual, um enfermeiro aplicava passes diretamente em seus chacras, procurando restabelecer seu giro normal. Dentre as várias imagens que desfilavam em sua mente confusa, ela reconheceu a figura materna. Norma tinha desencarnado dois anos após o nascimento de Kely e acompanhou, preocupada, a deterioração do casamento apressado da filha. Percebendo que Estela a tinha reconhecido, ela sorriu enquanto acariciava levemente sua testa.

– Filha, o que você fez? Fugir não vai resolver nada. Não busque a morte, pois é ela quem nos encontra em seu próprio tempo. Nossos problemas nos acompanham até que sejam resolvidos. Você tem um tesouro, que é sua filha. Não a abandone assim. Volte e cumpra aquilo que lhe compete. Procure ajuda espiritual. Estamos daqui olhando e torcendo por vocês.

Enquanto isso, Kely entrou no quarto e sua presença foi muito bem-vinda pelo enfermeiro espiritual que tratava de Estela. A aura saudável e cheia de magnetismo que envolvia a jovem foi imediatamente aproveitada em favor da enferma, que, carente de fluido vital, logo começou a absorver a energia, que era abundante na aura da filha, tal qual uma esponja seca em contato com a água. Os chacras no perispírito de Estela absorviam e distribuíam o magnetismo exalado pela jovem, causando bem-estar. A temperatura corporal e a pressão arterial normalizaram-se, os laços magnéticos que ligavam o perispírito ao corpo material estreitaram-se fazendo com que se acoplassem, o perfume de Kely tocou levemente em suas narinas e ela abriu os olhos com dificuldade.

– Neném? – sussurrou Estela de modo ininteligível.

– Estou aqui, mamãe – respondeu a filha baixinho enquanto lhe acariciava a mão.

Uma lágrima correu pelo canto do olho de Estela, e a filha, entendendo o turbilhão que deveria estar se passando em sua mente, apenas apertou carinhosamente a mão fria de Estela entre as suas.

– Que horas são? – perguntou Estela, ainda sussurrando.

– Passa um pouco das 11 horas da manhã. Como se sente, mamãe?

– Que dia é hoje? Há quanto tempo estou aqui?

– Hoje é terça-feira, mamãe. A senhora não se lembra de nada?

O silêncio como resposta fez Kely entender que Estela não estava disposta a falar sobre o acontecido. Continuou a segurar a mão da mãe, sentindo que aquele contato estava de alguma forma lhe fazendo bem. Estela voltou a adormecer. Kely não soube mensurar quanto tempo ficou ali, pois também adormeceu levemente. Despertou com o ruído da porta se abrindo.

– Oi, pai. Que bom que o senhor chegou. Senti um sono incontrolável e preciso lavar o rosto para ver se desperto. Fica com ela um pouquinho que eu já volto.

Estela tinha absorvido bastante energia proveniente de Kely, e o enfermeiro espiritual achou por bem adormecer a jovem com a aplicação de um passe em seus chacras frontal e coronário, para que ela pudesse recompor-se da perda energética proveniente da doação de fluidos. Para o reabastecimento energético, valeu-se da ajuda de um Caboclo que, manipulando habilmente as emanações das árvores e flores do jardim, trazia-nas para serem trabalhadas em favor da filha de Estela.

Eduardo ficou a observar a esposa adormecida. Reparou como Estela estava abatida e foi forçado a reconhecer que aquele abatimento não era proveniente apenas do efeito da tentativa de suicídio, era um abatimento que vinha se fazendo presente há bastante tempo e pelo qual ele mesmo sabia que era responsável. Aquele rosto cansado era a própria expressão do seu casamento. Enquanto aguardava o retorno da filha, tentava colocar o pensamento em ordem de forma a tentar entender aquela atitude de Estela. Lembrou da última discussão do casal que tinha acontecido na sexta-feira e imaginou se aquela não era uma tentativa da esposa de "salvar o casamento"? Ao pensar na possibilidade de uma separação, lembrou-se de Kely, mas ao mesmo tempo pensou em como a filha já estava crescida e demonstrava ter muito mais juízo que os dois pais juntos, logo poderia considerar sua missão de pai cumprida. Roçava levemente a ponta do nariz com o dedo indicador, em típica atitude que tinha sempre que se encontrava envolvido em seus pensamentos e nem percebeu o retorno da filha, agora completamente refeita da involuntária queda energética.

– Terra para sr. Eduardo...Terra chamando sr. Eduardo...

A voz de Kely, nasalada por estar tapando o nariz enquanto falava, despertou-o.

– Nossa Senhora! Estava longe hein, sr. Eduardo?! Estou aqui chamando faz um tempão e nada de o senhor me ouvir.

– Oi filha, desculpe...faz tempo que está aí? – disse ele, forçando um sorriso que não convenceu a filha.

– O que está acontecendo, papai? – disse Kely saindo do fugaz momento de descontração.

– Não s...

– Por favor, papai não tente me convencer de que não sabe dizer o que está acontecendo. Todas as vezes que o senhor fica coçando o nariz com a ponta do dedo sem falar, é sinal de que tem alguma coisa séria acontecendo.

– Mas a situação é séria! Olhe o que sua mãe fez!

– Pai, não me trate como se eu tivesse três anos de idade. Conheço seu jeito e sei quando quer desviar o rumo da conversa. Uma pessoa não tenta suicídio à toa, e com mamãe não poderia ser diferente...

Eduardo baixou os olhos enquanto a filha o fitava como se o estivesse lendo como se faz a um livro.

– Encontrei isto ao lado da garrafa em cima da mesa. Talvez ajude a entender o que está acontecendo.

Ela entregou o bilhete escrito por Estela no domingo enquanto bebia.

– Estive ontem na casa de dona Roberta – completou sentando-se na poltrona.

– E como você ficou sabendo o endereço dela? – respondeu Eduardo, devolvendo o papel depois que terminou a leitura.

– Não foi difícil. Mamãe tem uma antiga agenda dos tempos do colégio com os endereços de todo mundo que estudou com ela. Encontrei também fotografias da época. Imaginei que Roberta seria o nome da mesma pessoa que surgia durante as brigas que vocês costumam ter e arrisquei ir até o endereço que encontrei.

– E o que é que aconteceu?

– Eu a encontrei. Ela tentou evitar ser reconhecida, mas por sorte uma vizinha, sem saber, chegou e a delatou.

– Tereza...– disse ele, meneando a cabeça com um suspiro.

– Ela mesma. Dona Tereza foi enviada por um anjo! Se não fosse por ela, dona Roberta teria se fechado em copas e não me revelaria nada.

Eduardo voltou a ficar pensativo e Kely precisou novamente puxar de dentro dele o que mais estava acontecendo. Ele, então, revelou que tinha comunicado a Estela sua decisão de separar-se.

– Então o senhor acha que ela tentou suicídio porque o senhor disse que quer se divorciar? O senhor acha que é uma tentativa de evitar a separação?
– Acredito que sim.
– E o que o senhor vai fazer?
– Esperar que sua mãe melhore para voltarmos a conversar.
– Mas e o bilhete endereçado a dona Roberta? O que é aquilo? Dona Roberta me contou uma história dizendo que mamãe a traiu.
– É melhor você perguntar isso à sua mãe. É uma história antiga.

ESTELA VOLTA AO PASSADO

O tempo correu lento para Kely, que não via a hora de poder conversar com a mãe para esclarecer aquilo que não tinha ficado bem entendido na história relatada por Roberta, e também agora esta história de separação. Alguma coisa na versão de Eduardo não a tinha convencido. O pai seguiu para o trabalho e ela ficou esperando o despertar de Estela. Reparou que o aspecto cansado da mãe tinha melhorado sensivelmente e fez uma silenciosa e comovida oração em agradecimento.

Tinha fechado os olhos para concentrar-se e, quando voltou a abri-los, no final de sua oração, alegrou-se ao ver a mãe acordada a sorrir para ela.

– Como está se sentindo, mamãe? – disse ela, correspondendo ao sorriso da mãe.

– Eu me sinto vazia – respondeu Estela, baixando os olhos enquanto deixava o sorriso morrer lentamente com o fechar dos lábios.

– A senhora gostaria de falar sobre o que aconteceu?

– Onde está seu pai?

– Ele esteve aqui hoje cedo. Saiu há mais ou menos uns 40 minutos. Conversamos bastante.

Kely deu especial ênfase a esta última frase, tentando fazer a mãe entender que já estava ciente da separação.

– Você não deveria estar na escola a esta hora? – disse Estela, tentando fugir do assunto que a filha queria trazer à tona.

– Eu comuniquei à diretora que somente poderei voltar a escola quando a senhora estiver melhor. Mas não é sobre isso que eu quero falar, mamãe. A senhora não quer se abrir comigo?

– Não sei, minha filha...tudo o que eu queria era dormir e nunca mais acordar deste pesadelo.

Estela não conseguia conter as lágrimas que começaram a lavar seu rosto abatido.

– Mamãe, essa crise no casamento de vocês vem se arrastando há anos! Mesmo que vocês tentem esconder, sei que faz muito tempo que papai parece

não lhe enxergar, ele olha através de você! Acho que quando eu nasci vocês já estavam em crise. A senhora não está cansada desse clima de insatisfação? Veja a que ponto a senhora chegou. Tentar contra a vida é uma atitude muito séria. Não é melhor aceitar o pedido dele de separar-se?
— O que foi que ele te disse, neném?
— Esta tentativa de s..., este seu..., a senhora não está tentando evitar a separação com esta atitude?

Kely não conseguia pronunciar a palavra suicídio e, denotando desconforto, ao falar não sabia onde colocar as mãos.
— Não foi ele quem pediu para separar-se, Kely. Quem precisa da separação sou eu.

A voz de Estela saiu embargada e novas lágrimas voltaram a rolar pelo seu rosto.

Foi observando a mãe em pleno sofrimento, que Kely compreendeu o tamanho de sua solidão. Percebeu que aquela atitude de tentar dar fim à própria vida foi a última saída encontrada para finalizar toda uma série de frustrações. Sentiu que o pesadelo a que a mãe se referia não era a iminente separação de Eduardo, mas sim o relacionamento como um todo. Cenas de sua infância emergiam de sua memória, surgindo como *flashes*, e observou como, gradativamente, a imagem de seus pais juntos tinha se tornado cada vez mais ausente no cenário doméstico. Paralelamente a essa lembrança, emergiu também a percepção de que os pais nunca falavam sobre o passado. Enquanto os amiguinhos do colégio costumavam comentar sobre visitas a parentes nos finais de semana ou nas férias, seus pais pareciam não ter um passado. Seus avós maternos já tinham falecido; os parentes por parte de Eduardo, a não ser uns primos que viviam em outro bairro e que ela jamais conheceu, viviam em outro estado. A história relatada por Roberta começava a preencher as lacunas que a falta de um passado na vida de seus pais tinha deixado. O bilhete escrito por Estela e endereçado a Roberta era praticamente uma confissão de que a mãe tinha realmente traído a antiga amiga. O papel parecia queimar no bolso de Kely, e a necessidade de esclarecer aquela situação crescia a cada segundo.
— Eu estive ontem na casa de dona Roberta.

Estela fixou o olhar no vazio à sua frente, sem coragem de perguntar para a filha o que tinha acontecido naquele encontro. Subitamente, ela lembrou-se do bilhete que tinha escrito, mas não conseguia lembrar onde o havia deixado ou se o tinha destruído, e na expectativa de que ninguém o tivesse encontrado, tentou esconder o desconforto perguntando ainda sem encarar a filha.
— Que Roberta?
— A mesma para quem a senhora escreveu este bilhete, mamãe — disse Kely, entregando o bilhete que Estela segurou mecanicamente.
— O que foi que ela te disse?
— Ela me contou a versão dela. Agora preciso saber a sua.

Estela encarou a filha e perguntou-se como pôde ela ter criado uma criatura tão ponderada. Onde teria Kely aprendido a ser tão equilibrada, quando ela mesma não o era? Por um momento, as palavras que sua mãe havia lhe dito quando temporariamente afastada do corpo voltaram à sua mente na forma de pensamentos que assumiu como sendo seus, e reconheceu que realmente sua filha era um tesouro. Viu que era chegada a hora de abrir seu coração, pois percebeu que a jovem sabia de coisas que ela sempre procurou esconder e que agora não podia mais guardar. Arrependeu-se por ter fracassado no seu intento de suicidar-se, respirou fundo e disse vacilante:

– Tudo bem, neném. Não tenho mais como adiar esta conversa. Vou te contar minha história.

Estela precisou levantar-se para ir ao toalete. Enquanto lavava o rosto e penteava-se, tentava ordenar as idéias para ver se encontrava a melhor maneira de contar sua história para Kely. Depois de muito pensar, resolveu que o melhor a fazer era deixar que seu coração falasse. Saiu do pequeno banheiro e sentou-se no sofá ao lado da filha. Apertou nervosamente as mãos, pigarreou e começou a falar baixinho.

– Conheci Roberta quando nos mudamos do interior para a capital. Depois que nasci, um período de má sorte abateu-se sobre minha família. Cresci vendo papai lutar muito sem conseguir um emprego fixo, e mamãe mantinha a casa com o serviço de costureira. Lembro que nessa época ela já trabalhava no centro. Mamãe sempre foi muito religiosa, era a fé que tinha nos orixás que a fortalecia e a mantinha de pé. Sempre tive por minha mãe uma admiração muito grande, cresci desejando ser igual a ela e tudo o que eu fazia era para agradá-la. Um dia, papai chegou radiante de felicidade! Tinha conseguido um emprego, mas precisávamos mudar para a capital. Mamãe não pensou duas vezes e foi a primeira a incentivá-lo, ela jurava que aquela vitória era o resultado de suas preces a Ogum, o orixá dono da cabeça de papai. Dentro de um mês, chegávamos ao Rio de Janeiro; mamãe, sempre organizada, tratou logo de matricular-me no colégio perto de casa. Lembro-me, como se fosse hoje, do primeiro dia de aula...

* * *

Corria o ano de 1963. O cheiro do café fresco e o barulho proveniente da cozinha já tinham despertado a pequena Estela, que permanecia na cama esperando que a mãe fosse acordá-la com um carinho nos cabelos, como sempre o fazia.

– Acorde, neném, ou irá se atrasar logo no primeiro dia da aula? – disse Norma, utilizando a mesma expressão que anos mais tarde Estela utilizaria para se referir à própria filha, sorrindo enquanto acariciava os cabelos da menina.

– Tem certeza de que é hoje?

– Absoluta, mocinha! Não adianta tentar me seduzir com este ar de preguiça. Levante-se, tome seu café e tome o rumo da escola.

Norma deu uma leve e amistosa palmada na perna da filha e logo depois puxou suas cobertas.

Pouco tempo depois, podemos observar a menina despedindo-se da mãe na porta do colégio. A professora veio recebê-las, percebeu que a criança chorava e julgou oportuno nada comentar, na certeza de que as atividades do dia se encarregariam de promover a socialização. A mãe beijou carinhosamente a filha, secou seu rosto e despediu-se, prometendo voltar para buscá-la no fim da manhã.

Estela a tudo olhava com olhos ansiosos. A insegurança sempre foi sua companheira desde a tenra infância, seguia segurando a mão da professora por um corredor que parecia não ter fim. Ao entrar na sala de aula, sentiu que todos os olhares caíam sobre ela como uma incômoda chuva que cai repentinamente e da qual é impossível esquivar-se. A professora parou em frente a uma carteira e indicou o seu lugar na sala de aula. Cada carteira era ocupada por duas crianças. Sua companheira de carteira ajeitou-se para ceder-lhe mais espaço. A professora apresentou a nova aluna à classe, esclarecendo pertencer ela a uma família recém-chegada na cidade e, logo depois, prosseguiu com a aula programada para aquele dia.

A insegura Estela olhava fixamente para a professora à sua frente e, de vez em quando, olhava pelo canto do olho para sua vizinha de carteira. Viu que a menina sorria para ela e retribuiu timidamente o sorriso.

– Meu nome é Roberta, quer ver meu estojo novo?

– Estela e Roberta, deixem a conversa para a hora do recreio. Agora é hora de prestar atenção na aula – repreendeu carinhosamente a professora, sem saber que aquele seria o primeiro de muitos pedidos para que as duas meninas prestassem atenção à aula.

A partir daquele dia, tornaram-se uma a sombra da outra.

Mediunidade

No final da manhã, conforme combinado, Norma estava aguardando a filha na saída da escola. Viu com satisfação que o humor da menina tinha mudado completamente, pois estava tranqüila e pelo jeito animado com que conversava com outra criança, parecia que se conheciam há anos.
– Como foi a aula, filha? Gostou?
– Gostei.
– Vi que você encontrou uma amiguinha, como é o nome dela?
– É Roberta. Sabia que ela faz aniversário no mesmo dia que eu?
Norma ficou satisfeita com o entrosamento que se formou entre Estela e Roberta. Sua filha desde cedo tinha tendência ao isolamento, entretanto com esta nova amizade ela tornou-se mais comunicativa e até mesmo mais interessada nos estudos. Diante disso, a mãe resolveu aproximar um pouco mais as suas famílias. Observando Júlia nos momentos em que aguardava o final das aulas todas as manhãs, verificou o seu interesse pelos assuntos relativos à mediunidade e convidou-a a participar do Culto ao Evangelho no Lar que realizava semanalmente. A mãe de Roberta interessou-se pelas reuniões passando a freqüentá-las e dando oportunidade para que os laços de amizade das duas meninas se estreitassem.

Roberta também se sentiu atraída pelo Culto do Evangelho no Lar. Ainda era bastante menina, mas gostava de ver o modo como Norma extraía ensinamentos da leitura obtida com a abertura, ao acaso, do livro. Sentia-se bem depois de beber a água fluidificada, e a mãe de Estela percebeu que esse interesse da menina era, em parte, devida à sua sensibilidade mediúnica. Entretanto, sua pouca idade não aconselhava que se sobrecarregasse a menina com toda a carga de responsabilidade que um desenvolvimento mediúnico envolve.

–Tia Norma, hoje, enquanto a senhora lia, tinha um velhinho do seu lado – comentou certa vez Roberta após uma das reuniões.
–Eu também o vi minha filha. É o Pai Jacinto. Ele sempre está presente quando nos reunimos – esclareceu a médium, sorrindo ante a espontaneidade da mediunidade infantil.

Em contrapartida, mesmo interessando-se pelas reuniões e até mesmo tendo freqüentado com a mãe o terreiro onde esta se desenvolveu mediunicamente, Estela não apresentava sinais de sensibilidade mediúnica. Esse fato a incomodava sobremaneira, pois tinha a mãe como o modelo de vida a ser seguido e não ser médium como a mãe o era a frustrava em seus planos de ser igual à ela quando crescesse. Começava aqui, sem que Estela percebesse, o nascimento de um sentimento ambíguo de amizade sincera e mágoa velada em relação à Roberta, pois ela e Norma eram para ela ideais a serem alcançados. Entretanto, sempre que Norma formulava ou expressava elogios à Roberta, fosse por sua sensibilidade fosse por suas atitudes, Estela sentia-se preterida pela mãe. Esse sentimento permaneceu inconsciente e reprimido na psique de Estela por muito tempo, mas isso não a impedia de fazê-la sentir-se incomodada e triste sem conseguir saber dizer o que a fazia sentir-se assim.

Enquanto isso, a sintonia entre as duas meninas crescia e tornava-se motivo de comentários em toda a vizinhança. Certa vez, estando cada uma dormindo em sua casa, tiveram o mesmo sonho, no qual se encontravam para resolver um problema de matemática proposto pelo professor como trabalho de casa. Encontraram, durante o sonho, a solução do problema e, ao despertar, surpreenderam a todos contando detalhes do sonho em comum que tiveram e no qual encontraram a resposta ao exercício proposto.

Norma encontrou um terreiro onde pode dar continuidade ao seu trabalho mediúnico e onde Júlia, Estela e Roberta compareciam regularmente para consultarem-se. O tempo correu displicente entre o gradativo abandono das roupas infantis, dos calçados tipo "sapato de boneca" e das saias pregueadas do uniforme do primário para o uso do primeiro sutiã, das roupas marcando a cintura, do brilho nos lábios e dos recortes de revista com fotografias dos galãs da televisão colados na porta do guarda-roupa.

Foi no ano de 1972 que a mediunidade de Roberta eclodiu não deixando margens para dúvidas com relação ao compromisso a que ela era chamada a assumir. Seus planos para a festa de aniversário foram alterados com o aparecimento de uma forte indisposição sem que fosse detectada a sua origem. Atribuiu-se o fato ao cansaço proveniente de uma semana estafante de provas no colégio. A jovem resignou-se com um modesto jantar com os amigos e familiares mais chegados. Recolheu-se cedo e, no dia seguinte, encontrou em uma das axilas o primeiro de uma dolorida série de furúnculos. Com a ineficácia do tratamento alopático convencional, Norma sugeriu que a jovem fosse levada para uma consulta com dona Marina, a dirigente do terreiro. Na caída dos búzios, Omolu apresentou-se como o orixá de Roberta e, desta forma, informava que era chegado o tempo de sua filha iniciar sua missão mediúnica. Roberta submeteu-se ao tratamento recomendado e os resultados foram surpreendentes. Sua mediunidade progrediu rápida e equilibradamente fazendo-a amadurecer. Estela, por sua vez, acompanhou de perto todo esse processo. Acompanhava, até onde era permitido, Roberta nas idas e vindas ao terreiro, entretanto, para sua tristeza, não tinha visões, não sentia um arrepiozinho, não sentia nada.

– Dona Marina, a senhora poderia abrir um jogo para mim? – pediu, certa vez, Estela à dirigente do terreiro.

– Está acontecendo alguma coisa, minha filha?

– Eu queria saber se eu também tenho de desenvolver, quem é o meu orixá.

Após a verificação nas seguidas caídas dos búzios, Oxum apresentou-se como a dona do ori de Estela.

Oxum é a divindade das cachoeiras, fontes, lagos e rios que fertilizam o solo, sendo por isso o orixá da fertilidade. É a dona da gestação e das crianças até que aprendam a falar. É a mãe da água doce, rainha de todos os rios, orixá que rege a candura e a meiguice. A orixá respondeu confirmando sua regência sobre o ori de Estela, entretanto não pedia iniciação, não pedia nada.

– Meu amor, apesar da mediunidade ser sensibilidade inerente a todo ser humano, nem todo mundo tem a necessidade de desenvolver-se mediunicamente – sentenciou dona Marina, ao perceber a decepção da jovem quando soube que sua mediunidade não requeria cuidados especiais.

– Mas eu queria tanto ser assim como a senhora, como minha mãe, como a Roberta.

– A mediunidade de incorporação é apenas uma das várias modalidades de mediunidade, filha. Tenha a certeza de que quando chegar o seu momento ela aparecerá, e, se não aparecer, é porque esta não é a sua missão, mas nem por isso ela será menos importante do que qualquer outra. Isso apenas significa que Deus tem planos diferentes para você. Em questão de mediunidade, viva de acordo com aquilo que Deus te deu. Não busque para si responsabilidades ou poderes que não te pertencem, sob o perigo de não saber lidar com eles quando aparecerem.

Estela acatou triste e respeitosamente o vaticínio dos búzios e seguiu com sua vida normalmente. Os hormônios estavam em plena ebulição, e as duas amigas, seguindo o curso natural do amadurecimento e os conselhos de Norma, ensaiavam os primeiros passos da vida adulta. Por esta época, Júlia sonhava em ver Roberta nos braços do filho da boleira, mas viu seus planos serem ameaçados pela chegada de um jovem que mexeu com o coração de sua filha.

Roberta e Estela conhecem Eduardo

As reuniões em casa de dona Amália eram famosas por sua fartura. Além disso, o talento da futura sogra de Roberta não se limitava apenas aos confeitos. Suas receitas de carnes, massas, aves e ensopados eram concorridas e invejadas por todos na vizinhança. Naquele dia, estavam comemorando o 16º aniversário de Ignácio, o irmão mais novo de Joel. O rapaz negociou durante meses com os pais para que comemorasse a data saindo à noite com os amigos. Eles aceitaram com a condição de celebrarem durante o dia com um almoço em família. A casa tinha uma espaçosa varanda nos fundos, que se transformava em sala de refeições sempre que acontecia alguma comemoração. Os pratos, copos e talheres ficavam arrumados sobre a antiga arca. Cada convidado servia-se no bufê que era montado ao lado dela e sentava-se na grande mesa que se estendia generosa à sua frente.

Foi nessa ocasião que Eduardo conheceu Roberta e Estela. Ele tinha chegado no dia anterior, vinha para a cidade e passaria uns tempos na casa da tia até estabilizar-se financeiramente. Quando as inseparáveis amigas chegaram a casa, ele dominava animadamente a conversa em uma roda de familiares que riam a cada frase dita pelo primo recém-chegado. Logo foram apresentados, e as jovens juntaram-se ao grupo aguardando o almoço ser servido. Joel rodeava Roberta de amabilidades, mas já naquele dia o semblante da jovem ganhou um novo brilho. Sentou-se à mesa ao lado de Joel, mas seu olhar procurava a figura de Eduardo quase que acintosamente.

– Ai, Roberta! Não acredito que você esteja dando bola para este exibido deste primo do Joel – cochichou Estela para Roberta quando foram ao banheiro com a desculpa de retocar a maquiagem.

– Mas ele é tão charmosinho, falador e, com aquele cavanhaque, eu caso com ele agora, agorinha mesmo.

– Garota maluca! E o Joel? Ele vai acabar percebendo e vai se aborrecer.

– Eu não tenho nada com o Joel. Eu confesso que gosto do modo como ele me trata, mas não é "aquela coisa" que minha mãe queria que acontecesse. Na verdade, quem deveria ter algo com Joel é ela, pois não pára de falar nele!
– Pelo cavanhaque tudo bem, mas você não reparou o prato dele?
– E para que eu iria reparar no prato do rapaz, tendo tanta coisa melhor para reparar?
– O modo como alguém arruma seu prato diz muito sobre a sua personalidade – sentenciou solenemente Estela passando o brilho nos lábios.
– Ai, meu Deus! Lá vem você com essas teorias malucas! Diz logo o que tem o prato do garoto?
– A comida quase transbordava. Tive a impressão pelo tamanho do prato que ele não comia há anos. Tudo misturado, ficando a comida com uma aparência nojenta. Depois, quando mais nada cabia no prato, ainda colocou a carne por cima de tudo; parecia que o bife era um grande manto a cobrir a confusão de maionese, farofa, feijão e arroz embaixo dele. Quando ele partia a carne, a comida se espalhava saindo pelos lados...um horror!
– E o que a psicóloga tem a dizer sobre isso?
– Este tal de Eduardo é um espaçoso! Só pensa nele, se acha o máximo e não está nem aí para os outros.
– Nossa! E você viu isso tudo no modo como ele arruma o prato?
– Não... na verdade essa última parte eu concluí agora. O que eu acho mesmo é que ele é um grande mal-educado – completou Estela, devolvendo o bastão labial para a amiga e dando por encerrado o retoque na maquiagem.

Voltaram para a reunião e a tarde transcorreu normalmente, apesar de Joel não ter ficado indiferente ao interesse de Roberta por Eduardo. Em contrapartida, verificou que, em princípio, o primo não demonstrou interesse na jovem, mas o interesse de Roberta por Eduardo transformou-se em uma espécie de obsessão. Tanto a moça fez, que não adiantaram os conselhos da mãe nem as teorias psicológicas da amiga que evitava todo tipo de contato com Eduardo. O tempo passou e eles tiveram um instável relacionamento após Joel ter anunciado à Roberta que estava temporariamente desistindo de tentar relacionar-se com ela.

– Roberta, você sabe que eu te amo. Porém, eu não posso ficar investindo nesse relacionamento quando você declaradamente se interessa por meu primo. Eu não vou mais insistir com você. Eu te desejo muita felicidade, mas sinto que ainda vamos voltar a falar sobre isso. Sou paciente e vou te esperar. Você ainda vai ser minha esposa.

Ela não demonstrou, mas um calafrio subiu por sua coluna ao ouvir essas palavras, como se alguém invisível tivesse dito amém à sentença de Joel. Ela seguiu insistindo, com todas as armas que tinha, no relacionamento que erroneamente julgava como sendo enviado pelos guias e protetores.

O que quase ninguém tinha percebido era que, em silêncio, Estela sofria com a forte atração que sentia por Eduardo e sem poder demonstrar, pelo medo de perder a amizade de Roberta. Ela tentava disfarçar, namorando outros rapazes até mesmo para ver se conseguia despertar seu interesse por outra pessoa, mas de nada adiantava. Essa atitude a fez trocar tanto de namorados que sua fama de moça volúvel espalhou-se rapidamente pela vizinhança. Por essa época, Estela também desenvolveu forte tendência para a ingestão de bebidas alcoólicas, o que gerava grande preocupação em Norma. As únicas pessoas para quem os sentimentos de Estela não passaram despercebidos foram o próprio Eduardo e Norma, sua mãe. Mesmo com toda sintonia que tinham, Roberta estava por demais ocupada em seduzir o rapaz e não notou o desconforto da amiga.

Um relacionamento, para manter-se, precisa ser sustentado por três importantes pilares: prazer, expectativa e conveniência. O prazer, além do prazer sexual, é o bem-estar que se sente ao estar junto daquela pessoa; a expectativa é tudo aquilo que se espera de um relacionamento, e essa expectativa dever ser comum a ambas as partes; a conveniência é tudo aquilo que facilita e permite que o relacionamento aconteça: a proximidade, a disponibilidade, o círculo de amizades. A insistência de Roberta acabou fazendo com que eles tivessem um fugaz relacionamento, mas os pilares necessários para a sua manutenção não eram suficientemente fortes e ele não foi adiante. Eduardo não nutria por ela a mesma intensidade de sentimentos, faltava o prazer. Não tinha qualquer expectativa, e apenas a conveniência de morarem perto não era suficiente para manter aquele relacionamento. Ao perceber o progressivo afastamento de Eduardo, a reação de Roberta foi apelar para todas as simpatias, trabalhos e orações visando à conquista do coração do homem amado. Seu amor platônico ficou conhecido em toda a vizinhança e ninguém ousava dizer-lhe que Eduardo não tinha a menor intenção de casar-se como era o seu desejo, e ele, por sua vez, não conseguia desvencilhar-se daquele relacionamento. Eles iam, dessa forma, arrastando por quase dois anos um relacionamento permeado de inúmeras separações e reconciliações.

Roberta esperava ansiosa por um sinal celeste avisando que suas esperanças a respeito de Eduardo não eram vazias. Foi em 1982, um mês após ter completado dois anos daquele almoço de aniversário, que ela pensou que este sinal tinha finalmente chegado. Dona Marina anunciou que era chegada a hora de Roberta recolher-se ritualisticamente, e ela, de imediato, entendeu que aquilo era o anúncio tão esperado de sua felicidade.

– Estela do céu! Meu pedido vai ser finalmente atendido! – disse Roberta, sem conseguir conter-se de felicidade.

– Qual pedido? – respondeu Estela, desfazendo a mala. Tinha acabado de chegar de uma viagem que fez a serviço.

– Como qual pedido? O único que tenho feito: Eduardo! O que está acontecendo, Estela? Cadê nossa sintonia? Você não costuma errar aquilo que estou pensando...aliás você anda muito distante...há algo errado?

— Nada está errado, Roberta...desculpe-me...o que tem o Eduardo? – respondeu Estela, enxugando o suor do rosto.

— Menina! Dona Marina me chamou para dizer que eu tenho que me recolher para fazer uma obrigação para Omolu.

— O que Eduardo tem com isso?

— Eu não estou pedindo por um sinal da espiritualidade para ter a certeza de que vou ficar com ele?

— Roberta...

— Nem comece você também! Já sei o que você vai falar...que a espiritualidade não faz esse tipo de trato e blá, blá, blá...

— Você deveria saber isso melhor que eu. Tudo o que estou fazendo é repetir aquilo que minha mãe vem falando com você há anos.

— Estela, você não cruza muito com o Eduardo, mas eu estou apaixonada. Perdidamente apaixonada! E nós, os apaixonados, não reconhecemos os limites nem as palavras da razão...O que foi agora? Por que você está tão pálida? Cruzes! Que mão fria é esta?

—Estou indisposta...comi alguma coisa que não me fez bem.

Eduardo percebe os sentimentos de Estela

Demorou um pouco para Estela entender que aquele almoço de aniversário lhe tinha deixado marcas. Quando percebeu que dormia pensando em Eduardo, sentia quando ele se aproximava, ouvia sua risada dentro de sua cabeça e chegava a sentir seu perfume quando apenas pensava nele, concluiu constrangida que estava enamorada pelo homem por quem sua melhor amiga nutria uma paixão incontrolável.

Sentiu-se incomodada com a situação. Roberta jamais poderia desconfiar de seus sentimentos em relação a Eduardo, ela nunca a perdoaria por tamanha falta de lealdade. Mas, como controlar o sentimento? Como inibir o coração? É a mesma coisa que tentar prender a respiração – o próprio cérebro envia mensagens ao corpo obrigando-o a voltar a respirar. Seu sentimento era algo maior do que ela, assim como também o era sua amizade por Roberta. Não poderia permitir-se decepcioná-la. Essa ambivalência de sentimentos alimentava e aumentava seu complexo de culpa. Estela sempre teve a sensação de que tinha o dom de trazer a tristeza e a perda. Sabia que tinha sido concebida e nascido em uma época em que o casamento de seus pais estava em crise, que seu pai perdeu o emprego na mesma semana de seu nascimento e que sua mãe teve complicações no pós-parto que mais tarde a levaram de volta à mesa de cirurgia.

A solução que encontrou foi a de tentar dar a impressão de que não simpatizava com Eduardo e de namorar tantos rapazes quanto pudesse. Quem sabe assim não acabaria encontrando alguém que a fizesse mudar o alvo de seus sentimentos? Essa atitude, entretanto, rendeu-lhe uma não muito boa reputação na vizinhança. Toda essa manobra somente foi percebida por sua mãe e pelo próprio Eduardo, que começou a interessar-se por ela um ano depois de tê-la conhecido no almoço de aniversário de seu primo. Era uma tarde chuvosa de junho, ela caminhava apressada tentando manter-se embaixo do guarda-chuva enquanto carregava pesadas sacolas de compras.

Eles se esbarraram, fazendo com que as bolsas caíssem e parte do conteúdo das sacolas se espalhasse na calçada. Eduardo pôs-se a ajudá-la a recolher as compras e em algum momento suas mãos se encontraram na tentativa de pegar uma lata de extrato de tomate. A brusca reação de Estela em retirar sua mão do contato com a dele fez Eduardo buscar instintivamente seus olhos enquanto lhe estendia a lata. O que viu naqueles olhos emoldurados por belas sobrancelhas não foi o desprezo que ela tentava alardear sempre que podia, mas sim desejo. Um intenso desejo que teimava em aparecer apesar de toda relutância de Estela. Foi ali que ele entendeu que ela o amava e foi a partir dali que seu sentimento por ela foi despertado. O guarda-chuva já não tinha mais utilidade. Os dois estavam encharcados e ela ficou como que congelada e muda, impossibilitada de qualquer palavra ou movimento, enquanto observava as mãos dele colocarem de volta à bolsa plástica aquela lata vermelha.

– Está tudo bem?

– S...sim ...está tudo bem...obrigada – respondeu ela piscando repetidamente e tentando ser convincente enquanto se colocava novamente debaixo do guarda-chuva.

– Acho que não é mais necessário o guarda-chuva...– disse ele, tentando amenizar a tensão entre os dois, esboçando um pálido sorriso.

– É mesmo...acho que não...

Ela riu de volta. Fechou o guarda-chuva, sentindo o rosto corar. Agradeceu timidamente a ajuda e retirou-se sem esperar resposta.

Ele ficou observando ela andar apressada até desaparecer no dobrar da esquina. A partir desse dia, passou a olhá-la com outros olhos.

Durante quase dois anos, Estela o evitava a todo custo e Roberta o assediava com insistência, mas o destino tinha planos diferentes para eles. Tentando fugir dessa situação, ele iniciou um namoro com outra jovem. O escândalo que Roberta fez na porta da casa da moça foi enorme. A garota não quis mais continuar o namoro com ele, Estela aumentou seu temor pela reação da amiga e Eduardo decidiu que não poderia mais continuar naquela situação. Roberta precisava entender que eles não tinham um futuro juntos e resolveu investir em seus sentimentos por Estela. Entretanto, a presença constante de Roberta e suas investidas impediam que ele se aproximasse, pois temia as confusões de que ela era capaz de formar quando acometida de uma crise de ciúmes. Estela procurava afastar-se daquela situação tratando-o com indiferença, porém não conseguiu esconder a ansiedade que a assaltou quando ouviu a voz dele vindo do outro lado da linha telefônica.

– Eduardo?! Como você conseguiu este telefone?

– Preciso ter uma conversa contigo.

– Não sei o que temos para conversar, mas podemos chamar a Roberta – Estela esforçava-se, mas não conseguia ser convincente em sua rispidez.

– Prefiro deixar a Roberta fora disto. Não é sobre ela que quero falar.
– Eduardo, por favor, eu não quero ser indelicada...
– Preciso conversar pessoalmente. Estarei esperando por você na saída de seu curso de inglês. Sei que hoje a Roberta não vai, pois terá de ir ao centro.
– Não faça isso!
– Estarei lá e não adianta deixar de ir ou sair mais cedo. Preciso falar com você e nada vai me impedir.

Ela desligou o telefone ofegante. Faltavam duas horas para o horário de sua aula. O que Eduardo poderia querer com ela? Passou o resto do tempo ansiosa, olhando o relógio a cada cinco minutos até que a aula finalmente acabou.

Era longa a escada que tinha de descer para sair do prédio onde estudava. O curso funcionava em um antigo sobrado, e a madeira dos degraus rangia debaixo de suas sandálias. Apoiava-se no corrimão com as mãos frias até que a aragem da noite a envolveu quando chegou na calçada. Lá estava ele, parado ao lado da carrocinha de pipocas, de onde se tinha a melhor visão de quem saía do prédio; deu o último trago no cigarro, apagou-o no chão com a ponta do pé e foi em sua direção.

– Oi. Como foi a aula? – disse ele meio sem jeito, ora cruzando os braços na altura do peito, ora passando a mão no cabelo ajeitando o topete.
– Foi boa, mas você não veio até aqui para me perguntar isso – ela respondeu sem coragem de encará-lo.
– Tem tempo para um café?

Foram a um bistrô próximo. Sem saber como tocar no assunto, Eduardo começou falando atropeladamente de seu relacionamento com Roberta.

– Eduardo, não estou entendendo por que você está me contando uma história que eu já sei.
– É porque não sei como falar o que quero. Tinha tudo planejado, ensaiei o que e como queria falar, cheguei a imaginar a cena. Era aqui mesmo neste bar, mas agora que o momento chegou não consigo fazer igual ao que imaginei.

Enquanto ele falava, aproximou sua mão da dela que repousava sobre a mesa, mas não chegou a tocá-la. Parou indeciso se deveria ou se poderia fazê-lo. Ela percebeu o movimento e, tal qual naquela tarde de chuva, sentiu-se paralisada. Não queria acreditar na mensagem que estava recebendo dos gestos e dos olhos de Eduardo. Percebendo a reação de Estela, ele armou-se de coragem e prosseguiu.

– Estela, eu gostaria que a gente pudesse se entender melhor. Acho que o que está acontecendo entre a gente não é antipatia. Muito pelo contrário.

Ela desviou o olhar. Ele tocou sua mão e ela a retirou de cima da mesa.
– Você me ama, Estela. Eu sei disso desde aquele dia de chuva.
– Por que você está fazendo isso comigo? – gemeu Estela do outro lado da mesa.

— Porque desde aquele dia não paro de pensar em você. Porque percebi que você tem o olhar mais belo que já vi. Porque agora entendo o esforço que você tem feito este tempo todo para esconder o que sente...porque...me apaixonei por você.
— Eu preciso ir embora.
— Espera, fica mais um pouco. Depois eu te levo...estou de carro.
— Não...Roberta nunca vai entender.
— Ela vai ter de entender. Não há mais nada entre mim e Roberta.
— Há sim. Ela consegue amar por vocês dois.
— Não é assim que essas coisas funcionam. Cheguei a gostar de Roberta, mas nunca pensei em casar e ter todo o compromisso que ela exige...não com ela.
— Eduardo, a Roberta nunca vai aceitar...
— Eu não quero falar sobre a Roberta agora. Quero falar sobre nós.
— Não há nós! Isso é uma loucura! Eu preciso ir embora, já está tarde e vou acabar perdendo o ônibus.
— Eu te levo.
— Não leva, não...tchau!

Estela levantou-se e saiu às pressas, não deixando tempo para que Eduardo pagasse a conta e fosse atrás dela, mas essa atitude apenas deu a ele a certeza dos sentimentos dela. Ele fez o pagamento, entrou no carro, saiu em disparada e viu quando ela entrou no ônibus. Pisou no acelerador, ultrapassou o coletivo e chegou primeiro no ponto onde Estela desceria e ali ficou aguardando.

Dentro do ônibus, ela nem percebeu quando o carro dele passou ao lado. Estava confusa, oscilando entre a excitação do acontecido, o julgar-se uma tonta por não ter aproveitado o momento e ter declarado todo o seu sentimento e o terror de pensar na possibilidade de Roberta saber daquilo tudo. O ônibus parou no ponto. Ela desceu e viu espantada Eduardo encostado no carro estacionado logo adiante.

— O que foi agora?
— Você não acha que aquela despesa vai ficar toda por minha conta, não é?
— Então é isso, seu grosso!? Você só estava se divertindo às minhas custas?

Dizendo isso, Estela avançou para cima de Eduardo querendo bater-lhe onde quer que suas mãos alcançassem. Ele puxou-a para si imobilizando seus movimentos, ela sentiu sua respiração próxima da dele, tentou desvencilhar-se, mas não foi possível. Ele a beijou com paixão. Ela relutou, mas acabou cedendo ao desejo por tanto tempo contido. Nada mais havia no mundo naquele momento, além deles dois. Não havia mais a rua, nem o frio, nem as pessoas, não havia sequer a lembrança de Roberta. Não havia mais nada.

Eduardo investe no relacionamento com Estela

Estela entrou em casa apressada e ofegante. Deixou-se cair no sofá com os pensamentos em desalinho. Ficou sentada na sala escura lembrando como sua vida tinha se modificado em apenas algumas horas. Eduardo descobrira sobre seus sentimentos e, por incrível que parecesse, demonstrava estar correspondendo. Não conseguia acreditar no que estava acontecendo. Entretanto, aquele beijo não deixava margem para dúvidas, ou será que tudo não era fruto de sua carência afetiva? Ficou assim durante certo tempo até que a luz da sala subitamente acendeu.

– O que você está fazendo aí no escuro, neném? – a voz de Norma soou preocupada tirando Estela de seus pensamentos.

– Oi, mãe! Estou aqui pensando... desculpe... te acordei quando entrei em casa?

– Você sabe que eu só durmo depois que você chega. Ouvi quando você chegou, mas vi que não foi para o quarto, pois tudo continuou no escuro. Achei estranho e resolvi ver o que estava acontecendo. Por que você demorou tanto para chegar? O que houve para você ficar aí no escuro com essa cara de cachorro que virou o lixo?

– O cachorro do Eduardo me procurou na saída do curso.

– Para que ele fez isso?

Estela contou sobre o telefonema e sobre o beijo.

– Xiii...minha filha...acho que vem chumbo grosso por aí. Roberta não vai gostar dessa história.

– Ela não vai saber, mamãe. Ela não pode saber!

– E por quanto tempo você acha que vai conseguir esconder seu sentimento?

– Do que você esta falando, mamãe?

– Você ama este rapaz, Estela. Faz tempo que te observo fingir que antipatiza com ele e troca de namorados na tentativa de esquecê-lo. Tudo isso para não entrar em conflito com sua amiga.

— Desde quando você sabe disso, mãe?
— Desde o dia em que vi seus olhos brilharem na presença dele. E olha que isso faz um bom tempo e, pelo que vejo, ele também percebeu. Demorou um pouco, mas percebeu.
— Ai, meu Deus! Será que mais alguém notou? Minha nossa...e eu pensando que não dava bandeira.
— Minha filha, quem ama não dá bandeira. É a própria bandeira a tremular na cara de todo mundo!
— Pelo amor de Deus, mamãe! Não brinque com isso...a coisa é séria.
— Estela, não deixe que um problema se sobreponha a você. Dê ao problema o tamanho exato que ele tem. Nem maior, nem menor. Apenas o tamanho e a importância certos. Se você e Eduardo realmente se amam, saberão lutar por este amor.
— Mas, e quanto a Roberta?
— Roberta precisará crescer e aceitar a idéia de que Eduardo não a quer. Gosto dela como se fosse minha filha, mas Roberta deixou-se envolver por esta obsessão por Eduardo e não percebe que confunde amor com posse, orgulho e tirania.
— O que você está dizendo, mamãe!? Está me jogando nos braços de Eduardo?
— Nada disso. Não coloque palavras na minha boca! Estou dizendo que vocês são adultos e livres. Pelo que saiba, Roberta e Eduardo não estão namorando e, pelo que vi, a coisa é definitiva, pelo menos da parte dele, desde aquele escândalo na porta da casa da Olga. Esta amizade que une vocês duas é um complicador, nisso eu concordo com você, mas, meu Deus! Amizade também é amor! Se Roberta for realmente sua amiga, se te amar como amiga e se for adulta, vai compreender. Apenas seja honesta, neném. Se Roberta tiver de saber de algo, que o saiba por vocês dois primeiro. Não pense você que eu estou me sentindo confortável dando este conselho. Preferiria que você estivesse apaixonada por outro rapaz. Mas, e agora? Seu amor é Eduardo e o que podemos fazer? Não é de hoje que você fica assim perdida em pensamentos, suspirando pelos cantos e quando sorri, tenta passar uma alegria que não tem. Ninguém conhece e nem comanda os caminhos do coração! Pelo que conhecemos de Roberta, ela vai espernear bastante, mas o tempo cura tudo, neném. O tempo cura tudo!

Eduardo continuou a procurar por Estela nos dias que se seguiram. Telefonou, enviou flores, aguardou-a na saída do trabalho. Ela estava encantada, mas ainda muito resistente. Não sabia como contar a Roberta. Sabia que assumir um romance com Eduardo seria o fim de sua amizade. Ao mesmo tempo, estava feliz em ver o rapaz procurá-la, pois estar com ele era tudo que ela imaginava como felicidade.

Na semana seguinte seria o aniversário de 18 anos de Ignácio. O irmão de Joel queria comemorar a data em um local onde pudesse reunir os amigos para dançar a noite toda, e isso colocava a varanda da casa de dona Amália fora de seus planos. Eduardo comunicou à tia que estaria, em breve, mudando para a casa que comprou em um outro bairro.

– Casa nova, primo? – perguntou Joel, denotando ansiedade na voz.

– Sim, Joel. Finalmente consegui uma casa para mim. Agora posso deixar Ignácio novamente com o quarto só para ele.

– Está indo sozinho?

– Não estou levando Roberta comigo se é isto que você quer saber?

– Não?!

A voz de Joel transpirava alívio e surpresa.

– Primo, sei que você arrasta um caminhão pela morena e sei que quando cheguei atrapalhei seus planos. Ela investiu tudo em mim, cheguei a ficar empolgado no início, mas não estou disposto a dar a ela tudo aquilo que ela espera. Não é com ela que quero casar.

– Pelo tom de sua voz, vejo que o cupido flechou você.

– Flechou, sim. Quer saber quem é ela?

Eduardo colocou o primo ciente dos últimos acontecimentos e, ao terminar sua narrativa, estava diante de um boquiaberto Joel.

– E Estela? O que ela diz de tudo isso?

– O maior impedimento é esta amizade entre as duas. Estela está dividida entre mim e Roberta. Não quer fazer a amiga sofrer, mas sofre por não poder ficar comigo.

– Eu entendo o que ela está passando. Conheço estas duas desde crianças. Todos nós que as vimos crescer somos testemunhas de que elas são inseparáveis.

– Joel, eu acho que isso que está acontecendo pode ajudar a aproximar você e Roberta. Se você me ajudar, nós dois conseguiremos as mulheres que amamos.

– O que você tem em mente?

– Não consigo pensar em nada, mas volte a procurar por ela. Sei que você retirou seu time de campo quando ela declarou aos quatro cantos que me queria. Aproveite que estamos afastados. Ela está se escondendo desde aquele escândalo que fez na casa da Olga. Se bem a conheço, está apenas deixando o tempo passar para que todo mundo esqueça o que ocorreu. Está esperando o aniversário do Ignácio para ter uma desculpa para me procurar. Se você voltar a procurar por ela, terei um motivo para me afastar...

– Não estou achando esse plano muito consistente...

– Eu também não...mas, por enquanto, é o único que temos.

A semana transcorreu lenta enquanto Roberta recebia, desconfiada e distante, os telefonemas e visitas de Joel; e Estela, nervosa, correspondia aos cuidados de Eduardo. Na véspera da festa, Roberta, como previsto por Eduardo, telefonou para ele tentando uma reconciliação, para que fossem juntos ao aniversário de Ignácio, mas ele disse que já tinha companhia.

– Quem é a vagabunda?!
– Está vendo, Roberta? É isso que eu não suporto mais! Essa sua atitude de achar que é minha dona. Nós já não temos mais o que fazer juntos. Acabou Roberta! Está ouvindo? Nosso caso acabou!
– Eduardo! Escute...não somos apenas um caso...Eduardo? Alô?...

Ele desligou o telefone sem dar chance para que Roberta respondesse. Queria ter dito mais, queria ter falado de seu amor por Estela, mas na hora da raiva, as palavras não obedeceram ao pensamento.

Roberta estava descomposta após ter escutado as palavras de Eduardo. Resolveu ir encontrá-lo, imaginou que a companhia a que ele se referia era alguém da fábrica onde trabalhava. Calçou o primeiro par de tênis que encontrou, pegou a bolsa e saiu de casa. Indo em direção ao ponto de táxi, pisou em falso e torceu o pé. Foi socorrida por Joel, que voltava mais cedo para casa. No hospital, ficou sabendo que não poderia ir à festa no dia seguinte. O pé, dolorido e inchado, não permitiria.

OMOLU DISSE NÃO

Finalmente o dia da festa chegou. Estela ficou sabendo da torção do pé de Roberta e foi visitá-la no final daquela manhã de sábado. A jovem estava com um humor péssimo e Estela já conhecia a razão, pois Eduardo ligou para ela assim que desligou o telefone bruscamente no dia anterior, terminando a conversa com Roberta.

– Oi, Estela. Como está se sentindo?

– Péssima! Além do fora que ganhei do Eduardo ainda arrumei esta torção no pé e não poderei ir à festa. Se a reunião ainda fosse aqui na casa de dona Amália...mas o Ignácio fez questão de sair para dançar...lá na boate não tem lugar para eu ficar deste jeito...meu pé está doendo pra burro.

– Então, vou ficar aqui para te fazer companhia. Quero descansar, pois vou ter de viajar na segunda-feira...preciso também te contar uma coisa que prefiro que você saiba por mim.

– Não!! Você tem de ir a esta festa!

– Mas tenho de viajar no dia seguinte! Preciso estar lá antes de segunda-feira.

– Viajar a serviço de novo? Para onde?

– Desta vez é aqui perto. Vou a São Paulo, ficarei uma semana.

– Você não pode deixar de ir à esta festa! Você precisa ir para me dizer quem é a sirigaita que está com o Eduardo.

Estela sentiu o coração acelerar quando ouviu o pedido da amiga.

– Roberta, deixa isso pra lá...você insiste nisso, mas o Eduardo já demonstrou que não está disposto a te acompanhar nos seus sonhos...

– Ele ainda não sabe que me ama! É só isso. Por enquanto, eu amo por nós dois...

– Ainda não sabe? Roberta já são dois anos que...

– Não fale mais, Estela...só porque você inveja minha felicidade, e fica enchendo a cara enquanto troca de namorado a cada semana, acha que eu tenho de fazer o mesmo?

– Não me ofenda, Roberta! Não vou levar em conta esse insulto, pois sei que você está nervosa e com dor.

– Tá, tá legal...não estou bem hoje... agora diga, o que é que você tem para me dizer?
– Nada, Roberta. Esqueça! Acho melhor eu ir embora.

Estela saiu da casa de Roberta com sentimentos ambivalentes e os miolos a ferverem. *"...Só porque você inveja minha felicidade..."* As palavras de Roberta repetiam-se dolorosamente na memória de Estela como se fossem pedras em brasa grudadas em sua mente. *"Que felicidade? Quem disse que você é feliz? Vive mendigando a atenção de um homem que não te suporta. É esse o seu conceito de felicidade?"* Pensava ela nas respostas que poderia ter dito, mas que só agora vinham em sua mente. *"Pois saiba que é a mim que ele quer sua anta! É por mim que ele está apaixonado como nunca esteve por você."* Ela andava apressada, assim como apressada era a profusão de idéias em sua cabeça. Estava magoada e frustrada. Magoara-se pelo modo como Roberta tinha falado com ela e frustrada por não ter tido coragem de contar à amiga sobre o que estava acontecendo entre ela e Eduardo.

A mágoa que sentia por Roberta a fazia sentir-se mal e queimava sua alma como se alguém tivesse jogado sal em seu coração. Passou pela sala como uma flecha, entrou no quarto e jogou-se na cama dando vazão a copioso pranto, que não aplacou nem sua mágoa nem sua frustração. Cansou-se de chorar e levantou-se com uma certeza: precisava decidir entre sua amizade por Roberta e seu amor por Eduardo. As duas coisas não eram compatíveis e se excluíam naturalmente. Cabia a ela optar e já tinha decidido. Foi até à sala, serviu-se de uma dose de uísque e bebeu de um só gole. O calor que descia pela garganta e subia novamente como uma onda que a envolvia do estômago à cabeça deu-lhe coragem para ir à festa. Olhou-se no espelho arrumando os cabelos, pegou a bolsa e saiu. Precisava comprar algo para usar logo mais à noite.

As vitrines do shopping ofereciam uma variedade de roupas em cores de tons fortes e fluorescentes, sandálias de plástico, roupas com gola canoa, relógios que trocavam de pulseira, mochilas emborrachadas, sutiãs de ombreira, batons 24 horas e toda sorte de artefatos disponíveis na pulsante década de 1980. Estela passou a tarde entrando e saindo de lojas sem se preocupar com o correr do tempo. Depois de muito caminhar, saiu do shopping satisfeita com as aquisições. Chegou em casa, tomou demorado banho e aguardou o momento para arrumar-se. Assistiu à programação da televisão, tendo as palavras de Roberta a se repetirem em sua mente. Tomou outra dose de uísque e foi para o quarto para trocar de roupa.

Chegou na boate sozinha. O local estava lotado e precisou aguardar com paciência o andar da fila até a entrada. Quando finalmente entrou, agradeceu por Eduardo ainda não ter chegado, pois o local estava repleto de pessoas conhecidas as quais ela não queria que soubessem sobre eles. Pelo menos não antes de Roberta o saber por sua própria boca. Foi ao encontro de um grupo de amigos e, ao ser questionada sobre a presença de Roberta, comentou sobre a torção de seu pé, mas não queria dar muitos detalhes, não queria falar sobre ela, pois ainda estava magoada. Viu Tereza indo em direção ao bar e a acompanhou.

– Moço, me dê uma cerveja, por favor! – gritou Tereza, para que sua voz superasse o som da música.

– Para mim, uma dose de uísque! – completou Estela, falando alto por trás de Tereza.

– Menina...vai com calma...a noite está apenas começando! – comentou Tereza, virando-se para trás ao reconhecer a voz da jovem.

– Preciso de algo forte!

– Fiquei sabendo que Roberta não virá!

– Torceu o pé.

– E Eduardo?

– Não sei...– Estela respondeu dando de ombros.

– Ai, meu Deus! Ai, minhas Almas! Ai, minha mãe Iansã! Ai, meu Senhor do Bonfim! Falei no nome do homem e olhe quem acaba de chegar!

Estela virou-se para a entrada do local e viu Eduardo chegar com os cabelos embebidos em gel, uma camisa justa que realçava o corpo trabalhado em academia de ginástica e os olhos a percorrerem o local como se estivessem em missão de reconhecimento do terreno.

– Olha só! O bonitão não morre tão cedo. Falo no nome dele e ele aparece! E veja só a produção! Roberta não vai gostar de saber disso. Quando você fala em alguém e este alguém aparece, que palpite para o bicho é? Em que bicho você acha que eu devo jogar? Tereza disparava sua habitual metralhadora de palavras enquanto pegava a cerveja das mãos do homem do bar.

– No caso desse aí, minha amiga...jogue no pavão – respondeu Estela, tentando aparentar desdém.

Durante toda a noite ela procurou estar onde ele não estivesse. Não era apenas o medo de que os vissem juntos. Seu medo era o de não se controlar e deixar os outros perceberem em seus gestos e olhar que estava na verdade apaixonada. Eduardo entendeu a atitude da jovem e encontrou companhia nos goles de cerveja. Ao final da noite, com o consumo do álcool, estavam aquilo que se pode chamar de "alegrinhos" e acabaram sentados na mesma mesa fazendo parte de um animado grupo que pouco a pouco foi se desfazendo na medida em que as pessoas iam embora, até que restaram somente os dois.

– Acho que eles vão fechar. Precisamos ir embora. Até o aniversariante já foi! – comentou Eduardo forçando a vista enquanto olhava em volta vendo o salão quase vazio.

– É mesmo...nossa, nunca bebi tanto em uma noite... – respondeu Estela, tentando dar a impressão de que apesar do pilequinho, procurava ter algum senso crítico.

– Gosto de te ver assim soltinha pelo álcool.

Ele procurou por sua mão, e ela esquivou-se.

– Não, Eduardo! Alguém pode ver...
– E daí? Quero que vejam! Quero você!
– Preciso falar com Roberta...
– Para quê? Para pedir sua permissão?
– Eu preciso ir embora...
– Eu te levo.
– Não!...vou com Tereza.
– Tereza já foi! Todo mundo se foi! Onde você pensa que vai conseguir condução a uma hora dessas? Venha, eu te levo...

Ele falava enquanto pegava a chave do carro e arrastava Estela para fora da boate. Ela se deixou levar embalada pelo pilequinho e pelos encantos do homem amado. Ao chegarem no local onde estava estacionado, Eduardo abriu gentilmente a porta do carro conduzindo Estela de forma a acomodar-se. Entrou no carro e seguiu em direção à sua casa e não à casa de sua tia.

– Por que você está tomando este caminho? – indagou Estela, percebendo que estavam indo em direção oposta ao esperado.

– Quero lhe mostrar minha nova casa – disse ele, empertigando-se como um galo que mostra sua plumagem brilhante.

– Eduardo...por favor...

– Estela, quer por favor me deixar mostrar minha felicidade? Você é a primeira pessoa que levo à minha casa. Faço isso porque você é a mulher que eu amo e que escolhi para viver comigo.

Dizia isso enquanto dirigia e pousou sua mão na de Estela, que correspondeu ao toque e sorriu ao ouvir a última frase de Eduardo. Ele sorriu de volta e trouxe sua mão aos lábios, beijando-a carinhosamente. A cada gesto Eduardo aproximava-se mais de Estela. Com delicadeza, e auxiliado pelo efeito do álcool, foi superando as barreiras que ela mesma tinha criado.

– Chegamos. Aqui está meu cafofo!

A casa de muro baixo tinha à sua frente um canteiro que solicitava cuidados e era circundada por uma varanda. Ele abriu a porta do carro para que ela saísse e a conduziu até a entrada. Abriu a porta, tateou pela parede buscando o interruptor e acendeu a luz. A sala mostrou-se acolhedora apesar de pouco mobiliada.

– Entre! Seja bem-vinda. Você é a primeira pessoa que trago aqui.

– Você já falou isso...– disse ela sorrindo enquanto olhava tudo à sua volta.

– É porque estou feliz, só por isso.

Ele puxou-a para si e deu-lhe um rápido beijo, no que foi correspondido.

– Bem, aqui é a sala. Falta a televisão, mesa de centro e detalhes para a decoração como cortinas, mas isso vou providenciando aos poucos. Agora venha ver como a cozinha é espaçosa...

Foram andando pela casa de mãos dadas. Estela já não mais evitava seu contato. Sentia-se completamente envolvida com a alegria dele por estar mostrando a casa e foi deixando-se levar como uma criança. Nem prestava mais atenção na casa, apenas se perdia no rosto dele feliz e tagarela a mostrar sua aquisição imobiliária. Eduardo misturava uma aura de menino com um rosto e corpo de homem com traços fortes e bem definidos, que deixavam Estela fascinada. Ele falava sem parar, expondo seus planos de decoração e reforma, e ela, hipnotizada, olhava-o sem sequer ouvir o que ele dizia e os dois nem perceberam que não largavam as mãos.

Chegou um momento em que as palavras foram lentamente escasseando e somente seus olhos falavam. Lentamente, suas bocas se aproximaram e novamente o mundo desapareceu dando lugar somente a eles.

–Você quer conhecer o quarto? Ainda não está completamente mobiliado.

Tendo um sorriso como resposta, ele a pegou no colo, levando-a ao aposento. Estela, embalada pela bebida e envolvida pelo desejo, baixou as defesas e permitiu-se amar e ser amada qual a fruta que se oferece generosa aos raios do Sol para amadurecer sem pressa. Sem o saberem, estavam naquele momento selando seus destinos. Em algum lugar da espiritualidade, Omolu, em sua sabedoria, dizia não ao pedido de uma de suas filhas.

A VIDA SEGUE SEU CURSO

Nos dias que se seguiram, Roberta tentou entrar em contato com Eduardo, porém não obteve sucesso. Seu pé só melhorou uma semana depois, quando amanheceu desinchado e sem dor. Aproveitou para ir ao terreiro, queria pedir uma consulta à dona Marina, pois teve sonhos estranhos durante a semana, em que via Omolu a executar sua dança vestido com seu característico capuz de palha da costa. Em determinado momento, o orixá aproximava-se dela e, girando, a cobria com a palha fazendo com que ela ficasse sem poder ver o que se passava à sua volta, enquanto o orixá seguia com sua dança. Quando ela finalmente saía de dentro do capuz, percebia que estava mais velha, como se muito tempo tivesse passado enquanto ela estava sob a palha.

– Omolu responde no jogo, minha filha – disse dona Marina diante da peneira com os búzios.

– E o que ele diz, minha mãe? – perguntou ela com ansiedade.

– Seu pai diz muitas coisas. Uma delas é a mensagem de que é hora de você recolher-se ritualisticamente. Em seu sonho, quando você entra no capuz do orixá, significa que você deve aprofundar-se nos segredos de seu pai.

Para ela foi o suficiente para entender, à sua maneira, que seus pedidos tinham sido atendidos. Precisava se recolher, passar por um ritual, sacrificar-se um pouco para que seu orixá retribuísse com a presença do homem amado em sua vida. Apesar de ter tido boa e sólida orientação em seu desenvolvimento mediúnico, sua vaidade, imaturidade e falta de vigilância aliadas à sua carência afetiva, fizeram com que ela pensasse que o relacionamento com a espiritualidade fosse feito aos moldes de um contrato comercial.

– Não é bem assim, minha filha, não misture as coisas.

– Mas, dona Marina, eu pedi a meu pai um sinal para que eu soubesse quando eu e meu amor finalmente vamos nos entender.

– E por "entender" você quer dizer casar, não é mesmo?

– É tudo que mais quero...

– Roberta, esse sonho tem também outra mensagem que você precisa entender – disse dona Marina, ainda olhando para a mesa de jogo após ter lançado mais uma vez os búzios, e continuou falando:

– Você fala que fica sem ver o que está acontecendo no momento em que Omolu cobre você com o filá.[4]
– Sim.
– Isso significa que Omolu está te protegendo, minha filha. Existem momentos na vida em que o "não saber" é uma bênção. É por isso que você fica sem poder saber o que se passa à sua volta e só depois, com o amadurecimento, é que volta à consciência.
– Não estou entendendo.
– Omolu pede que você tenha coragem e confiança.
– Ah! Isso eu tenho! Confio em meu pai que serei feliz um dia.
– Não tenha dúvida, Roberta, de que nossos orixás só querem a nossa felicidade. Acontece que nem sempre aquilo que pensamos ser o melhor, realmente é. Repare que você pede para ser feliz com seu amor. Você não disse que pediu para ser feliz com Eduardo.

Roberta estava impermeável a qualquer advertência que tocasse no assunto referente a ela e Eduardo. Só via uma coisa a sua frente: seu futuro ao lado dele. Dona Marina entendeu que Roberta já estava sob o capuz de palha. Logo, não podia ver com clareza o que ela estava tentando dizer. Contava agora com o amadurecimento proveniente do tempo para que ela pudesse entender os sutis e complexos caminhos do destino.

Após ficar sabendo da gravidez de Estela, Roberta não mais retornou ao terreiro. Viajou e somente voltou por causa da condição de saúde de seu pai. Após a morte de Alípio, tudo o que tinha em casa relativo ao terreiro foi jogado no lixo. Sua quartinha[5] "entretanto" ficou no terreiro, e dona Marina, seguindo as instruções de seus mentores espirituais, continuou cuidando dela.

Roberta não voltou para o Recife. Ficou com a mãe e deu continuidade à sua vida. Meses depois de sua volta, enquanto caminhava pela rua tropeçou e foi acudida por Joel; no dia seguinte, escorregou e, ao apoiar-se em alguém para não cair, viu com surpresa que era Joel. Dois dias depois, voltando com a mãe do mercado, tropeçou novamente e caiu aos pés de alguém. Reconheceu constrangida a mão que lhe foi estendida.

– Acho que você está tendo uma queda por mim – disse Joel, sorrindo, enquanto a ajudava a levantar-se.
– Ai, meu Deus! Que coisa! Desculpe-me...mas parece que você está em toda parte.
– Ainda bem! Pelo jeito, alguém precisa cuidar de você.

---

4. Nome do capuz de palha da costa, com longas franjas, utilizado por Omolu para cobrir seu rosto e seu corpo.
5. Vasilhas de barro de base estreita e boca larga e alta, nas quais são colocados os fetiches do orixá. Representam o orixá e, após o devido preparo, têm ligação magnética com o médium filho do orixá nela representado.

A partir desse dia, Joel voltou a investir em seu relacionamento com Roberta. Ela, magoada e carente, foi deixando-se levar e envolveu-se, não com a intensidade com que o fez com Eduardo, entretanto estava mais tranqüila com o sentimento que nutria por Joel.

Estela e Eduardo casaram-se pouco tempo depois da ida de Roberta para o Recife. Foram morar na casa que Eduardo tinha acabado de comprar e que lhes servia de moradia desde então. Ela sofreu com a morte de Alípio e com a impossibilidade de comparecer ao funeral. Queria poder consolar a amiga, entretanto tinha receio da reação que Roberta poderia ter, sua barriga já estava bastante volumosa e queria evitar a exposição a situações embaraçosas.

Eduardo mostrou ser um marido atencioso, porém ciumento. Ter ido morar em um bairro distante lhe trazia alívio, pois assim não precisava encontrar, a cada esquina, com um ex-namorado de Estela. Essa situação alimentava o ego dela e fazia com que ela chegasse a acreditar que sua fase de azarão havia acabado, pois tinha ao seu lado o homem que amava e, ainda por cima, estava grávida dele.

* * *

– Mamãe, a senhora não quer descansar? Podemos continuar mais tarde. A senhora parece cansada – observou Kely, algum tempo depois que Estela começou a contar sua história.

– Não, neném. Agora que comecei preciso ir em frente.

ROBERTA VAI AO HOSPITAL

Kely deixou atrás de si um incômodo silêncio ao sair da casa de Roberta. A dona da casa pediu à Tereza para que a acompanhasse até o portão, ficando imersa em seus pensamentos, apoiando o queixo na mão enquanto caminhava lentamente pela sala. Estava tão distraída que não percebeu que Tereza demorou mais tempo do que o necessário para simplesmente levar a moça até o portão. Quando a vizinha retornou, Roberta parou sua caminhada entre os móveis da sala e disse com firmeza:

– Sabe de uma coisa, Tereza? Preciso criar coragem e encarar isso de frente.

– Também acho! E o que é que você pensa em fazer?

– A única coisa a fazer é ver Estela no hospital. Não posso deixar ela ir embora, sem antes resolver esse assunto.

– Hummm....e como você pretende chegar lá? Sabe em que hospital ela está internada? Sabe os dias e horários de visita? – perguntou Tereza, arqueando a sobrancelha enquanto colocava as mãos nas cadeiras.

– Droga! Cadê aquela menina? Será que está muito longe? Chame ela de volta , por favor...!

– Calma! Calma! Calminha! Euzinha aqui já tomei nota do endereço e tudo o que é necessário para irmos visitar aquela maluca da Estela. Aqui está o endereço do hospital. A menina entrou no carro e foi embora apressada – disse Tereza com um meio sorriso, enquanto tirava um pedaço de papel de dentro do decote.

– Você disse irmos?

– Claro! Iremos juntas! Ou você acha que vou deixar você sozinha nessa hora? Amanhã prepare a janta mais cedo porque à tarde faremos nossa visita.

No dia seguinte, aprontaram-se e rumaram na direção informada no pedaço de papel que continha o endereço redigido com a delicada caligrafia de Kely. Chegaram ao hospital localizado em bairro abastado, confirmando os comentários de que o casal vivia em boas condições financeiras.

Roberta parou na entrada envidraçada, percebendo que poderia estar a poucos metros de reencontrar uma das pessoas a quem ela mais tinha amado na vida. Toda sua história com Estela ressurgiu em sua mente com tamanha força, que ela chegou a duvidar se estava realmente ali parada na entrada do hospital ou se o tempo havia retrocedido.

– Roberta!?

A voz de Tereza a fez voltar à realidade.

– Quer desistir?

– Imagina! Jamais! Tomei uma decisão e vou até o fim.

Apresentaram-se na portaria e foram autorizadas a subir, devendo apresentar-se novamente na recepção do 8º andar. Quando as portas prateadas do elevador se abriram, deixaram passar o som de vozes alteradas. Alguém estava fazendo uma reclamação e a enfermeira não conseguia fazer a pessoa acalmar-se de forma a que pudesse se fazer entendida. Tereza puxou Roberta pelo braço e iniciou sua busca pela numeração dos quartos. Pararam na frente do quarto 807.

– Ai, meu Deus! Ai, minhas Almas! Ai, minha mãe Iansã! Ai, meu Senhor do Bonfim! É este o quarto...

Empurraram suavemente a porta que deu passagem para uma antesala com um sofá. O quarto propriamente dito ficava após mais uma outra porta que estava entreaberta, e elas puderam ouvir as vozes de Estela e Kely quando conversavam sobre a jovem ter ido procurar Roberta naquela manhã. A princípio, não queriam ficar ali ouvindo a conversa de mãe e filha, entretanto, quando Estela começou a contar sua história, foram se deixando ficar e acompanharam toda a narrativa. Parecia que o destino se encarregara de trazer Roberta para ouvir da própria Estela a sua versão dos fatos.

– Que coisa esquisita! Estou ficando arrepiada. Parece que tem "coisa" por aqui – Tereza sussurrou, enquanto passava as mãos nos pelos eriçados dos braços.

Roberta também tinha sentido a mesma conhecida sensação que tinha, quando outrora dava consultas, de que alguém precisava de uma limpeza espiritual. Entretanto, limitou-se a dar um sorriso amarelo na esperança de que Tereza não começasse a chamar por todos os orixás e santos.

* * *

– Você tem certeza do que está falando?

A voz de Eduardo denotava uma surpresa que não se deixava saber se era, ou não, bem-vinda.

– Absoluta – respondeu Estela estendendo para ele o resultado do exame.

– Meu Deus! Não estou preparado para ser pai.

– Eduardo, eu também não me sinto pronta para ser mãe. Acredite! Não premeditei. Se pudesse, tudo seria diferente...

– Bem...não era aquilo que eu esperava, mas acho que abortar não está nos seus planos, está?

– Não se sinta obrigado a nada, Eduardo. Não pense que estou aqui para colocar uma corda em seu pescoço. Amo você e tudo o que aconteceu naquela noite foi com o nosso mútuo consentimento. Não fazia a menor idéia de que na única vez em que fizemos amor, este seria o resultado. Fiquei sabendo pelo meu ginecologista que um lote da pílula que uso apresentou defeito. Talvez seja essa a explicação. Não sou a favor do aborto e também não vou obrigar você a nada.

Casaram-se pouco depois da ida de Roberta para o Recife. A cerimônia foi simples, Estela estava constrangida, pois apesar de estar feliz com a gravidez e com o casamento, a perda da amizade de Roberta deixou uma lacuna que jamais seria preenchida.

ESTELA CONTINUA SEU RELATO

Estela procurou dona Marina, dias depois do casamento, em busca de aconselhamento. A sacerdotisa a recebeu com carinho maternal, dando-lhe afetuoso abraço enquanto ela deixava-se envolver sentindo que aquele gesto era sincero. Desde o dia em que tudo veio à tona, sentiu que as pessoas a evitavam. Sempre que a viam estavam a cochichar, procurando não estar onde ela estivesse, como se tivesse contraído alguma doença contagiosa. Aquele abraço de dona Marina foi como uma brisa fresca que chega inesperadamente em uma tarde abafada de verão, refazendo o cansado ânimo daquela filha de Oxum.

– Minha filha, estava esperando por você. Norma pediu que lhe atendesse.

– Dona Marina, estou precisando tanto de orientação, de ajuda...

– Eu sei, filha. A vida tem estranhos caminhos, não é?

– Estranhos, dolorosos, difíceis...

– E ao mesmo tempo maravilhosos e cheios de surpresa. Todos esses anos de convívio com a espiritualidade me deram a certeza de que Deus não erra. Mesmo quando tudo parece conspirar contra nós, sempre existe a mão de Deus a guiar cuidadosamente nosso destino. Por falar em destino, vamos entrar? Veremos o que os orixás nos têm a dizer por meio dos búzios.

Elas entraram no templo. Estela sentou-se em um banco na área reservada para a assistência, aguardando que dona Marina a chamasse assim que tudo estivesse preparado. O ambiente sempre calmo do terreiro convidava à reflexão. Ela olhou os quadros na parede, eram representações antropomórficas dos orixás. Não era iniciada, mas a convivência com sua mãe lhe deu conhecimento suficiente para reconhecer os deuses africanos e seus domínios. Lá estavam representados em óleo sobre tela, os senhores do destino. Exu,[*] guardião dos caminhos, orixá do prazer e da comunicação; Ogum, orixá guerreiro, patrono dos metais, das ferramentas e do avanço tecnológico;

---

[*] N.E.: Sugerimos a leitura de *Livro de Exu – O Mistério Revelado*, de Rubens Saraceni, Madras Editora.

Oxóssi, senhor da caça, da prosperidade, patrono das artes; Logun Edé, orixá da riqueza e da fartura, filho de Oxum e Oxóssi; Ossãe, o guardião do segredo das folhas; Omolu, senhor das doenças e sua cura, o temido orixá da morte; Oxumaré, orixá do arco-íris, a serpente que envolve o mundo e lhe dá o movimento; Xangô, senhor do fogo e da justiça; Iansã, senhora guerreira, esposa de Xangô, dona dos ventos; Obá, valente amazona, orixá do ciúme e das paixões; Oxum, senhora das águas doces, orixá da fertilidade, dona do jogo de búzios; Ewá, a faixa branca do arco-íris, deusa de exótica beleza, dona do céu cor-de-rosa e de todas as coisas inexploradas; Tempo, orixá que rege a passagem do tempo, a mudança das estações; Iemanjá, mãe de todos os filhos, orixá dos mares e oceanos; Nanã, a mais velho dos orixás, senhora da lama, dos grãos e do renascimento, mãe de Omolu; Oxalá, o orixá da criação, o senhor do pano branco, o imaculado, o mais poderoso dos orixás, pois o próprio Olorum o elegeu seu representante.

    Estela pousou os olhos na figura representando Oxum, sua mãe. O quadro mostrava uma mulher negra, adornada com braceletes e cordões ricamente trabalhados, admirando-se em um espelho. A deusa encontrava-se à beira de um regato, tendo ao fundo uma queda d'água. Tinha-se a impressão de que havia acabado de banhar-se e que agora tratava de recolocar suas jóias. Era uma representação de Oxum grávida. Envolta em panos dourados, ela acariciava com uma das mãos o seu ventre volumoso.

    Oxum é o orixá da fertilidade. Tudo o que se refere à fertilidade está diretamente relacionado a Oxum. É ela quem socorre as mulheres com problemas uterinos e doenças relacionadas aos órgãos genitais. Dessa forma, não só as mulheres inférteis devem recorrer a Oxum, mas também aquelas com miomas, má formação dos órgãos e qualquer outro problema que impeça ou dificulte a maternidade. Oxum é a divindade que garante a saúde da mulher, pois as particularidades do sexo feminino – a menstruação e a capacidade de gerar filhos – são seus maiores atributos. Todas as coisas que simbolizam Oxum remetem à idéia de fecundidade. O ovo, que é essencialmente um símbolo de fecundidade, pertence a Oxum. Dessa forma, é Oxum quem propicia a fecundidade das mulheres. Ela é a dona do grande poder feminino de gerar a vida, é a protetora das crianças e está ligada ao desenvolvimento do bebê ainda no ventre da mãe. Por ser a senhora absoluta da fertilidade das mulheres, Oxum é a guardiã da gravidez, sendo o aborto um de seus maiores interditos. Quando um óvulo é fecundado, Oxum se faz presente e protege o feto assegurando a sua vida. É Oxum quem rege a divisão e a multiplicação celular – esta é, sem dúvida, uma de suas regências mais fascinantes: a formação da vida.

    Estela admirava o quadro e parecia ouvir a voz de Norma quando esclarecia Roberta em suas dúvidas e curiosidades sobre os orixás, ainda no início seu de desenvolvimento mediúnico. Sentiu saudades daquelas animadas tardes regadas a chocolate quente no inverno e refrigerantes ou refrescos no verão. Não sabe quanto tempo ficou ali observando o quadro, mas, por um breve momento, teve a impressão de que as pulseiras de

Oxum, no braço que segurava o espelho, poderiam balançar a qualquer momento. Foi quando percebeu que, nesse momento, acariciava o próprio ventre. Baixou os olhos olhando a barriga e sentiu uma onda de amor a envolver. Não soube dizer de onde vinha aquela força, se do quadro ou se de dentro de si mesma. Era com um abraço ainda mais poderoso e envolvente do que o que tinha acabado de receber de dona Marina. Tamanha presença divina lhe trouxe coragem e também lágrimas de emoção. Voltou os olhos para a figura da mulher no quadro, que parecia a observar através do reflexo no seu espelho.

– Oh, minha mãe, é a sua presença que estou sentindo agora? Nunca senti um arrepiozinho sequer...será que a gravidez está me dando esta sensibilidade? Não me desampare, por favor...o que será que Deus está querendo me dizer com tudo isso?

– Vamos ao jogo, minha filha?

A voz de dona Marina a trouxe de volta, desfazendo sua concentração como um sopro que dispersa a leve fumaça que se desprende de um palito de incenso. Ela voltou-se para a sacerdotisa, sorriu enxugando as lágrimas e elas se dirigiram para a mesa que estava montada próximo ao altar.

Após a habitual prece para abertura do jogo, dona Marina lançou os búzios na peneira pedindo para que o orixá que iria trazer as respostas se apresentasse. Cinco búzios caíram abertos fazendo o desenho de uma flor. A mãe-de-santo abriu um belo sorriso enquanto dizia a saudação do orixá que se mostrava no espaço divinatório.

– Òóré yeye o!![6] Sua própria mãe é quem responde no jogo, Estela! É Oxum quem vem nos ajudar.

Dona Marina prosseguiu com o jogo. Lançava as conchas na peneira cercada de fios de contas; os búzios formavam desenhos, caíam respondendo às perguntas que iam se sucedendo e trazendo esclarecimentos.

– Minha filha, está tudo certo. Sua gravidez é fruto do amor. Sua decisão de não retirar a criança foi a mais acertada. Esta menina que você carrega em seu ventre trará muita sabedoria. Este rapaz e você têm responsabilidades assumidas no astral.

– Meu Deus! Mas e Roberta?

– O que tem Roberta?

– A senhora sabe, todo mundo sabe! Roberta é louca por ele.

– Você disse muito bem. Ela é louca por ele.

Dona Marina, ao falar, deu especial ênfase à palavra louca. Depois, como se uma sombra passasse por seu rosto, ela assumiu um ar sério e prosseguiu.

– Roberta tem uma mediunidade muito especial, tem uma missão para a qual rezo todos os dias para que ela saiba compreender, aceitar e levar adiante com coragem. Entretanto, assim como todo ser humano, tem seus defeitos e vícios a serem corrigidos. A mediunidade, por si so-

---

6. Saudação ritualística à Oxum. É do idioma iorubá e significa: mãe da bondade.

mente, não faz alguém melhor ou mais sábio. Só o tempo e a qualidade desse tempo a ela dedicado é que nos aproxima da sabedoria dos bons espíritos. Ser eleito por um orixá significa servir e não "ser servido". O orixá sabe de nossas necessidades antes que nossas preces sejam a eles enviadas. Eles nos dão aquilo que merecemos e tiram aquilo de que não precisamos. Ao mesmo tempo, tem coisas que não cabe ao orixá dar ou tirar. Nós mesmos é que com nosso esforço alcançamos nossas vitórias. Lembro de uma consulta em que uma consulente pedia ajuda ao Boiadeiro para passar em um concurso. A prova seria no dia seguinte. O Boiadeiro perguntou: "A moça se preparou com estudo?" Ela respondeu que não, que tinha fé que ele a ajudaria, ao que ele respondeu: "Não conte comigo! Se a moça não fez por onde, como agora vem pedir ajuda?". A espiritualidade não tem obrigação nenhuma de satisfazer nossos caprichos. O próprio Eduardo dá demonstrações claras de que não está disposto a seguir com o relacionamento que ela deseja. Cabe a ela amadurecer, entregar as coisas nas mãos do sábio tempo e perceber que quem não nos quer, não nos merece e vice-versa! A espiritualidade já se manifestou nesse sentido. Ela foi chamada pelo mentor desta casa e foi alertada de que todos os esforços dela seriam em vão, que Eduardo e ela não têm um futuro juntos. Logo, de nada adiantaria todas as rezas, simpatias e insistentes pedidos que ela vinha fazendo. Naquele dia, ela saiu da sessão contrariadíssima, mas quem somos nós para discutirmos as sutis teias que o destino tece? Não deveria, como mãe-de-santo, estar tocando neste assunto com você, mas acho que a situação me permite o fazer no sentido de esclarecer o que está acontecendo. Nada tema. Tenho certeza de que o tempo se encarregará de encaminhar Roberta para o seu próprio caminho. Agora trate de pensar em você e nesta menina que está para chegar, conte com as bênçãos de Oxum. Entretanto, Oxum faz um alerta: você é propensa a crises de depressão, portanto nunca deixe de comparecer ao terreiro, mantenha o vínculo com a religião. Com o tempo, sua intuição tende a se desenvolver. Você não precisa ser iniciada, mas precisa de orientação religiosa.

* * *

Na ante-sala do quarto do hospital, Roberta sentiu o sangue gelar nas veias quando Tereza a olhou com surpresa.

– Não sabia que Seu Serra Negra tinha alertado você sobre Eduardo!

Sem coragem para encarar o olhar inquisidor de Tereza, Roberta retrucou, colocando o indicador na frente dos lábios em sinal de silêncio.

– Quieta! Depois falamos sobre isso.

Tereza sorriu com o canto da boca, entendendo que aquele depois jamais chegaria.

A morte de Norma

Lentamente, o tempo procurava arrumar lugar para o que sobrou depois de passado o terremoto emocional que sacudiu as vidas de Estela e Roberta. Cada uma, à sua maneira, tentava preencher o vazio que a outra tinha deixado. Não obstante, sua ligação telepática permanecia intacta. A gravidez aumentou a sensibilidade de Estela e ela era surpreendida em constantes crises de choro, não apenas pela sensibilidade inerente à gravidez, mas também pelas sensações que captava de Roberta.

Sentada junto à filha naquele quarto de hospital, Estela relatou como, apesar de estarem separadas, ela e Roberta continuavam a sentir uma os sentimentos da outra, mesmo não admitindo isso para as outras pessoas, sabiam quando a outra estava triste, feliz, preocupada, ansiosa, não raro tinham os mesmos sonhos e sempre que se encontravam durante o sonho, Roberta afastava-se e elas acordavam sobressaltadas, cada uma em sua casa, com aquela estranha certeza de que aquele encontro tinha sido real.

* * *

– Roberta, parece que nesta história tem muita coisa que você não contou – murmurou Tereza, apurando o ouvido para escutar melhor a narrativa de Estela, ao ver que Roberta mexia-se na poltrona demonstrando desconforto com o que ouvia.

* * *

Estela ficou especialmente bela durante a gravidez. Era como se as próprias forças geradoras da vida a tivessem abraçado ou fluíssem através dela. Seus cabelos, pele, olhos, dentes, unhas, tudo nela tinha um brilho e um viço que a todos encantava. Sua tristeza, entretanto, começava a incomodar Eduardo, que julgava cinco meses tempo mais do que suficiente para que ela se recuperasse do ocorrido.

– Tenha paciência, meu filho. Mulher grávida tem dessas coisas – aconselhava Norma a seu genro.

– Paciência eu tenho, dona Norma...mas sua filha não está ajudando! Saio de casa, ela está chorando, telefono para casa, ela está chorando, chego em casa, ela está chorando...e sempre pelo mesmo motivo! Não sei como ela não fica desidratada!
– Eu sei o quanto você tem sido afetuoso e paciente, meu filho.
– Não tem nenhuma reza forte lá no terreiro que a faça melhorar?
– Rezo todos os dias, meu genro! Acontece que quem tem de reagir é a própria Estela. Tudo o que podemos fazer é estender a mão e aguardar que ela a segure. Conte comigo sempre que precisar. Sei que Estela tem tendências depressivas e esse estado dela muito me preocupa, mas saiba que a sua presença e seu carinho são tudo o que ela precisa.
– Graças a Deus que a senhora resolveu ficar conosco até ela melhorar desta fase. Assim, saio de casa despreocupado sabendo que ela está com a senhora.
– Pode ir descansado, Eduardo, fique tranqüilo.
Ele beijou a sogra na testa afetuosamente e saiu para mais um dia de trabalho.

Pouco a pouco, Estela melhorou seu estado emocional. A proximidade do parto, a compra dos móveis para o quarto do bebê, os últimos preparativos do enxoval, a criança que não parava de mexer-se dentro de sua barriga. Aprendeu a conversar com ela e percebeu que assim o bebê se acalmava. Os sonhos com Roberta já não eram tão freqüentes e ela já não mais se sentia envolvida pelas sensações que sua ligação com a amiga trazia. O próprio tempo se encarregava de colocar em estado latente a sensibilidade que deixava de ser exercitada.

Norma acabou passando todo o tempo da gravidez de Estela na casa da filha. Inicialmente, tinha ido por conta do seu estado emocional, depois acabou ficando até o nascimento da criança, pois Estela ficou enorme e a mãe assumiu praticamente toda a rotina da casa. Era por meio de Norma que a vizinhança tinha notícias do casal, quando ela ia para casa nos finais de semana por conta de seu compromisso com o terreiro e assim aproveitava para verificar a correspondência, abrir janelas para arejar os cômodos e também deixar o casal a sós.

Kely nasceu no final de novembro de 1982, confirmando a previsão de dona Marina que o bebê era uma menina. O casal Eduardo e Estela não conseguia esconder sua felicidade e, mesmo distante, Roberta percebeu a alegria que tomou conta do coração de sua amiga.

Enquanto tudo isso acontecia, Roberta e Joel assumiam seu compromisso, para o deleite de Júlia que, vendo-se viúva, fez de tudo para que a filha encontrasse logo abrigo e segurança no casamento com aquele que ela sempre sonhou que fosse seu genro. Norma e Júlia não cortaram relações mesmo com todo o ocorrido. Em verdade, Júlia via com bons olhos o derradeiro afastamento de Eduardo, com quem pouco simpatizava, e que favoreceu a reaproximação de Joel. Elas, entretanto, já não se viam com a mesma freqüência de outrora. Em 1984, nascia Augusto, filho de Joel e Roberta. Nesse mesmo ano, um infarto durante o sono fez com que Norma partisse para o mundo espiritual, indo ao encontro do esposo que falecera três anos antes.

Os três primeiros anos de casamento de Estela e Eduardo, mesmo com todo o ciúme demonstrado por ele, foram os mais felizes de toda a sua vida conjugal. Entretanto, a partida de Norma abalou sobremaneira a estrutura de Estela, principalmente porque ela intuiu a morte da mãe. Era uma tarde ensolarada de domingo, Norma estava despedindo-se da filha e da neta. Era dia do plantão de Eduardo na fábrica.

– Não quer esperar por Eduardo, mamãe? Ele leva a senhora para casa. O sol está de rachar, para que esta pressa?

– Eduardo vai chegar cansado, minha filha. Hoje vou ao bingo com as meninas.

– Que bingo, mamãe?! Desde quando a senhora joga?

– É uma tarde beneficente. Esqueceu? Vamos arrecadar fundos para obras de caridade.

Norma acenou para a neta de dentro do táxi, logo assim que fechou a porta do carro. O veículo movimentou-se e, naquele momento, Estela teve a sensação de aquela era a última vez que via a mãe com vida. Teve o ímpeto de fazer o carro parar, impedir que ela se fosse, mas ao mesmo tempo se conteve, sacudiu a cabeça tentando afastar aquele pensamento e forçou um sorriso ao ouvir a pequenina Kely balbuciar "Tchau, vovó". No dia seguinte, pela manhã, a voz nervosa da empregada do outro lado da linha telefônica dava a notícia de que Norma não mais se encontrava neste mundo.

Os meses que se seguiram foram os primeiros de uma série de crises pelas quais passaria o casamento de Estela e Eduardo. Ela, bem antes da morte de sua mãe, por conta dos afazeres domésticos e alegando ter seu tempo todo tomado com os cuidados de Kely, afastou-se da religião. Norma sempre a repreendia e ela respondia que, já que não precisava desenvolver, não fazia sentido ficar indo ao centro, bastava que Norma rezasse por ela. Enganava-se redondamente. A religião não serve somente aos médiuns, ela serve a todos. Ela educa, instrui, protege e orienta todos os seus adeptos.

– Neném, sei que você não quer ir ao centro para não encontrar com as pessoas que sabem de tudo o que aconteceu entre você, Eduardo e Roberta.

– Não é nada disso, mamãe...

– É sim! Acontece que não existe só este terreiro no mundo. Existem outros que podem te ajudar também. Não se afaste da religião, minha filha! Lembre-se de que você tem tendência a depressões e este afastamento é um prato cheio para obsessores. Eu como mãe peço por você, mas como simples ser humano não posso isolar você de coisas que você mesma propicia.

Depois da passagem de Norma, somente a voz de Kely dava sinais de que havia vida naquela casa com um singelo jardim na frente e que um dia encheu-se de alegria com a formação daquela família. Sua presença assemelhava-se à chama de pequenina vela que, sozinha em um quarto escuro, sustenta o peso da escuridão acima dela.

Os primeiros sinais de crise

Eduardo, apesar da difícil infância que teve, era um homem bom. Não desejava o mal a ninguém e era um trabalhador esforçado. Não foi à toa que em pouco tempo tinha acumulado promoções no trabalho e dinheiro suficiente para dar de entrada na compra da casa própria. Entretanto, era mulherengo, vaidoso, gostava de ser admirado e de exibir seus dotes físicos. No trabalho, fazia de tudo para que seus esforços fossem sempre notados e isso, não raro, rendia-lhe brincadeiras e gozações dos colegas de trabalho.

Certa feita, em um plantão noturno, obteve ótimos índices de produção modificando um pouco a rotina do serviço e essa modificação acabou sendo aplicada no dia-a-dia em outros setores da fábrica. Roberta, uma colega de trabalho que ficou sabendo da boa repercussão que o trabalho de Eduardo tinha causado, deixou em seu bolso um bilhete como forma de fazer uma piada sobre a situação, dizendo assim: *"Edu, meu querido. Você esteve bárbaro na noite passada. Quero fazer igualzinho na próxima vez em que estivermos juntos e sei que vai ser em breve. Quem sabe para sempre? Beijos, Roberta"*.

Esse bilhete não foi visto por Eduardo e ficou no bolso de sua camisa até o momento em que Estela verificava os bolsos da roupa antes de lavá-las. Desnecessário ressaltar o quanto de aborrecimento esta brincadeira causou. A princípio, Estela imaginou ser a mesma Roberta de sua infância. Depois, percebeu tratar-se de alguém do serviço de seu marido. Nada removia de sua mente o pensamento de que aquele era um bilhete de amor e, cabe esclarecer, que era esta Roberta o pivô de várias cenas de ciúme presenciadas por Kely.

Kely crescia e Estela decidiu que deveria voltar a trabalhar. A menina já estava em idade de ir para uma creche e ela sentiu que precisava ocupar seu tempo e sua mente. Foi contra a vontade de Eduardo que ela conseguiu voltar para a mesma firma onde trabalhava antes de casar. As crises de ciúme de Eduardo voltaram, mas Estela estava decidida: precisava trabalhar. Para piorar a situação, ela passou a ganhar um salário maior que o de

Eduardo. Era pouca coisa a mais, mas foi o suficiente para acender o seu machismo e a sua insegurança.

– Esta comida está horrível – resmungou ele certa vez na mesa de jantar, enquanto remexia com o garfo a comida no prato à sua frente.

– Mas está tudo fresquinho! Foi feito agora à tarde.

– Pode ser, mas esta empregada não sabe cozinhar...está tudo sem gosto.

– Eduardo, você adorava a comida da Shirley quando ela cozinhava para a mamãe.

– Isso porque a sua mãe ficava orientando ela o tempo todo. Não deixava a empregada sozinha em casa para ir trabalhar.

Quando Estela comprava, por iniciativa própria, algo para casa visando ao conforto ou a estética, ele nunca concordava que aquilo era realmente necessário.

– Não sei para que fogão novo se você não usa.

– Eduardo, o outro estava estragado, lembra?

– Claro! Quem estragou, com certeza, foi a Shirley. Se você estivesse cuidando da casa, isso não teria acontecido.

Os amigos do trabalho nunca eram aprovados pelo criterioso crivo de Eduardo. Se fosse mulher, era taxada de vulgar, falsa ou fofoqueira; se fosse homem, era taxado de garanhão e que estaria esperando a primeira oportunidade para "cantar" Estela. Nada que tivesse relação à vida profissional dela era para ele assunto que merecesse atenção. Todos os seus amigos do trabalho eram fúteis e dignos de serem esquecidos.

– Hoje tivemos uma reunião muito proveitosa – dizia ela, tentando despertar a atenção do esposo.

– Hum hum...

– Sabe a Laura? Está programando um jantar na casa dela e...

– Não posso ir.

– Vai ser animado...o Fausto vai...ele anima qualquer reunião...

– Aquele chato? Agora é que não vou mesmo.

– Veja só a piada que a Laura contou...

– Então é isso que vocês fazem o dia todo? Ficam contando piadas?

– Poxa, Eduardo...só estou procurando te contar como foi meu dia.

– Tá legal...conta a piada.

– Não é só para contar a piada, quero te falar sobre meu dia, meus amigos.

– Não me interesso por nada que seus amigos façam, justamente porque são seus amigos e não meus.

Essas cenas não aconteciam diariamente, mas tinham uma periodicidade que começou a minar o instável ânimo de Estela. Eduardo oscilava entre a amabilidade excessiva e a agressividade ostensiva. As pessoas do relacionamento de Estela tinham receio de se aproximarem dele, pois nunca sabiam como seriam recebidos e ela sentia-se cada vez mais só. Estela sentia necessidade de dividir seu mundo com o esposo. A vida dela voltou a ter mais cores depois que voltara a trabalhar, mas Eduardo só se interessava pelo mundo dela quando nele só existia ela. Em contrapartida, ele fazia questão de que ela participasse de todos os eventos que envolviam ele e seus amigos. Esse desequilíbrio de interesses deixava Estela frustrada e, para ajudar a "engolir" a frustração, ela voltou a pedir ajuda ao álcool. Recomeçou nos eventos sociais e o hábito se estendeu para o "golinho para relaxar" assim que chegava em casa.

Levaram esse relacionamento morno por dez anos. Havia tempos em que a paixão de Eduardo se acendia e ele se tornava o mais gentil dos maridos, por vezes seu humor alterava de tal forma que não podia nem ouvir o telefone tocar. Se o telefonema fosse para Estela, uma crise de ciúmes era desencadeada. Estela, por sua vez, apelava para as garrafas do bar. Alcançaram o ano de 1994, e Kely chegou aos 12 anos presenciando tudo isso. Um dia aconteceu aquilo que Eduardo mais temia. Estela foi convocada para viajar a trabalho.

– Nem preciso dizer que você não vai, não é Estela?

– Mas é claro que eu vou! Essa viagem vai me render ótimos resultados.

– Esqueceu que você tem uma filha?

– Não, Edu ... não esqueci.

Sua voz soou afetada, como ela sempre fazia quando pronunciava o apelido pelo qual ele era conhecido no trabalho e queria fazer menção ao tal bilhete que ela encontrou no seu bolso anos atrás. Ela continuou:

– Sei exatamente onde você quer chegar. Kely fica muito bem com Shirley; é só por uma noite, eu volto no dia seguinte. Eu vou apenas a São Paulo.

– É impossível não ter mais alguém para ir no seu lugar.

– A Rose está de férias e o Fábio não fala inglês. O Jordão me pediu para ir.

– Ah! Tinha que ter o dedo do Jordão nesta história...este seu chefe tem olho em você. Aposto que ele também vai.

– Não é nada disso, Eduardo! Pare com isso. Você não vai conseguir me irritar com essa cena de ciúmes.

– Ciúme? Eu!? Eu não, minha filha. Eu só estou lembrando a sua responsabilidade de mãe. Por mim, tudo bem. Eu me viro, mas, e sua filha? E se ela cair doente?

– Se ela cair doente, Eduardo, você vai se lembrar que ela é nossa filha e não somente minha, vai levá-la ao médico e tudo vai acabar bem.

– Se você viajar, eu vou sair com meus amigos.

– Ótimo! Assim ficarei despreocupada, pois vou saber que você vai estar se divertindo. Aproveita e leva a Roberta para passear.

– Lá vem você, de novo, com essa história...

– Meu amor...contra fatos não há argumentos. Eu achei um bilhetinho muito íntimo endereçado a você, e agora você quer me acusar de ser assediada pelo meu chefe? Acho que você está é tentando inverter a situação para tirar vantagem.

A conversa foi tomando vulto e foi uma das muitas que Kely presenciou. Eles tocaram em assuntos antigos e reabriram feridas que, apesar de cicatrizadas, ainda eram muito sensíveis. Eduardo lembrou a fama de Estela na vizinhança quando mudava toda semana de namorado, e Estela lembrou o quanto ele era esguio e agora tinha o abdômen protuberante e de como Roberta o comandava no início do namoro.

Terminaram a discussão com acusações mútuas e passaram aquela semana trocando poucas palavras. Chegou o dia da viagem. Ela despediu-se da filha, beijando-a na testa e prometendo voltar no dia seguinte.

Valéria

Shirley recolheu a mesa do jantar em silêncio. Eduardo tinha o semblante sério e manteve-se calado todo o tempo. Somente a voz de Kely tentando puxar conversa com a empregada quebrava a pesada seriedade que aquela noite trazia. Estela havia telefonado momentos antes. Falou com a filha e, depois, eles trocaram rápidas palavras ao telefone. Depois que desligou, ele ficou a coçar a ponta do nariz por uns instantes antes de voltar para a mesa de jantar. A empregada recolheu-se para dormir e Kely assistia televisão em seu quarto.

Viu-se sozinho e relembrou a última discussão que teve com a esposa. Não conseguia entender por que Estela ainda insistia em trabalhar fora, ela tinha tudo em casa. Ele poderia muito bem sustentar a casa sozinho. Não lhe agradava saber que a esposa estava a trabalhar e a expor-se por aí. Para ele, lugar de mulher era em casa, cuidando da família. Admitia que a mulher estudasse, mas, uma vez casada, sua missão era cuidar do lar. O telefone tocou novamente. Ele atendeu rápido, antes que soasse o terceiro toque, com medo de que alguém acordasse. Pensou que era Estela novamente e queria falar com ela a sós, sem a presença da filha e da empregada. Entretanto, não era Estela ao telefone, era Valdecir, um amigo da fábrica.

– Alô...Edu?
– Sim. Quem é?

Ele sabia ser alguém da fábrica, pois somente lá ele era conhecido assim.

– Sou eu, o Val. Tudo bem? Tô ligando para saber se você está a fim de sair.
– Como?
– Você disse que sua esposa iria viajar, não disse? Então, que tal dar uma saída para distrair? Sei que sua filha fica com a empregada mesmo...
–Não sei, Val...ela pode ligar...
–Qual é, meu camarada? Não foi você mesmo quem disse que se ela viajasse, você iria sair com os amigos? Cadê a sua palavra? Se não sair, vai ficar desacreditado. Além disso, vai a turma toda.

Eduardo cedeu à pressão do amigo e foi encontrá-lo em uma casa de jogos. A movimentação de pessoas era intensa. Homens e mulheres iam e vinham na procura de sorte nas máquinas de moedas, nas cartelas ou nas mesas de jogo. Os mais variados perfumes se misturavam na forte atmosfera gelada pelo ar condicionado, as luzes coloridas das máquinas e seu barulho quase ensurdecedor eram hipnotizantes. Bandejas cheias de copos das mais variadas formas e conteúdos, das mais variadas cores, bailavam para lá e para cá nas mãos treinadas dos garçons. Depois de algum tempo, ele foi tentar a sorte em uma das barulhentas máquinas e ganhou algumas vezes. Ia começar nova rodada quando um leve toque em seu ombro o fez olhar para trás.

– Com licença, senhor.

Era um dos garçons que o olhava, trazendo nos lábios um sorriso malicioso.

– Pois não?

– Uma pessoa está lhe oferecendo um drinque.

– Como assim? Quem é?

– Só posso dizer depois que o senhor aceitar e eu ter entregado o drinque. O senhor aceita?

Eduardo pensou por alguns instantes e deduziu que aquilo seria mais uma das brincadeiras de Valdecir.

– Está bem. Traga-me um uísque.

O garçom acenou positivamente com a cabeça e saiu em seguida. Retornou instantes depois com o drinque, perguntou seu nome e entregou-lhe um bilhete contendo a seguinte mensagem: "Espero que esteja se divertindo. Não resisti à tentação de te pagar uma bebida. Se quiser saber quem sou, encontre-me perto do bar. *Val*". Ele dirigiu-se a passos largos para a mesa de jogo onde se encontrava seu amigo Valdecir.

– Pode me explicar o que significa isso, engraçadinho? – perguntou ele a Valdecir, colocando o bilhete na frente do amigo e em cima do feltro verde que cobria a mesa.

– Sei lá! Só sei que esta letra não é minha.

– De quem é então?

– Sei lá! Por que você não vai para perto do bar para saber?

Assim ele o fez. Chegando lá, encontrou o mesmo garçom que trouxe o bilhete e perguntou quem era a pessoa que lhe tinha pagado o drinque. O garçom apontou para uma mulher sentada sozinha no balcão. Aparentava ter uns 40 anos, morena, cabelos curtos cor de vinho emoldurando o rosto, bem vestida.

– Não quer sentar, Eduardo? – perguntou ela, deixando o sorriso iluminar o rosto com uma bela fileira de dentes brancos e sadios. Parecia que ela tinha saído de um anúncio de creme dental.

– Você me conhece? Como sabe meu nome?

Ele arrependeu-se assim que formulou essas perguntas, pois percebeu que estava fazendo papel de bobo. Era óbvio que o garçom tinha dito a ela o seu nome. Para isso, tinha perguntado ao lhe entregar o drinque minutos antes.

– Eu tenho meus informantes...por favor, sente-se.
– E você? Qual é o seu nome?
– Valéria, mas pode me chamar de Val.
– Como no bilhete que você enviou?
– Isso mesmo...Val, ao seu dispor...
– É um prazer, Val. Meus amigos me chamam de Edu.
– E sua esposa? Como ela lhe chama? – disse ela, apontando para a aliança na mão esquerda de Eduardo. Ele sorriu encabulado e respondeu:
– Eduardo. Simplesmente Eduardo.
– Ela sabe que você está aqui?
– Não sei.
– Como assim? Que diabo de mulher é esta que deixa um homem como você assim sozinho na noite?
– Ela está viajando...
– Ah! Entendi... "Quando o gato sai, os ratos fazem uma festa...".
– Está viajando a serviço – disse ele em tom de enfado.
– Já saquei. Pelo seu jeito, vocês brigaram e você saiu com os amigos para relaxar.
– Como é que você sabe?
– Já ouvi e conheço todas essas histórias, Edu. Mas não estamos aqui para falar de problemas...

Conversaram longamente e o tempo passou despercebido por Eduardo, que só se deu conta do adiantado da hora quando sentiu a mão de Valdecir tocar-lhe o ombro e sua voz a perguntar se precisaria de carona para voltar para casa. Ele e Valéria trocaram números de telefones e códigos de *pagers* para mensagens de texto. Despediram-se, agradecendo um ao outro pela companhia.

Valéria tece sua teia

O tempo se encarregou de fazer com que as pessoas pensassem que as coisas tinham voltado aos seus lugares. Estela voltou de sua viagem contando o quanto foi importante para sua vida profissional ter ido àquele evento. Eduardo ouviu a tudo calado. Eles conversaram sobre o relacionamento, expuseram suas opiniões, mas nenhum dos dois estava disposto a ceder e seguiram com suas vidas como achavam que devia ser.

Duas semanas depois da ida de Eduardo à casa de jogos, seu *pager* vibrou anunciando o recebimento de uma mensagem. Era uma hora da tarde, ele estava em horário de almoço. Depositou o garfo na borda do prato e apertou as teclas do aparelho para ler a seguinte mensagem que, além de um número de telefone, tinha o seguinte texto: "Me ligue, *Val*". Ele olhou em volta, deu um sorriso incrédulo, colocou o aparelho de volta no bolso e voltou a comer. Quando retornou ao serviço, procurou pelo amigo e perguntou:

– Val, o que é que há de tão importante que você nem pode esperar acabar meu horário de almoço?

– Do que é que você está falando? – perguntou Valdecir, sem tirar os olhos do serviço que realizava.

– Do torpedo que você me enviou há pouco.

– Tá variando, mané? Não passei torpedo nenhum. Eu lá passo torpedo para homem?!

– Ah não?! O que é isto aqui então?

Valdecir leu a mensagem e balançou negativamente a cabeça.

– Não fui eu, Edu. Este número de telefone não é o meu.

Eduardo discou para o número informado naquela mensagem e uma voz feminina atendeu do outro lado da linha.

– Alô.

– Quem fala?

– Esta pergunta quem faz sou eu. Foi você quem ligou para o meu telefone.

Eduardo sentiu que a pessoa que falava do outro lado sorria. O tom da voz lhe era conhecido.

– Eu recebi uma mensagem de texto que tem este número como remetente e gostaria de saber de quem é. Eu me chamo Eduardo.
– Nossa, Edu, que memória curta você tem.
– Desculpe...não sei quem está falando. A voz me parece familiar.
– Sou a Val, lembra? Aquela sexta-feira?
A memória de Eduardo funcionou e ele sentiu um frio na barriga.
– Olá, como vai?
– Melhor agora ao ouvir sua voz.
– Há quanto tempo, né?
– Quase 15 dias.
– Então...
– Estou ligando para saber de você. As coisas melhoraram entre você e sua mulher? Ou você continua tentando a sorte nas máquinas barulhentas?
– Estamos bem.
– Não estou sentindo firmeza nesta voz.
Ele tossiu incomodado e prosseguiu.
– Impressão sua. Estamos bem.
– Não quer sair para conversar?
Ele ficou mudo.
– Edu? Tá aí ainda?
– Estou.
– Não quer sentar e conversar? Estou tão carente. Agora sou eu quem precisa que me paguem uma bebida.
A conversa estendeu-se por mais alguns minutos. Ela acabou convencendo-o a encontrarem-se no final daquela tarde em um bar no centro da cidade. Depois de alguns goles, veio o conseqüente afrouxamento da censura e ele começou a falar sobre sua crise conjugal.
– Não disse?! Eu te conheço há pouco, mas já te entendo mais do que sua própria mulher. Sua voz não estava bem ao telefone.
– É mesmo, Val. Você captou meus sentimentos.
– É para isso que servem os amigos! Beba mais um pouco...garçom! Mais dois aqui!
Há muito tempo que Valéria andava à procura de um namorado. Ela fazia parte de um grupo de pessoas que só se sente satisfeita tendo uma companhia, não sabia ficar só. Já tinha sido casada, mas a experiência malogrou antes de completar um ano de convivência. Quando viu Eduardo sozinho naquela casa de jogos, por alguma estranha razão concluiu que sua busca tinha terminado. Mesmo sabendo que ele era casado, não desistiu. Ele a atraía e pronto. Isso era o bastante.
Usou de todas as armas que conhecia para envolvê-lo. Foi sensual, mas além do apelo sexual mostrou-se compreensiva e disposta a ouvir, concordando com tudo o que ele dizia. Eduardo, inseguro e carente com a crise conjugal, permitiu-se enredar na teia tecida por Valéria e terminaram por

envolverem-se sexualmente quando ele resolveu levá-la até em casa e ela o convidou a subir com o pretexto de mostrar-lhe o apartamento.

– Meu Deus, veja que horas são! – disse ele, levantando-se da cama após olhar o relógio.

– São nove horas – respondeu ela, esticando os braços ao espreguiçar-se de forma afetada.

– Já devia estar em casa há horas.

– Seu carro nunca dá problemas? Dê a desculpa de que o carro enguiçou.

–Pode ser que Estela engula...

–Seja convincente e repita sempre a mesma frase, assim não tem perigo de cair em contradições.

– Pelo jeito você parece ter bastante experiência nesses assuntos.

– Não seja bobo. Estou apenas falando o óbvio: quanto menos se fala, menos se complica.

Nesse momento ele tinha acabado de se vestir, ela estava de pé em frente à cama e disse isso puxando-o para si selando o gesto com um pequeno beijo. Ele saiu apressado e ela voltou a jogar-se languidamente na cama tendo os pensamentos a fervilhar com planos para o futuro. Do outro lado da cidade, em bairros diferentes, Estela e Roberta sentiram um conhecido arrepio que deixava as raízes dos cabelos da nuca doloridas, demonstrando para uma que a outra estava correndo perigo.

Ele viu que as luzes da sala e da cozinha ainda estavam acesas quando estacionou o carro na garagem. Olhou para o relógio, eram dez e quarenta e cinco. Percebeu que tinha recebido mais uma mensagem de texto. Pressionou os botões e leu: "Espero que tenha chegado bem, *Val*". Sorriu guardando o aparelho no bolso e dirigiu-se para a entrada da casa. Abriu a porta da sala, percorrendo o recinto com os olhos antes de entrar e viu que estava vazia. Entrou silenciosamente, colocou a pasta na mesa da copa e foi para a cozinha, de onde ouvia-se o som de água escorrendo e encontrou Estela lavando a louça.

– O que aconteceu? – perguntou ela sem se virar para trás.

– O carro deu problema – respondeu ele, coçando o nariz com o dedo indicador.

– Que tipo de problema?

– Sei lá...acho que sujeira no carburador.

– Por que não ligou avisando? Fiquei preocupada.

Eduardo começou a sentir-se ameaçado por ter poucas desculpas a oferecer e atacou dizendo:

– Porque de nada adiantaria falar com a empregada. Você ainda estava trabalhando. Aliás, se estava tão preocupada assim, por que não ligou?

– Eu liguei, Eduardo! Acontece que o telefone não atendia. Já viu no aparelho de mensagens quantas vezes eu liguei?

Desconcertado, ele alegou pensando rápido.

– É porque meu aparelho está somente no modo de vibrar e às vezes não percebo quando está chamando.

– Ótimo. Agora que você chegou, e eu acabei de lavar a louça, vou dormir. Se estiver com fome, é só aquecer a comida que está no fogão. Boa-noite.

Dizendo isso, ela enxugou as mãos, colocou o pano de pratos para secar, deu um rápido beijo no marido e dirigiu-se para o banheiro antes de ir definitivamente para o quarto. Ao ver-se sozinho, tirou o *pager* do bolso e voltou a ler a mensagem que tinha recebido. Leu com atenção e respondeu para si mesmo em voz baixa: "SIM".

Seu Lucifér

Os tambores batiam em um ritmo acelerado e, naquele lugar abafado, a sensação de calor era aumentada pelo número de pessoas aglomeradas acotovelando-se em pequena sala cujas paredes sem acabamento ainda mostravam os tijolos. No chão de cimento, as velas acesas junto com punhais, taças, copos e garrafas com bebida emolduravam os estranhos desenhos riscados com pembas coloridas. Os poucos médiuns dividiam o exíguo espaço com um altar improvisado, no qual se podiam ver algumas imagens de santos católicos, mas naquela noite o altar estava coberto por uma cortina, pois era sessão de Exu e naquela casa eles não trabalhavam com o altar descoberto. Uns diziam que era para proteger o altar, outros diziam que Exu não gostava de ver o altar, outros iam mais longe dizendo que o altar era coisa de Deus e, por isso, Exu não podia chegar ali enquanto não se cobrisse o altar.

Mesmo com tamanho desconforto, as pessoas não podiam sair dali enquanto o Exu do chefe do terreiro não incorporasse. Era considerado extremo desrespeito alguém sair, fosse por qualquer motivo, antes da chegada de Seu Lucifér[7] e a pessoa estaria sujeita a inúmeros perigos caso desafiasse esta ordem. Sentada em um banco, no meio das pessoas que conseguiram lugar nos poucos bancos presentes, encontramos Valéria. Ela trazia o semblante sério e no colo repousava um embrulho que segurava com cuidado.

---

7. A palavra Lúcifer significa "o portador da luz" ou "o portador do archote". Esta palavra tem origem no Latim, onde *lux* ou *lucis* tem o significado de "luz" e *ferre* tem o significado de "carregar". Apesar da interpretação que alguns lhe dão hoje em dia, Lúcifer é aquele que traz a luz onde ela se faz necessária. Segundo a tradição cristã, Lúcifer era o mais forte e o mais belo de todos os Querubins e recebeu de Deus uma posição de destaque entre todos seus auxiliares. Segundo a mesma tradição, ele se tornou orgulhoso de seu poder e se revoltou contra Deus. O Arcanjo Miguel liderou as hostes de Deus na luta contra Lúcifer e os anjos o derrotaram e o expulsaram do céu. Por isso Lúcifer foi associado ao mal. Alguns Exus apresentam-se com este nome e a cultura popular passou a pronunciá-lo "Lucifér", ou seja, a sílaba tônica é a última. Visando dar maior naturalidade ao texto, passaremos a escrever o nome da entidade da mesma forma que é comumente chamado pela tradição popular.

Obedecendo à inabalável lei de que os semelhantes se atraem, todas as pessoas que ali se encontravam tinham em comum a ignorância a respeito da melhor maneira de se utilizar a mediunidade e de lidar com a espiritualidade. Buscavam por meio da mediunidade de Leonardo os mais condenáveis pedidos. Pediam a separação de casais, a loucura, a enfermidade e até mesmo a morte de desafetos, vinganças das mais variadas, etc. Leonardo era um homem de 54 anos que praticava sua mediunidade em troca de pagamento. Iniciou-se jovem e cedo se deixou fascinar pelos apelos das falanges do mal, tornando-se forte aliado de perigosas organizações do astral inferior. O local onde realizava suas reuniões era um pequeno cômodo nos fundos de sua casa em um bairro da zona oeste. Ultimamente só vinha realizando sessões de Exu, pois era muito mais requisitado por sua clientela do que outras entidades, que acabaram afastando-se e deixando o médium à mercê do retorno de suas próprias ações.

Leonardo preparava-se em um cômodo contíguo à sala principal, onde as outras pessoas estavam. A um sinal da mulher que o auxiliava em sua preparação, apagaram-se as luzes e somente uma luz vermelha clareou o ambiente. Seu Lucifér não permitia luzes acesas na sua presença. O médium estremeceu violentamente o corpo e envergou o tronco para frente enquanto os braços se moveram para trás do corpo tendo as mãos crispadas como se fossem as garras de um animal. A ajudante aproximou-se da entidade incorporada e a reverenciou, dobrando os joelhos ante sua presença. Ele tocou seu ombro, resmungou algo que ela não ouviu, mas entendeu que podia levantar-se e continuar seus afazeres. Foi até a cadeira no canto do quarto, pegou uma capa preta forrada de vermelho que tinha pelo lado de fora dois tridentes bordados com paetês vermelhos, uma cartola preta e uma bengala preta. Acabou de paramentar o médium incorporado entregando a bengala com um gesto afetado cheio de reverências, puxou a cortina que separava os cômodos e deu passagem para que o chefe do terreiro entrasse no salão.

Como se fossem gestos sincronizados, os atabaques silenciaram e os médiuns pararam de dançar assim que a cortina se abriu. Imediatamente após a entrada de Seu Lucifér, o ogã[8] iniciou nova cantiga cuja dança foi efetuada apenas pelo Exu incorporado. Terminada a apresentação, todos voltaram a dançar ao som dos atabaques e outras entidades começaram a incorporar em seus médiuns para depois serem atendidas pelos auxiliares em sua paramentação ritualística. Seu Lucifér sentou-se em uma luxuosa cadeira de espaldar alto e foi servido com uísque e charutos. O luxo e a pompa com que se trajava, e com o qual era tratado, contrastavam com a aparência das pessoas e do local, e ele não escondia a satisfação por estar sendo adulado e

---

8. Homem encarregado de tocar o atabaque.

reverenciado daquela maneira. Foi por volta de uma e meia da manhã que Valéria conseguiu ser atendida pelo Exu.

– Boa-noite, moça.

A voz do médium soava arrastada, talvez pela intensa ingestão de bebida e, enquanto ele falava, olhava Valéria com lascívia de cima a baixo.

– Boa-noite, Seu Lucifér. Venho trazer o que o senhor pediu.

– Então? Acredita agora no meu poder? Falei que colocaria alguém no seu caminho e coloquei.

– Sim, senhor, colocou mesmo! Agora só falta ele me querer.

O Exu deu sonora gargalhada e disse olhando dentro dos olhos de Valéria:

– Isso já é outro serviço, e a moça sabe que não faço nada sem pagamento. Neste mundo de vocês, quem trabalha de graça ou é otário ou é relógio! Agora, cadê o que eu pedi?

Valéria abriu o embrulho que trazia e dele tirou uma garrafa de uísque importado, seis charutos cubanos e entregou à entidade. Ele cheirou um dos charutos com prazer e entregou o restante do material para sua ajudante, que os guardou em seguida.

– Então, a moça agora quer que o perna-de-calça[9] se encante por você?

– Exatamente.

– Não vai me dizer que você não sabe como encantar um macho? Não vai dizer que você ainda não o levou para dentro de si.

Ela sentiu-se corar ante a abordagem da entidade.

– Sim, senhor, isso já aconteceu. Estamos saindo há dois meses, mas agora eu quero mais.

– Sua filha da p...! Você sabe que ele é casado, não sabe?

– O senhor deve saber que ele e a esposa não estão bem, tudo o que eu preciso é de uma mãozinha.

– Moça, eu não dou a mão para ninguém. Eu cobro por tudo aquilo que me pedem.

– Sei de tudo isto e estou disposta a pagar o preço.

O Exu voltou a olhá-la com lascívia, sorriu de maneira debochada com o canto da boca, acendeu um dos charutos que ela tinha dado na chama de uma vela, saboreou enquanto soltava a fumaça e disse:

– Gosto de fazer negócio com quem me paga bem. Anote aí o que eu vou pedir.

---

9. Homem, namorado, marido.

Efeitos da Obsessão

Lúcifér fazia parte de um grupo de espíritos no qual todos assumiam o mesmo nome, e que, por sua vez, era o nome do comandante desse grupo, ou seja, havia um espírito que comandava o grupo ao qual Lucifér pertencia e a quem ele era subordinado. Desta forma, ele era apenas mais um dos inúmeros quiumbas[10] que se aproveitam da ignorância alheia para se fazerem passar por verdadeiros Exus. Assim como ele, existem muitos outros que, com os mais estranhos nomes e aparatos rituais, enganam e praticam todo tipo de atrocidades se fazendo passar por Exus de Lei. São facilmente encontrados nas casas onde não há estudo nem disciplina, onde reina a vaidade e o egoísmo, pois esses sentimentos atuam como combustível para aqueles que se fortalecem nas fraquezas humanas. Gostam de presentes caros, oferendas exóticas em que, não raro, há sacrifício animal. Apresentam-se como Exus mas, para o observador treinado, suas atitudes grosseiras e palavreado chulo logo denunciam sua farsa, que, infelizmente, é por muitos apreciada e vista como normal.

Lucifér era, na verdade, um obsessor de Leonardo que o acompanhava há várias reencarnações. Leonardo, por sua vez, vinha reencarnando sucessivamente e sempre com o carma da mediunidade mal utilizada. Lamentavelmente, ele sempre cedia aos apelos do obsessor que, insuflando sua vaidade, logo o tinha nas mãos como a uma marionete e, assim, eles iam acumulando carma em uma vida permeada de vícios e maldade.

Sua forma perispiritual era grotesca, própria das entidades que como ele ambulam pelas regiões umbralinas impondo seu poder por meio da força e da coação. Assumiu uma figura bem próxima da que fazem do diabo católico, com um tom de pele avermelhado, pequenas protuberâncias pontudas na cabeça, braços cobertos de pêlos, orelhas e unhas pontiagudas. Por vezes mancava, quando permitia que os pés se assemelhassem às patas de um bode. Somente essa aparência seria suficiente para coagir

---

10. Espíritos mistificadores que enganam fazendo-se passar por entidades de luz quando na verdade não o são.

inúmeros desencarnados ignorantes sobre a vida espiritual. Entretanto, Lucifér não se contentava apenas com o susto que sua aparência causava. A ele, agradava espalhar o medo e ter sob suas ordens desencarnados que se entregavam temerosos dos castigos com os quais ele os ameaçava. Ele, por sua vez, devia obediência ao chefe de seu grupo e a ele deveria repassar sempre parte de todo pagamento que recebia. Era por isso que sempre pedia oferendas vultuosas, pois, ao receber um pagamento, parte dele era repassada para seu "superior".

Valéria saiu da consulta maravilhada com tudo o que tinha ouvido. Novamente o Exu tinha acertado tudo sobre a vida dela e, sendo assim, a previsão de que Eduardo e Estela se separariam fatalmente iria se realizar. Conforme combinado, ela retornou ao terreiro em dia e hora específicos para a realização de um trabalho que visou à separação de Eduardo e Estela. Como acontece em toda empreitada dessa ordem, uma equipe especializada foi enviada por Lucifér para observar as vítimas, neste caso Eduardo e Estela, estudar suas fraquezas, para ver onde seria mais propício e eficaz o ataque. Passaram dias observando os hábitos familiares e logo detectaram alguns pontos fracos que, se bem utilizados, levariam sua missão ao total sucesso.

Um ponto fraco na família era, além do casamento em crise, a falta de uma orientação religiosa. Mesmo tendo na infância o exemplo da mãe, Estela não transferiu para sua família o mesmo hábito. A prática da oração, o estar ligado a uma casa religiosa, seja ela de que segmento for, são poderosos aliados contra os ataques de obsessores, pois desperta o sentimento da fé e nos conecta com energias protetoras. Havia também a tendência de Estela à depressão e ao álcool, seu latente sentimento de culpa em relação a Roberta, a vaidade de Eduardo e sua tendência ao jogo. Os obsessores já tinham farto material para trabalhar em sua nefasta empreitada.

Assim trabalham os obsessores. Eles nada fazem além de incentivar aquilo que suas vítimas já trazem dentro de si. Eis o segredo contido na advertência feita por Jesus quando nos incitou a vigiar sempre, pois trazemos dentro de nós mesmos as armas com que nossos inimigos podem nos atacar. Temos de vigiar nossos próprios vícios, nossas próprias fraquezas, evitando assim que criem raízes e nos controlem.

Nessa época, Kely, praticamente ainda criança, ficou extremamente sensível. Por tudo chorava e volta e meia ficava doente com febres, indisposições e reações alérgicas que os médicos não compreendiam. À sua maneira, Estela imaginava que a menina sentia a crise conjugal pela qual estava passando e assim procurava chamar a atenção por meio das enfermidades que se sucediam. Apesar de também ser essa a razão do estado de saúde de Kely, havia outra situação que favorecia o aparecimento de doenças na menina, que era a presença de obsessores espalhando o mal-estar que a pré-adolescente sentia e debilitava seu sistema imunológico.

Estela resolveu dedicar-se ao bem-estar da filha. Tomou a decisão de que Kely não seria atingida pela crise de seu casamento. Chegou a pensar em afastar-se do trabalho, mas modificou seus planos depois de ter se aconselhado com seu chefe. Nesse movimento, afastou-se de Eduardo que, por sua vez, vinha chegando em casa mais tarde do que antes costumava chegar.

Vários meses se passaram sem que a situação melhorasse. O humor de Eduardo oscilava abruptamente: acordava carinhoso e falante e, ao terminar o desjejum, estava taciturno sem o menor motivo. Iniciava uma conversa para logo encontrar motivo de discussão sobre o tema proposto, irritava-se com Estela quando ela tocava em assuntos que envolviam o trabalho dela, mas a obrigava a ouvir longas histórias sobre o seu próprio trabalho e, quando ela dizia que ele já tinha falado sobre aquilo, reclamava que ela nunca lhe dava a menor atenção. Chamava-a para sair, mas sempre reclamava da sua demora em arrumar-se, mesmo que ela não tivesse tomado tanto tempo assim e sempre reclamava de suas roupas e de seu modo de vestir.

– Vamos ao mercado? – dizia ele.

– Aguarde um pouco, vou trocar esta roupa que não está boa para ir ao mercado.

– Pelo amor de Deus! Vê se não demora a se aprontar.

– É só o tempo de mudar de roupa e pegar minha bolsa.

Ela volta logo depois, trocou-se o mais rápido que pôde para não irritar o esposo e aproveitar sua disponibilidade.

– Você não vai com esta roupa. Estava mais bem vestida com os trapos que estava usando do que com essa roupa ridícula.

– O que foi, Eduardo? Qual é o problema com esta roupa?

– Você está imensa de gorda com essa roupa.

– Você acha?

– Vá trocar logo, olha só que calça apertada! Não é roupa para uma mulher de 40 anos usar. Está ridícula.

Ela vai trocar a roupa contrariada, mas calada. Sentia-se acuada diante da certeza com que o esposo dizia que sua roupa era ridícula. Volta usando um vestido de cor escura, na esperança de que pareça mais magra.

– Que demora hein, dona Estela! Assim não dá para ser feliz! Fica horas para escolher uma roupa! Eu não tenho o tempo que você tem, sabia?

– Eduardo, qual é o seu problema? Para que tanta grosseria?

– Eu não tenho problema algum! Você é que demora tanto para sair de casa, que daqui a pouco o mercado fecha.

E assim ia Estela fazer compras de péssimo humor.

– Shirley, por favor, releve as grosserias de Eduardo. Tenho certeza de que ele não faz por mal...– dizia Estela para a empregada.

– Não se preocupe, dona Estela. Conheço seu Eduardo desde o tempo em que sua mãe era viva. Sei que ele não é mau.

– Mas ele está implicando muito com você.
– É melhor implicar comigo do que com a senhora. Não gosto quando ele maltrata a senhora.
– Obrigado, Shirley, pelo seu carinho e sua compreensão. Se você o tivesse conhecido nos tempos de solteiro, saberia do que estou falando. Ele não é má pessoa, acredite.

Consultando os búzios

Estela sentia vontade de procurar ajuda para o estado de saúde de Kely com dona Marina, mas mesmo depois de tanto tempo passado não se sentia a vontade para rever todas as pessoas que vivenciaram sua história com Roberta e Eduardo. Um dia, voltando do almoço, uma pessoa que distribuía panfletos na calçada praticamente colocou em sua mão um anúncio que lhe chamou a atenção, pois assim dizia:

Mãe Marina de Oxalá.

Médium reconhecida internacionalmente, agora atende no Rio de Janeiro.

Joga búzios e cartas.

Marque uma consulta e comprove.

Sabia que não se tratava da dona Marina que conhecera ainda menina. Aquela dona Marina não cobrava por suas consultas, por isso jamais anunciava seus dons. Nunca a viu emitir uma palavra que fosse de crítica sobre a prática da cobrança por trabalhos espirituais. Dona Marina sempre dizia que isso era um assunto de inteira responsabilidade e orientação do médium, a ele e somente a ele caberia julgar como proceder. Tanto os que cobram como os que não cobram apresentam motivos justos para embasar sua prática e assim cabe a cada um arcar com a decisão e todas as suas conseqüências. Entretanto, achou que deveria marcar uma consulta e assim o fez.

O local onde a médium atendia não era longe do seu serviço e ela poderia aproveitar um horário de pouco movimento para dar uma escapulida. Parou em frente a um antigo sobrado e olhou a longa escada que se desdobrava à sua frente. Enquanto subia, a madeira dos degraus gemia debaixo de suas sandálias, chegando ao final da escada percorreu pequeno trecho e bateu na porta.

– Bom-dia. Você deve ser Estela.

– Sim, eu mesma. Você é dona Marina?

– Não. Sou sua assistente. Entre por favor.

Estela entrou em uma sala simples, nem parecia que era um local de consultas espirituais, mais parecia um consultório médico. Sentou-se, puxou uma revista e começou a folheá-la.

– Fique à vontade, dona Marina já vai atendê-la. Aceita um café?

Passados dez minutos, a assistente voltou dizendo que a médium estava pronta. Estela foi conduzida a outra sala e desta vez sentiu-se em ambiente mais propício ao motivo que a tinha levado ali. Nas paredes brancas, havia quadros com motivos religiosos africanos; em um dos cantos da sala, uma mesa forrada com uma toalha branca; em cima da mesa, uma peneira com búzios rodeada de fios de contas coloridas; uma senhora de seus 70 anos sentada à mesa a convidava a aproximar-se.

– Como vai? – perguntou Estela, tentando iniciar uma conversa.

– Bem, obrigada, minha filha. Agora, sente-se e vamos direto ao assunto que a trouxe aqui. Preciso de seu nome de batismo e data de nascimento.

Estela respondeu à pergunta, e dona Marina pegou os búzios, murmurando uma oração que ela não soube identificar, talvez por ter sido feita em uma linguagem africana, e logo depois os lançou de volta na peneira. Dos 16 búzios somente um caiu aberto.[11] Dona Marina molhou os dedos em uma tigela próxima contendo água e pedras e salpicou água sobre a peneira. Jogou novamente e a mesma caída se repetiu mais duas vezes.

– As coisas não vão bem, não é, minha filha? Quanta briga, quanto aborrecimento, quanta confusão! Pequeninas coisas tomam um vulto desnecessário.

– É verdade...– disse Estela, abaixando a cabeça – mas não é esse o motivo que me traz aqui.

– Pode não ser, mas é o que o jogo mostrou e se o jogo mostrou é porque ele tem relevância. E afirmo que tem feitiço por trás disso tudo.

– A senhora acredita que sim? Nunca pensei que alguém me quisesse fazer mal, mas minha vida conjugal vai mesmo de mal a pior.

Dona Marina prosseguiu jogando e detectou o afastamento de Eduardo sendo influenciado por magia encomendada por uma mulher, detectou que o motivo que levara Estela até aquela consulta era a saúde da filha e diagnosticou que a enfermidade da criança era causada pela presença de quiumbas na casa da sua consulente.

– Quer dizer que Eduardo tem uma amante e esta mulher quer destruir meu casamento, tirá-lo de mim? E mais...minha filha adoeceu por causa do trabalho que ela fez?

– Sim, minha filha. É o que o jogo diz e pelo que você relata, pelo comportamento de seu marido, tudo indica a existência de outra mulher na vida dele.

– Por que será que a história sempre se repete? Por que é que homem só muda de endereço? Até meu pai, mesmo com toda a ajuda que minha mãe deu a ele na pior fase de sua vida, fez das dele...

---

11. Diz-se "cair aberto" quando, depois de ser lançado na peneira para a leitura do oráculo, o búzio cai com a fenda natural para cima. Quando ele cai com a fenda natural para baixo diz-se que está fechado. A leitura dos búzios consiste na observação do número de búzios abertos e fechados a cada vez que são lançados pelo sacerdote que faz a leitura.

– Minha filha, estou neste trabalho há muito tempo e posso te afirmar que a maioria de casos que atendo trata-se de casamentos em crise, suspeitas ou confirmações da existência de outra pessoa na vida da pessoa amada. O que vou falar vai parecer chulo, mas vai te ajudar a ver as coisas com maior clareza: chifre nem todo mundo bota, mas todo mundo leva. Outra coisa: pelo que vejo aqui, seu marido não é de se jogar fora, ele sempre atraiu a atenção das mulheres, e ele sabe e gosta disso.

Estela ficou a olhar a mulher a sua frente. Uma senhora branca trajando roupas africanas. Quem olhasse dona Marina em outra situação, sem todo o aparato com o qual se cercava, jamais diria ser aquela senhora de olhos azuis uma mãe-de-santo.

– Agora entendo toda a mudança no comportamento de Eduardo. Não bastasse o chifre, ainda me arruma uma amante macumbeira.

Ao proferir essa frase, Estela imediatamente lembrou-se de Roberta e imaginou ser ela a "amante macumbeira" de Eduardo. Logo veio à sua mente a figura de Roberta querendo vingar-se e utilizando a magia para ter de volta o homem amado. Imediatamente descartou esta possibilidade ao lembrar-se do episódio do bilhete que encontrou no bolso de Eduardo assinado por alguém chamado Roberta.

– A senhora tem como ver quem é esta mulher?
– Você desconfia de alguém? Sabe o nome?
– Sim, inclusive encontrei, há um tempo atrás, um bilhete dela para ele dentro de seu bolso.
– Então me diga o nome e pense nela com vontade.

Dona Marina jogou pedindo a confirmação daquilo que Estela tinha acabado de contar, mas o oráculo não confirmava aquela situação.

– Como não? Só pode ser ela!
– Não é, minha filha. No dia que meu jogo der uma resposta errada eu mesma jogo ele fora. A pessoa que quer separar seu esposo de você não é esta que você está pensando.
– Então, neste particular, ele não mentiu. Se não foi a Roberta que escreveu aquele bilhete, então deve existir outra no serviço dele e deve ser esta a amante macumbeira.

Depois de algumas verificações nos búzios, dona Marina sentenciou:
– Também não é ninguém do serviço dele.
– Meus Deus! Quem será?
– No momento, isso é o menos importante. Você não a conhece. O melhor a fazer é reverter o feitiço que jogaram em você.
– É exatamente isso que quero fazer! Imagina se vou ficar calada?! Mexeu com minha filha, mexeu comigo.

Dona Marina receitou banhos e defumadores, marcou com Estela para que ela retornasse outro dia para que pudesse passar por um sacudimento.[12]

---

12. Ritual de limpeza que consiste em passar pelo corpo da pessoa necessitada elementos que têm a capacidade de retirar as energias negativas.

Para devolver o trabalho à pessoa que o enviou, pediu, entre outras coisas, uma peça de roupa de Eduardo. Estela agradeceu, pagou pela consulta e foi orientada a sair por outra porta, diferente da que tinha entrado. Entendeu, então, por que não tinha visto a pessoa que foi atendida antes dela e percebeu que aquela estratégia era para evitar que as pessoas se encontrassem na sala de espera. Dona Marina deveria ser procurada por pessoas em destaque na mídia para ter toda aquela preocupação com o sigilo de seus clientes.

SHIRLEY

   Estela chegou em casa espumando de raiva naquela tarde. Precisava de um gole para poder "engolir" aquela situação. Estava desconfiando do distanciamento de Eduardo, de seu horário de chegar em casa, de seu olhar perdido no horizonte enquanto coçava pensativamente a ponta do nariz. Até então não tinha como provar, mas tinha uma forte desconfiança de que o marido estava envolvido com algum "rabo-de-saia". Foi até o bar, serviu-se de uma dose de uísque e jogou-se no sofá.
   – Dona Estela? É a senhora?
   A voz de Shirley ficava mais alta na medida em que se aproximava.
   – Sim, Shirley, sou eu!
   Gritou de volta em direção à cozinha.
   – Onde está Kely?
   – Tomando banho.
   Respondeu a empregada parada em frente a Estela. Ela não percebeu, mas a empregada tinha os olhos vermelhos e inchados como se tivesse chorado. A morte da mãe deixou Estela ainda mais sozinha. Depois do afastamento que ocorreu entre ela e Roberta, nunca mais teve uma amiga para conversar e confidenciar seus medos ou suas alegrias. A mãe supriu em parte este papel, mas, com sua morte, Estela não mais teve qualquer pessoa em quem confiar. Shirley era da mesma cidade de onde Estela e sua família vieram, tinha 33 anos, sete a menos que Estela, e era sobrinha de uma antiga amiga de Norma que pediu que lhe dessem abrigo no Rio de Janeiro. A moça foi morar com a mãe de Estela meses depois do nascimento de Kely. Tinha um quarto, ajudava Norma nos afazeres domésticos e recebia uma ajuda de custo para suas despesas pessoais. Com a morte de Norma, Estela achou por bem manter a jovem consigo como empregada doméstica, que se faria também às vezes de babá.
   Shirley tinha um quarto, um salário e os finais de semana de folga para sair com as amigas e encontrar com o namorado que ela jamais levava para a casa de Eduardo e Estela, dizendo que não queria misturar sua vida pessoal com o serviço. Essa convivência acabou aproximando Estela de Shirley e

assim a patroa desabafava com a empregada quando já não mais suportava a tensão de seu casamento. Shirley a tudo ouvia calada. Naquela tarde, Estela tinha uma necessidade premente de falar e despejou em cima de Shirley toda a consulta que teve com dona Marina.

– Mas a senhora vai fazer o trabalho para devolver o que foi mandado?

– Claro que vou! Sei que se minha mãe estivesse aqui, ela aconselharia a só desfazer o trabalho e deixar que o próprio tempo e a tal Lei de Retorno se encarregassem da amante macumbeira. Mas, Shirley, eu estou tão irada com tudo isso que não estou com paciência para esperar por nada. Quero que esta cretina receba de volta tudo aquilo que ela enviou e que está fazendo mal à minha filha. Estou me sentindo como uma leoa que defende sua cria. Imagina, que culpa uma criança tem?

Nesse momento, grossas lágrimas correram dos olhos de Shirley e, então, Estela notou que ela tinha chorado antes de entrar na sala.

– O que está acontecendo? Por que você está chorando?

– Por nada, dona Estela...por tudo isso que a senhora está falando... fico triste com toda esta situação.

– Você não me engana, Shirley. Estou vendo que você esteve chorando antes de eu chegar, logo não pode ser por causa da história que eu te contei. Desembucha logo. É alguma coisa com Kely?

– Não, senhora...

– Fala logo criatura! Tem alguma coisa que eu possa fazer?

– Não, senhora...

– Shirley, diga logo ou eu arranco seja lá o que for que esteja acontecendo a pauladas.

– Estou grávida – disse a empregada em um sussurro.

– Mas isso não é problema! Isso é saúde! E o pai, já sabe?

– Aí está o problema. Ele quer que eu tire.

– Por quê?

– Disse que não está na hora.

– Está com quantos meses?

– Estou indo para dois.

– E só agora você fala criatura?

– Não tinha certeza e não queria incomodar a senhora com mais este problema.

– O que você pensa fazer? Eu, particularmente, não sou a favor do aborto. Eu acho um crime. A criança não deve pagar pelo erro dos pais. Afinal, todo mundo sabe como se engravida, principalmente a mulher. Hoje em dia é muito difícil alguém engravidar por descuido. Com tanto método anticoncepcional é inaceitável que se alegue que "aconteceu".

– Mas criar filhos não é fácil, dona Estela.

– Pensasse antes de fazer. Quando a cabeça não pensa, o corpo padece.

— Ele vai pagar as despesas.
— Do aborto?
— Sim.
— Shirley, este homem é casado? Esta história está muito suspeita.

A jovem baixou os olhos confirmando a sentença de Estela.
— Tem idéia do que você está fazendo, Shirley?
—Vou ao médico na sexta e de lá vou para casa de minha prima, lá na Baixada. Volto na segunda, se a senhora não se importar.

Quando Eduardo chegou mais tarde, Estela agiu como se nada tivesse acontecido. Não iria se expor dizendo que soube por uma médium da sua relação extraconjugal, pois ele iria negar como sempre acontece nessas ocasiões. Ele estava calado e coçava o nariz com a ponta do dedo.
— O que aconteceu, Eduardo? Você parece preocupado.
— Sabe aquele dinheiro que estava esperando sair?
— Sim, de umas horas extras que você fez e ainda não recebeu?
— Exato. O Meireles disse que não vai poder pagar agora.
— Puxa vida, logo o dinheiro que usaríamos para terminar a obra do terraço.
— Pois é, vai ter de esperar mais um pouco.

Antes de deitar-se para dormir naquela noite, ela olhou para o alto e murmurou:
— Puxa vida, Deus, precisava exagerar? Filha doente, marido infiel, amante macumbeira, empregada mãe solteira...tudo isso para enfrentar sem pai, sem mãe e sem amiga...caracas! Será que eu agüento?

O SACUDIMENTO

Estela marcou para a quinta-feira seguinte o retorno à dona Marina para fazer o sacudimento. Shirley já tinha se recuperado da intervenção que fez para interromper a gravidez e, mesmo não concordando com a decisão da empregada, Estela deu a ela todo apoio. Julgou que se, afinal, a moça não tinha familiares por perto e nessas horas a última coisa que se precisa é alguém a apontar o erro cometido, ajudaria no que fosse possível sem incentivar a atitude com a qual não concordava mas sobre a qual não tinha qualquer poder de decisão.

Saiu mais cedo do trabalho com a desculpa de ir ao dentista, comprou o material solicitado e, na hora agendada, estava aguardando sua vez de ser atendida. Marli a recebeu com a mesma discrição de antes, recolheu o embrulho com os ingredientes encomendados e desapareceu ao transpor a porta que separava a sala de espera dos outros cômodos.

Não demorou muito e foi chamada a entrar. A roupa de Eduardo estava exposta no chão, cercada por velas. Dona Marina passou, uma a uma, trouxinhas contendo os grãos que ela levou. A cada movimento que realizava sobre a roupa de Eduardo, pronunciava palavras que Estela não entendia. Depois de passar a trouxinha na roupa que estava simbolizando Eduardo, dona Marina a colocava sobre um pedaço de morim branco. Após passar os grãos, foi a vez das velas. Pegou algumas da caixa e repetiu os gestos e as palavras utilizados no ritual anterior, para depois quebrá-las e colocar junto às trouxinhas. Repetiu o mesmo procedimento com algumas folhas e encerrou utilizando um punhado de pipocas.

Estela a tudo acompanhava, em silêncio, tendo em sua mente a imagem de seu marido conforme lhe foi sugerido por dona Marina. Em certo momento, a um sinal de dona Marina, Marli pegou as pontas do morim que servia de toalha para o material passado pela roupa de Eduardo, fez uma trouxa e convidou Estela a se retirar.

–Agora precisamos despachar tudo isso – disse Marli quando saíram da sala.

– Agora? Hoje? Onde? – perguntou Estela.
– No cemitério.
– O quê??! Você não quer que eu vá a um cemitério agora?!
– Não estou te convidando. Estou te informando que vamos ao cemitério entregar isto. Agora que começamos precisamos acabar.

Estela fez um muxoxo de desagrado e acompanhou Marli. Dona Marina ficou na casa. Chegando no campo-santo, dirigiram-se ao cruzeiro onde Marli depositou o embrulho e desamarrou as pontas do morim. Ofereceu velas e cachaça[13] e fez uma invocação a todos os trabalhadores espirituais do cemitério, especialmente ao Exu Caveira. Colocou fogo no material que trouxe da casa de dona Marina e continuou invocando todas as entidades que transitam nos cemitérios convocando-os a devolver aquela carga para a pessoa que a tinha enviado.

Toda magia traz em si a marca energética de quem a enviou. É como deixar impressões digitais nos objetos que se toca. O pensamento impregnado de emoção deixa um rastro magnético tão marcante quanto a carga emocional que carrega e é por este rastro que a lei de retorno atua devolvendo para o emissor exatamente aquilo que ele enviou. Daí não ser necessário apressar a justiça de Deus, pagando com a mesma moeda ou obedecendo a lei do olho por olho, dente por dente. Cada um, na hora aprazada pela Lei Divina, recebe de volta tudo aquilo que desejou para os outros. É por este rastro também que as entidades convocadas por Marli encontrariam Lucifér, Leonardo e, conseqüentemente, Valéria, a mandante do trabalho.

Com o passar dos dias, Eduardo voltou ao seu estado normal. Sua implicância com Shirley continuava, mas esse era exatamente o seu estado normal. Mantinha seu humor estável durante todo o dia e sua falta de paciência com Estela foi se dissipando. Valéria sentiu a mudança no comportamento do namorado e voltou a procurar Lucifér.

– Alguma coisa aconteceu, seu Lucifér. Parece que o Eduardo está voltando a se entender com a esposa. Ele agora anda implicando comigo.
– Devolveram o trabalho que fizemos. É por isso que ele está assim.
– Como devolveram?
– O rabo-de-saia dele ficou sabendo e fez um trabalho para cortar os efeitos do que fizemos e devolvê-lo.
– Xii...e agora?
– Agora é fazer outro. Só que dessa vez vamos jogar em cima dela. Por que não consumi-la aos poucos? Tenha paciência, assim você vai tendo dele só o que ele tem de melhor.
– Tudo bem... de que o senhor precisa?

---

13. Havia outros elementos, inclusive de origem animal, que foram trazidos por Estela a pedido de dona Marina. Estes elementos não foram citados na obra para evitar cópia de receitas sem o necessário conhecimento ou preparo.

Novo trabalho foi feito por Lucifér, com a anuência de Valéria e, assim, a vida conjugal de Estela e Eduardo que, pouco a pouco voltava ao normal, voltou a ser assediada por "profissionais da desarmonia". Conhecedores da propensão de Estela à depressão e ao álcool, começaram a insuflar-lhe sentimentos de desânimo e de excessiva autocrítica. Dores de cabeça eram a desculpa mais freqüente para evitar qualquer intimidade e, assim, Eduardo voltava a procurar Valéria, que sempre estava por perto oferecendo seu ombro amigo por meio das constantes mensagens pelo serviço de *pager*.

Cabe ressaltar que os trabalhos de amarração que Valéria fazia tinham seus efeitos intensificados com a participação de Eduardo neste processo. Ele gostava de sentir-se desejado, sabia do seu poder de sedução e se satisfazia com o assédio dela e de outras mulheres. Independentemente de ser mulherengo e de ter desenvolvido uma forte cumplicidade com Valéria, seu sentimento por Estela era profundo. Tinha consigo o sentimento de que acontecesse o que fosse, jamais deixaria Estela. Era Estela a quem ele amava. Valéria sabia disso e tentaria de tudo para fazer com que Eduardo falasse dela com o mesmo carinho com que o ouvia falar da esposa.

Shirley faz o segundo aborto

Foi em 1997, quando Estela encontrou novamente Shirley chorando enquanto preparava o jantar. A empregada tinha os olhos inchados e tão imersa estava em seus pensamentos que não percebeu a aproximação da patroa. Estela entrou na cozinha e surpreendeu a mulher de 36 anos sentada, apoiando o queixo na palma da mão, cotovelo apoiado na mesa e olhar parado no vazio a sua frente.

– O que você tem, Shirley?

A empregada assustou-se com a voz da patroa tão perto. Enxugou o pranto e pôs-se de pé.

– Nada, dona Estela, é besteira...coisa minha.

– Impossível não ser nada. Chamei você umas quatro vezes até que me ouvisse. Estou aqui há um tempão e você aí absorta em seu choro. Morreu alguém?

– Não, senhora. Desculpa... não é nada.

Estela não ficou satisfeita com a resposta evasiva da empregada. Mesmo assim não insistiu, pois sentia que sua dor de cabeça estava prestes a aparecer e não queria que algo pudesse apressar sua eclosão. Rodou nos calcanhares e dirigiu-se para o banho. Demorou-se em sua toalete. Eduardo já deveria estar chegando. Vestiu uma roupa limpa e antes de pedir o jantar, como de costume, queria beber uns goles de uísque, hábito que desenvolveu e enraizou-se malignamente em sua vida com a ajuda dos obsessores enviados por Lucifér. Quando entrou na cozinha, surpreendeu novamente Shirley a chorar.

– Valha-me Deus, Shirley! É impossível não ter acontecido nada. O Eduardo brigou de novo com você?

– Desculpe, dona Estela.

– Se não foi o Eduardo, existe algo que eu possa fazer? Já sei...brigou com o namorado.

O silêncio da empregada confirmou sua última afirmação. Estela continuou.

– Shirley, da última vez que te vi assim, há três anos, você estava grávida deste mesmo homem. Não vá me dizer que...

– Sim...

– De novo! Mas será que você não aprende?!

– Eu me descuidei...

– Vocês se descuidaram! Por que é que a culpa é sempre da mulher? Deixe-me adivinhar: ele ainda é casado, com a mesma mulher, e quer que você tire a criança.

– Sim.

– Que canalha! Shirley, o que é que você espera deste relacionamento? Você está aqui em casa há 15 anos. Nesse tempo todo este homem nunca apareceu aqui, nunca te ligou nem nas datas especiais como Natal, Ano-Novo, aniversário...ele não te dá a mínima e sabe por quê? Porque para ele você será sempre a outra. Aquela que faz com ele aquilo que ele não faz com a mulher, mas aquela que ele jamais vai assumir publicamente. Este tipo de homem jamais deixa a mulher. Por que você insiste neste namoro?

– Eu gosto muito dele, dona Estela.

– Goste de você em primeiro lugar, sua boba. Ame-se e se respeite. Isso não está certo. Já é o segundo aborto que você faz. Sou terminantemente contra o uso do aborto como método anticoncepcional, para isso existe a pílula, a camisinha, a ligadura de trompas e a vasectomia. O aborto é uma agressão ao corpo que se prepara para a gravidez e é uma agressão à vida que se forma e não tem como se defender.

– Ele vai pagar os gastos com a clínica.

– É o mínimo que ele pode fazer, não é, Shirley!? Ao menos que te pague uma clínica decente. Agora vê se aprende e não caia nesta esparrela de novo. Ai, eu fico p...da vida quando vejo as pessoas errarem, sabendo que estão errando e assumindo ares de quem está fazendo algo de extraordinário. Coitada da mulher desse cafajeste, no mínimo ele deve posar muito bem nas fotos de família como homem de bem e pai amoroso.

– Será que Deus vai me perdoar?

Estela suspirou profundamente, colocou o copo em cima da mesa e olhou dentro dos olhos de Shirley como se estivesse prestes a ser o veículo do próprio verbo divino.

– Minha mãe, se estivesse aqui, diria que Deus sempre perdoa. Sabe por que Deus sempre perdoa? Porque só perdoa quem se ofende, e Deus, sabedor de nossos defeitos, jamais se ofende com nossos erros. Pelo con-

trário, ele nos dá novas chances de acertarmos. Peça perdão a você mesma por tudo que está voluntariamente se permitindo passar, peça perdão a esta criança que está aí dentro e está prestes a ter todo o seu programa reencarnatório destruído.
— Ai, dona Estela, não fala assim...
— Falo, falo e falo. Shirley, somos patroa e empregada, mas tenho intimidade para falar com você desta maneira. Afinal, você mora na minha casa há 15 anos. Sou filha de Oxum e minha mãe é a dona da gravidez. Você conhece minha opinião sobre este assunto e também já é bem grandinha para ficar sendo lembrada de suas responsabilidades. Seja lá o que for fazer, faça logo. Minha mãe sempre dizia que a ligação do espírito com o novo corpo se dá aos poucos e, com menos de dois meses, os laços espirituais ainda estão bem tênues. Tem gente que pensa que só porque a gravidez está no início não tem problema. Tem problema sim! Já tem coração batendo, já tem sangue circulando, já tem vida! Portanto, siga sua consciência e resolva-se com ela.

Estela envolveu-se com Shirley nos preparativos do jantar. A empregada agradeceu a ajuda da patroa e pediu para recolher-se mais cedo, pois a intervenção cirúrgica seria feita no dia seguinte. A um suspiro de Estela, Shirley retirou-se para seu quarto. Enquanto isso, o som do motor do carro anunciava a chegada de Eduardo e Kely.
— Oi, mãezinha, tudo bem?
— Oi, neném! Como foi a aula hoje?
— Comigo tudo foi ótimo, já com papai...veio calado o tempo todo.

Kely dizia isso ao pé do ouvido da mãe, abraçada com ela para que o pai não ouvisse. Fazia isso sempre que queria evitar que o voltar para casa se transformasse em briga do casal.
— E você, Eduardo? Tudo bem?
— Não muito.
— Deu para notar. Aconteceu alguma coisa?
— É melhor nem perguntar.
— Por quê?
— Porque o dinheiro que eu estava esperando guardar, tive de gastar.
— Como assim?
— Precisei sair de carro. Para não ter que tirar o meu do estacionamento, que é longe, peguei o do Val emprestado e bati com o carro dele. A culpa foi minha e tive que arcar com o conserto.
— Mas você se machucou? Alguém se machucou?
— Felizmente ninguém se machucou. Só o meu bolso.
— Puxa vida, logo agora que tudo o que pudemos economizar botamos na poupança para a festa de 15 anos de Kely.

Nesse momento, o *pager* dele vibrou e ele acionou os botões para ler a mensagem. Estela, desconfiada, esticou o olhar, mas só conseguiu ler a palavra "Val" no final da mensagem. Imaginou ser o amigo falando algo sobre o carro, mas estranhou por Valdecir não ter ligado diretamente para Eduardo. Afinal, ele tinha o telefone da casa deles. Eduardo, por sua vez, pegou o telefone e ligou para a central de mensagens e ditou o seguinte texto para a atendente: "Já cheguei em casa, amanhã nos falamos."

O *pager* vibrou outra vez, ele apenas leu a mensagem. Estela nada comentou, sua cabeça estava latejando. Serviu-se de mais uísque enquanto Kely preparava a mesa para o jantar.

FIM DE CASO

Na manhã do dia seguinte, o *pager* de Eduardo vibrava a cada meia hora. Era Valéria que alternadamente ligava para o trabalho dele e para a central de mensagens. Na fábrica, recebia a informação de que ele só chegaria na parte da tarde, enquanto suas mensagens para o *pager* não eram respondidas. Foi apenas às duas horas da tarde que ela conseguiu falar com ele.

– Até que enfim você atendeu! – disse ela em um tom mesclado de rispidez e apreensão.

– Que modo de falar é este? Você sabe muito bem onde eu estava e se não respondia era porque não podia.

– Você sabe o quanto estou nervosa. E aí, acabou tudo?

– Sim, acabou.

– Ainda bem. Francamente Edu, é a segunda que você me apronta.

– Val eu não quero e não posso falar sobre isso agora, nós nos falamos depois.

– Depois quando? Você tem evitado vir aqui. Tem certeza que acabou? Eduardo, eu não vou dividir você com mais outra.

– Eu passarei à noite por aí. Tchau.

Depois que desligou o telefone, Eduardo ligou para o trabalho de Estela.

– O que foi, amor? Tinha recado seu no *pager* e aqui na fábrica. É eu passei toda a manhã na oficina resolvendo o problema com o carro do Val, por isso só cheguei agora...tá bom...olha!...vou chegar mais tarde para compensar a manhã que perdi. Avise a Kely que não vou passar para pegá-la no colégio. Um beijo.

A tarde correu sem maiores ocorrências. Estela encomendou o jantar em um restaurante, pois Shirley estava em repouso pela intervenção a que tinha se submetido; chegou em casa, banhou-se e preparou seu costumeiro drinque. Kely chegou do colégio, ajudou a pôr a mesa, jantou e recolheu-se para estudar. Enquanto isso, o carro de Eduardo parava em frente ao prédio de Valéria. Ele desligou o motor, segurou o volante pensativamente e suspirou. Precisava tomar uma atitude e hoje seria o dia. O porteiro já o conhecia, não era preciso anunciá-lo. Entrou no elevador, recordando-se da primeira vez que ali esteve, olhou-se no espelho e percebeu como aqueles três anos o tinham modificado. Estava com 44 anos, alguns cabelos brancos onde outrora eram brilhantes fios negros, algumas rugas no canto dos olhos, o pescoço começava a ficar igual ao do seu pai, apresentava um pouco mais de peso, porém o corpo conservava o porte de antes, as mãos também já se mostravam bem maduras. Contudo, percebeu que ainda era um homem bonito. Julgou que aquelas marcas do tempo o tornavam ainda mais atraente, com um ar de mistério que só os homens maduros têm. Tinha a chave do apartamento, abriu a porta. Valéria esperava por ele na sala.

– Então, tudo acabado? – perguntou ela.
– Essas coisas são rápidas, o problema é o número de pessoas para serem atendidas.
– Acabou, então?
– Sim, Val – disse ele secamente.
– Edu, você tinha prometido naquela vez que...
– Val, acho que você está reagindo demais a isso tudo.
– Como assim?
– Esta reação que você está tendo seria completamente compreensível se você fosse a Estela.
– Ah é? Só que ela não sabe o que eu sei.
– Sim! Só que você é minha amante e não minha esposa.
– O quê?
– Isso mesmo que você ouviu. Você ultimamente tem agido e exigido coisas que sabe que eu não posso te oferecer.
– Eduardo, eu te amo.
– Val, nosso relacionamento não permite cobranças. Eu não te cobro nada!
– Três anos, Eduardo! Nós nos conhecemos há três anos! Três anos não são três dias!
– Eu nunca te prometi nada, Val. Você sempre soube que eu amo minha mulher.
– O que você quer dizer com isso?
– Quero dizer que você está exagerando. Eu sou um homem casado. Você sabia disso desde o primeiro momento. Faz tempo que você anda exigindo de mim coisas que somente uma esposa pode exigir.
– Você está me dando o fora, Edu?
– Valéria, não comece de novo com esta história...
– É porque ela é mais nova do que eu, não é? Claro! Olhe para mim! Uma coroa de 52 anos...você quer carne nova.
– Não é nada disso. Olha, eu acho que é melhor a gente dar um tempo.
– Dar um tempo? Você acha que eu sou mulher de dar um tempo? Eu não tenho tempo algum para dar, Eduardo.

– Eu preciso de um tempo.
– Se você me deixar, eu armo um escândalo. Contarei tudo o que sei e olha que depois que a Estela souber, não vai ficar pedra sobre pedra.
– Não me ameace, Val. Não tenho medo de ameaças. Estela jamais vai acreditar em uma palavra que você disser.

Desequilibrada pela emoção em desalinho, Valéria passou a mão pela mesa de centro agarrou o pesado cinzeiro de murano e atirou-o na direção de Eduardo, que se esquivou a tempo, e o cinzeiro espatifou-se contra a parede atrás dele.

– Nós nos falamos depois, Val. Quando você estiver mais calma, nós conversamos.

Eduardo saiu pulando os cacos de vidro espalhados pelo chão e fechou a porta atrás de si. Na semana seguinte, depois de uma longa e tensa conversa, Eduardo devolveu a cópia da chave do apartamento para Valéria. Para ele, o caso tinha chegado ao fim.

A FESTA DE 15 ANOS

Aproximava-se o dia da festa do aniversário de Kely. Estela preparava tudo com intensa alegria. Sua única filha era sua jóia e queria que tudo corresse de modo impecável. Lamentava a ausência dos pais, sentia a falta de Roberta. Lembrou-se da época de menina, quando ela e a amiga prometeram que seriam comadres, mas o tempo e os acontecimentos se encarregaram de mudar os planos tão docemente acalentados. Os convites já tinham sido distribuídos, o salão de festas estava reservado, a costureira dava os últimos acertos no vestido de Kely. Estela ajudava a costureira, segurando uma caixa de alfinetes, quando o telefone tocou. Pediu licença para ausentar-se, pousando a caixa de alfinetes na mão de Kely e foi atender o telefone.

– Alô?

Ninguém falava do outro lado da linha, mas Estela sentia que não era defeito na ligação. Simplesmente, a pessoa que ligou não falava de propósito.

– Com quem deseja falar? – perguntou Estela incisivamente. A pessoa do outro lado permanecia muda. Estela desligou o telefone xingando. Voltou para o quarto onde Kely provava o vestido, dizendo:

– Só mesmo sendo muito desocupado para ligar para a casa de alguém e falar nada. Agora, aqui em casa, deu para acontecer isso. A pessoa liga e, quando atendemos, fica muda do outro lado. Parece que quer saber se tem alguém em casa.

– Mãezinha, quanto mais você demonstrar que está irritada mais a pessoa vai gostar. É só desligar o telefone sem falar que a pessoa vai acabar cansando.

– Kely, sinceramente eu não sei a quem você puxou. Deus te mantenha assim: paciente com a babaquice alheia.

– Mãe...olha a boca...– disse Kely, apontando com os olhos para a costureira.

– Desculpe, dona Marta. É que fico fula da vida com estas coisas e depois que tomo meu uísque, minha língua fica solta.

Desde o rompimento com Eduardo, Valéria passou a ligar para a casa dele e nada falava quando atendiam o telefone. Somente quando ouvia sua voz é que se apresentava dizendo que ainda tinham de conversar. Essa era a única maneira de ter dele uma resposta, pois as mensagens de texto ele nunca mais respondeu. Quando ele atendia e era ela quem estava do outro lado, ele fingia ser engano ou ser alguém da fábrica. Dizia qualquer coisa sobre o serviço e desligava o telefone, deixando o fone fora do gancho para evitar que ela ligasse em seguida. Estela desconfiava que a pessoa que ligava sem falar era alguma amante de Eduardo. Imaginava ser a amante macumbeira, mas não queria trazer o assunto à baila. Somente comentou sobre ele com Shirley e acreditava que o trabalho que fez na casa de dona Marina tinha dado certo. Não queria que nada estragasse a tão próxima festa de Kely.

Finalmente o aniversário de Kely chegou. O dia foi tomado por intensa atividade. As mulheres marcaram hora no salão de beleza, Eduardo ia e vinha supervisionando a equipe de som, os garçons e todo o serviço pesado. A missa estava marcada para as seis horas da tarde. Estela olhava a filha crescida e admirava como a menina se parecia com ela quando jovem. Sua mãe diria que era sua cópia fiel. Tinha traços de Eduardo, mas era Estela quem mais sobressaía nas feições de Kely.

O telefone tocou, Eduardo atendeu. Estava sozinho em casa. Estela e Kely saíram para o salão de beleza e Shirley estava enfeitando os bancos da igreja.

– Sei que você está sozinho em casa. Por isto, liguei.
– Valéria, por favor...hoje não...
– Val! Me chame de Val. Precisamos conversa, Edu...não agüento de saudade.
– Val...esqueça...acabou...não quero mais...
– Se você não voltar para mim, vou aparecer na festa de sua filha.
– Você sabe que eu não tenho medo de ameaças.
– Então, me aguarde.

A igreja estava cheia. Kely era realmente muito querida, pois os convidados eram todos amigos do colégio e amigos do trabalho de seus pais, já que os parentes ela não conhecia. Na saída da missa, Eduardo percorreu os olhos por toda a igreja e também no pátio quando saíram da nave, verificando se Valéria não tinha cumprido sua ameaça.

– O que foi, Eduardo? Você parece tenso – perguntou Estela pelo canto da boca, enquanto caminhava de braços dados com o esposo.
– Nada...

O salão de festas fervia de gente. A noite estava quente, parecia que a primavera tinha convidado o verão para a reunião. Garçons passavam com bandejas de bebidas ou aperitivos, alguns jovens dançavam na pista, outros namoravam no jardim, mais ao fundo uma roda animada bebia e conversava. Os mais velhos sentados próximos à pista esperavam que as músicas do seu tempo fossem tocadas para também dançarem. Estela estava feliz, tudo corria como ela imaginara. Viu quando um segurança segredou algo no ouvido de Eduardo. O sorriso do esposo desapareceu e ele, logo em seguida dirigiu-se ao portão de entrada. Estela pediu licença ao grupo de amigos e seguiu o esposo sem que ele percebesse. Aproximou-se do segurança que havia falado ao ouvido de Eduardo e perguntou o que estava acontecendo.

– Uma pessoa queria entrar sem convite. Ao impedirmos sua entrada, ela disse que era convidada do sr. Eduardo. Daí insistimos que só podia entrar quem tivesse convite e ela começou a criar um tumulto.

– Você disse ela? É uma mulher?
– Sim.
– Está sozinha?

Dizendo isso, Estela passou pela segurança e dirigiu-se para a calçada onde Eduardo conversava com uma mulher. Parecia mais velha do que ele, mas era uma mulher bonita. Seus belos olhos fitavam Eduardo com emoção, bem vestida e de certa forma "classuda". Passou pelo meio dos carros estacionados e parou a uma distância que pudesse ouvir a conversa sem ser notada.

– O que você está fazendo aqui, Val?
– Eu disse que viria, você não acreditou.
– Você ficou doida? Minha mulher está aqui, minha filha está aqui...
– É, eu sei. Só que "ela" também está aqui. Por que eu não posso?
– Pare com isso, Val! Não é dia nem hora para uma cena destas.
– Está com medo agora? Quem foi que disse que não tem medo de ameaças? Sua mulher sabe que "ela" está aí dentro?
– Tenho medo de nada. Só não é o momento nem o lugar para discutirmos isso.
– E quando será o momento?
– Não haverá este momento. Já falei que nós acabamos, não há mais o que conversar. Não adianta querer armar um escândalo aqui. Tudo o que você está conseguindo é me afastar mais ainda. Não gosto de ninguém pegando no meu pé, Valéria!
– Val! Para você eu sou a Val!

A mente de Estela deu um estalo. Em uma fração de segundo ela compreendeu que Val tanto servia como apelido de Valdecir como de Valéria. Aquela mulher devia ser a amante macumbeira que estava tentando reatar com Eduardo. O trabalho feito por dona Marina tinha dado certo afinal. Agora entendia todas aquela mensagens impessoais assinadas por Val no *pager* de Eduardo. Val era a amante e não o amigo que, com certeza, sabia de tudo e encobria as safadezas do marido.

– Algum problema, Eduardo?

A voz de Estela chegando por cima de seus ombros fez Eduardo estremecer.
– Não... O que você está fazendo aqui fora?
– Vi quando você saiu apressado e achei que estava demorando muito para voltar – respondeu ela, passando a mão pelo braço do marido.
– Não vai me apresentar à bela senhora?
–Estela, esta é Valéria uma amiga lá da fábrica.
– Desta você nunca tinha falado antes. Muito prazer, sou Estela, a esposa do Edu.
– Muito prazer. Pode me chamar de Val.
– Nossa... parece que Val é um apelido muito comum lá na fábrica, não é?
Eduardo percebeu o cinismo no tom de voz de Estela e completou.
– Mas a Valéria não trabalha mais lá... ela saiu faz um tempão...
– Entendo... bem... Val, é uma pena que você esteja apenas de passagem. Mas, de qualquer maneira, obrigada por ter vindo. Agora eu e meu marido precisamos voltar a dar atenção aos nossos convidados.
Valéria e Eduardo entenderam de imediato o recado nas entrelinhas das palavras de Estela. Ela tinha percebido tudo o que estava acontecendo e estava dispensando sumariamente a presença de Valéria e, descaradamente, rebocando o marido de volta para a festa.
A reunião continuou animada, Estela tinha decidido que nada estragaria aquela noite. Engoliu a situação com uma dose dupla de uísque enquanto Eduardo e Valdecir conversavam pelos cantos.

Romance
no escritório

"Está com medo agora? Quem foi que disse que não tem medo de ameaças? Sua mulher sabe que "ela" está aí dentro?" As palavras ditas pela mulher que conversara com Eduardo na calçada do salão de festas ficavam se repetindo na mente de Estela. O que ela queria dizer com aquilo? Pensava sem encontrar resposta, mas a mensagem era por demais óbvia e tudo aquilo seria cômico se não fosse trágico: a amante de Eduardo estava com ciúmes de outra amante que tinha sido convidada para a festa de 15 anos de sua filha. Mas quem seria a amante do lado de dentro dos muros do salão? Mas que pouca vergonha, que descaramento de Eduardo! Provocar uma briga de amantes justo na festa de 15 anos de Kely?! Estela bebia seu uísque e passava mentalmente em revista todas as mulheres da festa, mas nenhuma se encaixava no perfil de amante. Quem poderia ser? Demorou seu olhar em Roberta, a amiga da fábrica que tinha escrito aquele bilhete, mas precisou suspender suas lucubrações, pois os convidados demandavam atenção e aproximava-se a meia-noite, a hora da valsa.

No dia seguinte, por mais que Estela procurasse tocar no assunto envolvendo a ida de Valéria à festa, Eduardo fugia, demonstrando claramente não estar disposto a falar sobre o ocorrido. Ao mesmo tempo, Estela sentia-se péssima com a lembrança daquela cena. Não sabia dizer onde encontrou forças e coragem para agir daquela maneira diplomática e firme diante de situação tão constrangedora. Procurava manter-se tranqüila diante da família, mas, por dentro, sentia-se desmoronar. Culpava-se, achando-se incapaz de manter seu homem ao seu lado, a ponto de ele ter necessidade de procurar outras mulheres. Achou-se gorda, como Eduardo costumava chamá-la sempre que queria ofendê-la. Sentia-se péssima, mas não deixava transparecer sua luta íntima e, com isso, gastava enorme quantidade de energia que ela pensava repor com doses de uísque.

Valéria, por sua vez, sentia-se ofendida e preterida. Mesmo reconhecendo que a atitude de Estela, diante daquela situação que se formou na calçada em frente ao salão de festas, foi a mais acertada, pois nem ela mesma sabia qual seria a sua reação se estivesse no lugar da esposa de Eduardo, foi ela quem ficou sozinha na calçada enquanto via o homem a quem amava deixar-se levar como um menino por sua rival. Não importava que esta rival era a esposa dele, Estela era sua rival e pronto. A paixão formula justificativas que desconhecem a razão.

Na semana que passou, tentou contato com Eduardo, mas não teve êxito. Tudo o que ouvia eram os desaforos de Estela desligando o telefone. Resolveu passar no trabalho de Eduardo. Até então tinha evitado expor-se, mas pensou que se Estela tinha deixado entender que havia percebido o que se passava entre eles, não teria mais nada a perder ao tentar reatar, indo direto a Eduardo. Tomou um banho demorado, colocou o perfume de que ele gostava, a saia que ele tinha dado de presente e saiu de casa confiante em seu poder de sedução. Queria chegar na hora do almoço para terem um pretexto de irem a um local onde pudessem ficar sossegados.

– O supervisor Edu saiu para almoçar – respondeu um empregado mal-humorado, ao ser questionado por Valéria.

– Já?! Ele não costuma almoçar mais tarde?

– Olha, dona, ele é chefe e chefe almoça quando tem fome.

Valéria mediu o homem de cima a baixo querendo esbofeteá-lo, mas optou por tentar extrair-lhe mais uma informação.

– Sabe aonde ele costuma ir para almoçar?

– Na pensão que fica na esquina.

Ela dirigiu-se até a pensão indicada pelo funcionário. Era um local simples, um restaurante por quilo com dois ambientes. Uma casa de esquina com uma grande varanda circundando a construção. Havia algumas mesas na varanda e, para quem quisesse almoçar com o conforto do ar condicionado, o salão interno oferecia amplo espaço. Não viu Eduardo do lado de fora e resolveu entrar no salão. Ao abrir a porta, o barulho de muitas vozes vazou pela fresta inicial junto com o ar gelado. O local estava cheio, o som de copos, pratos e bandejas misturava-se ao burburinho de muitos assuntos sendo tratados ao mesmo tempo. A recepcionista, sorridente, entregou-lhe uma comanda e ela correu os olhos pelo ambiente procurando o rosto de Eduardo. Precisou fazer uma minuciosa busca para encontrá-lo em uma mesa, em um discreto reservado, almoçando com outra mulher. Os dois falavam entre sorrisos e os olhos da mulher brilhavam com um brilho que fez Valéria sentir o gosto amargo do ciúme estragar seu apetite.

Na mesa do restaurante, a sedução permeava cada palavra, cada gesto, cada gole de refrigerante e cada pequena garfada. Eduardo e Roberta, a que escreveu o bilhete que foi encontrado por Estela, trocavam risos e olhares cheios de cumplicidade e luxúria, típicos dos amores clandestinos principalmente no início do encantamento. Sempre houve entre eles uma espécie de química sexual que apimentava suas conversas e suas brincadeiras do dia-a-dia, mas que nunca chegou às vias de fato porque Roberta era casada e eles não achavam prudente misturar as estações envolvendo-se com pessoas do trabalho. Além disso, Eduardo era supervisor de Roberta e ele tinha receio de ser envolvido em algum escândalo de assédio sexual. Entretanto, Roberta tinha se separado do marido. Coincidentemente, seu casamento em crise não resistiu quando ela foi promovida a supervisora, ocupando o lugar de outra pessoa que tinha se aposentado.

Com a separação, Roberta resolveu mudar o corte de cabelo, comprar roupas novas e entrar para uma academia. Eduardo, por essa época, havia começado a se afastar de Valéria e, por conta de oferecer o ombro amigo para a colega que estava em crise conjugal, a química que havia entre eles ebuliu e eles acabaram envolvendo-se sexualmente.

– Não quero parecer chato, repito que a separação te fez muito bem.

Ela riu sem jeito, mas o modo como passou a mão pelos cabelos colocando-os para trás das orelhas demonstrou que tinha gostado do que acabara de ouvir.

– Você acha?

– Acho. Você rejuvenesceu, sua pele, seus olhos, seu humor...tudo melhorou em você. Até o corpinho...aliás, corpão! Eu fiquei só observando na festa, todo mundo estava reparando em você.

– É, meu filho, separar tem isto como vantagem: você tem mais tempo para si. Este corpinho só se mantém com dedicação. Quando estava casada, não tinha tempo para mim. O Nando me consumia.

– E você também dança direitinho.

– Se não fosse aquela história de ciúmes de sua mulher, poderíamos ter dançado. Qual seria o problema?

– Prefiro dançar com você daqui a pouco, lá naquele lugar... o horário de almoço ainda não acabou...temos tempo.

– Edu, temos de tomar cuidado. Não queremos que as pessoas notem. Prefiro continuar encontrando você depois do serviço.

– Eu também acho, mas é só hoje. Nunca saí com alguém da fábrica... você é a primeira.

A conversa continuou, Eduardo e Roberta saíram do restaurante e tomaram a direção da fábrica. Ele não percebeu a presença de Valéria que se mantinha a uma distância segura para não ser notada. Para surpresa dela, eles não entraram na fábrica, seguiram direto pela rua e foram para o estacionamento onde Eduardo guardava seu carro, e, para sorte de Valéria, onde ela tinha guardado o seu. Valéria viu quando eles se dirigiram para o carro de Eduardo e tratou de entrar no seu para uma eventual necessidade de segui-los. Eduardo ligou o carro e dirigiu-se para a saída do estacionamento. Valéria fez o mesmo e saiu logo após Eduardo. No trânsito, a cada sinal vermelho que paravam, eles trocavam carícias que Valéria registrava sentindo o coração acelerar. Julgou ser aquele mal-estar fruto de sua ansiedade e prosseguiu acompanhando os passos do casal. Só parou sua perseguição quando viu o letreiro na entrada do grande muro que anunciava os vários preços das diferentes suítes. O carro de Eduardo tinha entrado em um motel.

Vítima da dengue

Naquela noite, Valéria voltou ao terreiro de seu Leonardo, na expectativa de ter uma consulta com seu Lucifér e preparar outro trabalho. Era uma noite quente de início de dezembro. O local onde o médium atendia estava vazio, mas a placa informando os horários e dias de consulta ainda estava lá. Valéria cansou de chamar sem ser atendida e entrou para ver se encontrava alguém. No quintal, vasos com plantas e pneus cheios de água serviam de berço para mosquitos. Ela chamou da porta que dava para a varanda e uma voz rouca respondeu algo lá de dentro.

– Quem é? O que quer? Seu Leonardo não está – disse uma jovem com cara de sono, quando assomou na soleira da porta.

– Ele não está atendendo? – perguntou Valéria incomodada com uma coceira no pescoço

– Não. Ele está no hospital. Pegou dengue.

– Meu Deus! Também pudera, olha só quanta água parada por aqui... – disse Valéria abanando as mãos para espantar os mosquitos que insistiam em rodeá-la.

– É eu também tive...meu corpo ainda dói até hoje.

– Ele está internado? – perguntou ela, coçando o braço.

– Ficou em observação. Os médicos acham que é dengue hemorrágica.

– Deus me livre! Obrigado! Depois eu volto...tchau!

Chegou em casa e enviou uma mensagem pelo *pager* para Eduardo dizendo o que tinha visto durante o dia e exigindo um retorno dele por telefone. Passaram-se os dias e muitas mensagens. Só depois Eduardo apareceu na casa de Valéria. Não tinha mais a chave, pediu para o porteiro que anunciasse a sua chegada. Longos minutos depois, ela atendeu o interfone e permitiu que subisse. Quando a porta se abriu, Eduardo viu uma mulher abatida e febril.

– Cruzes! Que cara é esta?

– Peguei uma gripe horrível, nem estou indo trabalhar.

— Posso entrar?
— Claro, a casa ainda é sua...
— Já foi ao médico? Nunca te vi assim — perguntou ele, sentando no sofá e cruzando uma perna sobre a outra.
— É só uma gripe. Vai passar. Agora vamos logo ao assunto que te traz aqui.
— Val, quero que saiba que não tenho nada contra você. Apenas acho que é melhor sermos amigos apenas.
— Eu não quero sua amizade, Edu. Você sabe muito bem o que eu quero.
— Val...
— Quem é aquela fulana? É outra? Além daquela outra? Você agora transa com suas funcionárias?
— Aquela é a Roberta.
— Aquela do bilhetinho?
— Sim.
— Sabia que aquilo ainda ia acabar em samba. Naquele bilhete não tinha só brincadeira.
— Não começa, Val! Naquela época eu nem te conhecia, já basta a Estela me aporrinhando com esta história.
— Desde quando você e esta...Roberta estão de caso?
— Não é um caso...a gente só está saindo...
— E a outra sabe?
— Não sabe nem precisa saber.
— Você é um filho da p...! O que você quer? Montar um harém? Já estou começando a ter pena da Estela, ela deve gostar muito de você. Não é possível que ela não perceba nada. Eu não sei o que me deu naquele dia da festa que não aproveitei para contar para ela tudo o que eu sei.
— Val, em nome de tudo o que vivemos, eu te peço que não faça isso. Eu sei que todas estas escapulidas que dou são erros que cometo. A Estela é a mulher que eu amo, mas algo em mim me impulsiona a isso.
— Erros que você comete? Quer dizer que eu sou um erro em sua vida?
— Val, por favor, me entenda...
Nesse momento ele tocou em seu braço tentando acalmá-la, pois viu que ela ficou irritada com sua última afirmativa. Entretanto, ele mudou repentinamente o foco da conversa dizendo:
— Nossa, como você está quente! Você está com febre! — disse, agora apalpando o rosto dela para sentir sua temperatura.
— Eu sei...meu corpo todo dói. Estou com dor até nos olhos.
— Como assim?
— É uma dor atrás dos olhos, mexer com os olhos dói...dói tudo. Parece que eu levei uma surra.

– Valéria, isso parece dengue. Você esteve em algum lugar que tenha criadouro de mosquitos?

Ela lembrou-se do último dia em que esteve no terreiro de seu Leonardo, mas preferiu negar essa informação.

– O que mais você sente?

– Qual é, você agora é médico?

– Não, Val, mas tem gente lá na fábrica que ficou assim igual a você e estava com dengue. Tire a blusa, deixe-me ver seu corpo.

O modo incisivo com que ele falava a deixou dócil e, ao mesmo tempo, ela sentiu-se cuidada e alvo de atenção do homem amado. Tirou a blusa e ele viu espantado as manchas vermelhas em sua pele.

– Olha só! Estas manchas vermelhas na pele são típicas da dengue. Você não está só com uma gripe. Está sentindo enjôo? Náusea?

– Sim.

– Dificuldade para dormir?

– Sim.

– Perda de apetite?

– Sim.

– Pode ser que eu esteja enganado. Val, você está com dengue. Quero que você vá ao médico imediatamente. Agora vamos medir sua temperatura.

Passados alguns minutos, ele retirou o termômetro de sua axila e sentenciou em tom quase solene:

– Nossa, 39 graus! Você está fervendo! Como consegue ficar de pé? Venha, vou te ajudar a deitar. Já tomou um antitérmico? Que remédio para febre você está tomando? Nada de aspirina, viu? Vamos tomar um banho para melhorar?

Ela foi deixando-se ser cuidada. Além de gostar de estar sendo paparicada por Eduardo, estava por demais debilitada para lutar. Ao final do banho, estava tiritando de frio. Pediu a pasta para escovar os dentes e, ao terminar a escovação, o sangramento em sua gengiva deixou Eduardo ainda mais preocupado. Seguiram imediatamente para o hospital.

A dengue é uma doença causada por um vírus e que é transmitida de pessoa para pessoa, por meio de um hospedeiro intermediário que é o mosquito *Aedes aegypti*. Esse mosquito se multiplica em depósitos de água parada acumulada no quintal ou dentro de casa. O período de incubação varia de dois a três dias e a intensidade dos sintomas costuma ser mais leve nas crianças do que nos adultos. Os sintomas são muito parecidos com os de uma forte gripe e somente a análise criteriosa de um médico pode diagnosticar se é ou não um caso de dengue. Esses sintomas podem evoluir obedecendo a 3 formas clínicas: a dengue clássica, semelhante à gripe, que é a forma chamada de benigna; a dengue hemorrágica, mais grave, que se caracteriza por alterações na coagulação sanguínea; e a síndrome de choque associado à dengue, forma mais rara que pode levar à morte.

A doença de Valéria evoluiu para o tipo hemorrágico. Ela demandou internação, mas não resistiu ao tratamento e engrossou as estatísticas da Secretaria Municipal de Saúde como mais um caso de morte por dengue. Eduardo a assistiu durante todo o tempo e sentiu muito sua morte. Tudo isso só fez confirmar todas as suspeitas de Estela naquela noite da festa de aniversário de Kely e aumentar sua decepção com Eduardo.

Pensava em pedir a separação. Entretanto, nada tinha que provasse efetivamente o envolvimento dele com Valéria, ao mesmo tempo estavam tão próximos do Natal e do Ano-Novo, e ela não queria estragar o clima das festas. Pensava também em Kely. A menina era ainda jovem, tinha somente 15 anos e sempre adorou o pai. Não queria envolver a filha em suas brigas com Eduardo e, assim, bebeu mais uma dose de uísque para ajudar a passar por mais essa frustração.

No velório

Valéria acordou sentindo frio. Lembrou que estava internada e talvez o ar condicionado do quarto estivesse muito forte. Sentiu um forte cheiro de cipreste e pensou: *"Que cheiro horrível! Detesto o cheiro desta planta. Me lembra cheiro de velório..."*. Ouvia também um murmurar de vozes e soluços que não combinavam com o ambiente de um hospital. Abriu os olhos e não reconheceu o teto acima de si, pois o teto do quarto onde esteve internada tinha um globo de vidro ao redor da lâmpada e este teto lhe era completamente desconhecido. O cheiro da planta ficou mais forte agora que estava mais desperta. Tentou mover-se, mas não conseguiu. Queria saber as horas, estava desorientada, não sabia quanto tempo tinha dormido e não sabia onde estava.

– Quem está aí? – perguntou, sem obter resposta.
– Preciso de ajuda...não estou conseguindo me mover!

Continuava a ouvir vozes em murmúrio, sem que ninguém lhe atendesse os chamados, e o cheiro do cipreste a estava enjoando. Respirou fundo, concentrou-se e disse para si mesma:

– Eu quero e vou me levantar!

Dizendo isto, impulsionou o corpo para cima e para frente. Subitamente seu tronco ergueu-se e ela se viu sentada. Olhou em volta e viu familiares e amigos. Alguns sentados em um banco de alvenaria que se alongava por toda a extensão da parede, outros de pé. Pessoas conhecidas iam e vinham cabisbaixas e falando em sussurros. Estranhamente, ela percebeu que esteve adormecida e deitada no meio daquela sala com as pessoas à sua volta e agora, que ela despertara, ninguém tinha notado. Pensou estar sonhando, mas tudo parecia tão real! Viu sua irmã no canto da sala. Estava chorando e seu cunhado a amparava. Chamou a irmã e o cunhado, mas eles, assim como todos os outros, não a ouviram. Pensou:

– Minha nossa, será que por causa da febre estou delirando? Mas quem delira tem consciência de que está delirando? Isso parece um sonho muito esquisito, nunca sonhei achando que estava sonhando...preciso voltar a dormir. Quando acordar, estarei melhor.

Procurando ajeitar-se para deitar, buscou o lençol para cobrir-se e foi quando percebeu que o que tinha sobre si não era um lençol florido, mas sim flores e galhos de cipreste. Olhou bem e percebeu que não estava em uma cama, mas em um caixa, como um baú de madeira. Sentiu o coração acelerar e resolveu olhar para trás para ver onde ia deitar e viu a si mesma deitada. Não soube dizer se gritou primeiro e pulou para fora do caixão depois ou se foi o inverso. Só sabe que se viu em pé, ao lado de um caixão, onde ela mesma estava deitada. Estava em seu próprio velório.

– Eu só posso estar sonhando. Sonho não! Isto só pode ser um pesadelo.

As pessoas continuavam todas em seus lugares, sem notar-lhe a presença e sequer sua movimentação. Resolveu aproximar-se das pessoas para ouvir melhor sobre o que conversavam.

– Quem diria! Morrer ainda jovem – dizia Maura, sua vizinha, a um grupo de pessoas do prédio onde morava.

– É verdade. Para morrer basta que se esteja vivo! Nós não somos nada. Um dia estamos bem, no outro nunca se sabe.

– Que idade ela tinha?

– Ela devia ter uns 50 anos..

– Jovem!..é uma pena...

Algumas pessoas de seu serviço juntaram-se em um canto. Ela chegou mais perto deles e ouviu.

– Viu no que dá namorar homem casado? Deus castiga!

– Não seja venenosa, Carmem...o que aconteceu com a Val foi uma fatalidade.

– Onde está o amante dela agora? Com a esposa?

– Carmem, fale baixo, por favor...a família dela pode ouvir...

– Quando vai acabar o velório? Estou com fome, com pressa e cheia de coisas para fazer.

Mudou de grupo e foi até onde estavam suas primas.

– Alguém sabe dizer o que aconteceu na novela ontem?

Andou de grupo em grupo e ouviu os mais variados assuntos. Desde piadas, passando por receitas culinárias, fofocas do meio artístico e até sua relação com Eduardo. Como todo velório, o seu serviu para fazer com que parentes que raramente se encontravam o fizessem e, assim, colocassem os assuntos em dia. As pessoas, na sua maioria, faziam menção à sua súbita morte e de como a doença que a matou vinha fazendo cada vez mais vítimas. Daí lembrou-se do diagnóstico da médica que a atendeu:

– A senhora está com dengue, dona Valéria. Eu vou solicitar sua internação para podermos tratá-la adequadamente. O seu caso requer cuidados especiais.

Lembrou-se de Eduardo prestando toda a assistência que podia, levando-a ao hospital e avisando sua irmã sobre a internação. Mas onde estaria Eduardo agora? Custava a acreditar que aquilo realmente estivesse acontecendo e insistia em pensar que estava tendo uma alucinação por causa da febre alta. Tentou falar com as pessoas, chamar sua atenção, mas ninguém lhe dava ouvidos. Gritou de desespero, sentiu-se zonza e saiu da capela para tomar ar fresco. Lá fora encontrou mais gente conhecida, mas ninguém a via ou ouvia. Desesperada, colocou a cabeça entre as mãos e chorou. Não soube precisar quanto tempo ficou assim, mas sentiu quando alguém tocou-lhe o braço.

– É estranho, mas vai passar. Eu também passei por isto – disse alguém perto dela.

– O quê!? – disse ela, procurando a pessoa que tinha falado. Deparou-se com uma mulher que aparentava ter uns 60 anos. Estava vestida com roupas normais, uma blusa de crepe de seda branca com pequenas flores azuis, uma saia azul-marinho, sapatos que combinavam com o tom da saia. Alguns fios brancos nos cabelos penteados para trás e que terminavam em pequeno coque baixo. Seu olhar era firme, a mulher não sorria, mas Valéria sentiu que podia confiar naquela desconhecida. A única pessoa entre tantos parentes e amigos que lhe tinha notado a presença e o desespero. Perguntou entre ofegante e aliviada:

– A senhora consegue me ver e ouvir?
– Claro! Por que diabos não o faria?
– Onde estou?
– Tem certeza de que não sabe? Olhe com atenção, não é difícil de entender.
– Isto aqui é um cemitério e estamos em um velório...
– O seu velório.
– Impossível! Isto não é possível!

Dizendo isso, Valéria afastou-se da mulher que falava com ela, virando-lhe as costas e caminhando resoluta na primeira direção que encontrou. Aquela mulher subitamente lhe parecia muito esquisita e não considerou prudente continuar conversando com ela. Afastou-se da capela e caminhou pelas pequenas ruas do campo-santo que dividam o grande gramado onde se viam as placas que indicavam os túmulos. Deu um grito quando viu sair de trás de uma árvore a mesma senhora que tinha deixado para trás momentos antes.

– Como a senhora fez isto? Eu a deixei falando sozinha ainda há pouco, lá longe!

– Estou há mais tempo por aqui do que você, minha criança. Sei de coisas que você não sabe. Sugiro que fique perto de mim enquanto não souber se cuidar sozinha.

– O que a senhora quer dizer com isso?

Nesse momento, Valéria teve sua atenção desviada. Eduardo acabara de passar por ela sem lhe dar a mínima atenção. Ela chamou por ele, sem ter resposta.

– Ele não pode te ouvir – resmungou a mulher para Valéria, que seguiu Eduardo sem lhe dar ouvidos.

As pessoas deixavam de falar ao verem Eduardo passar. Ele entrou na capela e foi em direção a Vanessa, a irmã de Valéria. Eles se abraçaram, logo depois ele se aproximou do caixão e chorou discretamente. Valéria a tudo observava incrédula e impotente, deixando-se ficar ao lado de Eduardo observando seu corpo dentro do ataúde.

– Acredita em mim agora, Valéria?

A voz da mulher chamou sua atenção.

– Como sabe meu nome?

–Está escrito ali na placa da entrada da capela. Seu enterro sai em 30 minutos.

Valéria foi até a porta da capela e confirmou o que a mulher acabara de dizer.

– O que está acontecendo?

– Você está morta e está presenciando o seu velório. Isso é bastante comum.

Nesse momento, a atenção das pessoas foi desviada para a chegada do padre que veio para fazer uma oração. As pessoas que estavam do lado de fora entraram e a capela ficou lotada. O padre disse algumas palavras genéricas de conforto à família e de encaminhamento da alma da defunta. Rezou o Pai-Nosso e espargiu água benta no corpo de Valéria. Proferiu mais algumas palavras para finalizar o ritual, abençoou os presentes e saiu da capela sem olhar para trás. Ainda tinha muitas almas para encomendar ao longo do dia.

A um aceno de cabeça do cunhado de Valéria, pegaram a tampa para fechar o caixão, enquanto isso a mulher convidou Valéria para saírem da capela.

– Meu Deus! Isso não pode estar acontecendo...só pode ser um sonho...um sonho horrível...

– Venha comigo...tenha calma. Tudo isso vai passar.

Nesse momento, Eduardo se aproximou de Vanessa para se despedir. Valéria aproximou-se para ouvir a conversa.

– Vanessa, preciso ir. Não estou me sentindo bem com toda esta gente a me olhar como se eu fosse um E.T. Além disso, Estela me aguarda lá fora. Desculpe-me, eu sinto muito por tudo isso.

– Eduardo, mesmo não concordando com o relacionamento que você e minha irmã mantiveram, eu sinto muita simpatia por você. Talvez esta seja a última vez que nos falamos e gostaria de agradecer por toda assistência que você deu a ela nestes últimos dias. Muito obrigada. Agora vá para sua esposa, para sua família. Cuide-se.

Valéria viu Eduardo sumir na medida em que se afastava pela rua que levava à saída do cemitério. Não teve forças para acompanhá-lo. O caixão contendo seu corpo, seguido pelo cortejo, aguardava a presença de Vanessa para seguirem para o local onde seria o sepultamento.

Leonor Braga Monserrat

A tarde lentamente cedia lugar à noite que teimava em chegar mais tarde. Era horário de verão e a luz do dia se estendia um pouco mais, fazendo a escuridão e as estrelas esperarem para tingirem de vez o céu. O sepultamento já havia sido efetuado, todos tinham ido embora. Somente Valéria estava ali. Sentada ao lado da placa que continha seu nome, sua data de nascimento e de morte, via o sol esconder-se preguiçosamente atrás do morro.

— Sua irmã fez uma bela oração antes do sepultamento — comentou a mulher, sentando-se ao lado dela.

— Onde a senhora estava? Pensei que tinha ido embora como todos os outros.

— Eu não vou embora. Eu sempre estou aqui. Estava observando outros velórios.

— Credo! Não tem família? Marido? Filhos?

— Valéria, assim como você, eu também estou morta. Quando você vai se convencer disso?

— Nunca! Eu estou sonhando e logo vou acordar. Aliás, a senhora é parte desta alucinação.

— Pode me chamar de Leonor. Esse é o meu nome. Venha, preciso mostrar uma coisa a você.

Valéria seguiu Leonor, que a levou mais para dentro do cemitério até chegarem a uma lápide entre tantas outras no gramado.

— Consegue ler? — perguntou Leonor.

— Está ficando escuro, mas ainda consigo enxergar.

— Então diga o que lê, por favor.

— Leonor Braga Monserrat, 16 de outubro de 1930, 2 de novembro de 1992.

— Isso mesmo. Sou eu quem está enterrada aí.

— Isso faz cinco anos...a senhora está aqui há cinco anos?!

— Exatamente! Eu adoro estar aqui! Não foi à toa que fui agraciada com uma data de morte tão propícia, não acha?

Valéria voltou a ler o epitáfio e exclamou:

— 2 de novembro...dia de finados! A senhora morreu no dia de finados?

— Sim e estou aqui desde então.

— Espere um pouco! Se estamos mortas, onde estão os espíritos que vagam por aí? Afinal, estamos em um cemitério! E cadê os tais missionários que buscam os recém-falecidos? Afinal, eu morri há pelo menos 24 horas!

Leonor riu tranqüila, foi a primeira vez que Valéria a viu rir, e replicou:

— Valéria, cada um morre de um jeito. Existem pessoas que adormecem com a morte e só despertam horas, dias ou meses depois em algum plano espiritual. Outros, como você, acompanham todo o funeral. Uns com mais consciência do que outros. Você é um caso raro. Você está em plena consciência com tão pouco tempo de desencarnada. Já vi muitos enterros e realmente você me impressionou, por isso resolvi me aproximar e aparecer. Comigo foi bem parecido, mas eu já tinha alguma "experiência".

— Como assim?

— Sempre me interessei pela vida após a morte e lia tudo sobre o assunto. Não posso dizer que toda leitura era esclarecedora, mas ao menos me preparou um pouco melhor.

— Se a senhora leu tanto, o que faz por aqui? Por que não está em algum "plano superior"?

— A leitura por si somente não dá um passaporte para o céu. Aliás, como eu já disse, estou bem aqui.

— Não quer ir para outro lugar? Para um lugar melhor?

— Deus-me-livre!

— Dona Leonor, a senhora está me confundindo e me assustando também!

— Não quero ir para plano superior nenhum! Estou muito bem aqui.

— Por quê???

— Porque eu acho que já trabalhei demais na vida, quero dizer, em vida! Agora estou livre para ir onde quiser e fazer o que quiser. Sempre que se fala com alguém de planos superiores, ouve-se falar em trabalho, caridade e assistência a necessitados. Já fiz tudo isso em vida! Ajudei o quanto pude e agora, que estou do lado de cá, não quero saber de trabalho coisa nenhuma. Agora sou dona do meu nariz e tudo o que quero é paz e sossego.

— Mas tem de ficar aqui no cemitério?

— Qual o problema? Eu sempre adorei ir a cemitérios. Sabia que existem jazigos que são verdadeiras obras de arte? Aqui me sinto em casa.

— Então? Sua casa! Por que não vai para sua casa?

— Você quer dizer a casa de meu filho? Aliás, a casa de minha nora, pois agora ela é a dona da casa...nunca, jamais! Estou bem aqui, obrigada. Não quero ficar assombrando a vida de ninguém. Aqui sou conhecida. Não me meto com ninguém e ninguém se mete comigo.
— Onde estão os outros?
— Por aí...você vai desenvolver sua visão espiritual com o tempo.
— E o que a senhora faz o tempo todo?
— Ando por aí. Acompanho os velórios, até oro junto com eles quando vejo que o orador é sincero. A energia que se desprende de uma oração sincera nos faz um bem enorme, você vai ver. Foi isso que aconteceu na oração que sua irmã fez.
— A senhora nunca sai daqui de dentro?
— Saio sim. Visito meu filho de vez em quando. Ando pela cidade, vou às igrejas, a centros espíritas, mas sempre volto para cá. Aqui é meu lar agora.
— Gostaria de estar com Eduardo agora...
— Aquele rapaz que você seguiu hoje à tarde?
— Sim.
— Ele era seu namorado?
— Sim.
— Mas pelo que entendi, a mulher dele o aguardava do lado de fora...
— A senhora faz perguntas das quais já sabe a resposta.
— Ele é casado, Valéria. Agora vocês estão ainda mais distantes. Além de ser casado com outra mulher, ele permanece encarnado, enquanto você...
— Ele só não ficou comigo por causa dela. Eu a odeio! Até no meu enterro ela me separou dele.
— Valéria, esses pensamentos não vão te fazer nenhum bem...
Nesse momento, Leonor interrompeu sua fala com a aproximação de três missionários. Eram trabalhadores espirituais que, em serviço, recolhiam entidades para encaminhamento aos planos espirituais.
— Boa-noite, dona Leonor.
— Olá, meninos. Esta é Valéria.
— Como vai, Valéria? Somos trabalhadores espirituais e se você permitir, podemos acompanhar você. Não quer descansar um pouco?
Valéria olhou para Leonor como quem pede silenciosamente um conselho.
— Fique a vontade para fazer o que quiser, minha filha.
— A senhora não vem?
— Não, obrigada, Valéria. Gosto da Terra e da liberdade que adquiri aqui.
Um dos missionários riu simpático e argumentou:

— Dona Leonor, o trabalho sempre encontra o trabalhador. Tenha certeza de que a senhora prestou um grande serviço acompanhando esta irmã. Quando precisar, a senhora sabe como nos encontrar. Boa-noite!

Valéria abraçou Leonor com carinho, beijou-lhe a face e deixou-se levar na companhia dos missionários. A lua já havia iniciado seu passeio no céu estrelado de dezembro. O calor e o canto da cigarra envolviam as árvores e os túmulos. Leonor ficou a observar a comitiva que levava os recém-desencarnados para a espiritualidade.

Enterrando o passado

Eduardo estava demorando mais do que o de costume para voltar para casa. Estela já estava acostumada a estas longas demoras e também desconfiava do motivo das mesmas.

– Jesus do céu! O que é que eu vejo neste homem que não tenho forças para me separar dele? Será que isso é castigo? Será que eu mesma estou me castigando? Será que eu nunca vou deixar de me sentir culpada? Será que errei ao tentar ser feliz justamente com o homem que era o amor de minha melhor amiga? Olhe para mim...estou bem financeiramente, meu trabalho me remunera bem, minha filha não me dá problemas; pelo contrário, é uma criatura abençoada! Mas me falta algo...onde foi parar a alegria que preenchia meu casamento? O que foi que eu fiz? Onde errei? Minha união com Eduardo me afastou dos amigos de infância, afastou-me principalmente de Roberta...entretanto, ao mesmo tempo, vejo que ele também se afastou de mim. Acho que o problema está em mim...não sou capaz de manter ninguém ao meu lado...sou uma inútil. Não!...não pode ser. Mamãe sempre dizia que ninguém erra sozinho. A culpa não pode ser só minha. Mamãe... ah, mãe!...que falta você está fazendo. Se ao menos pudesse ter com quem dividir minhas dúvidas...ah, Roberta!.... Será que um dia você vai me perdoar? Que falta você está fazendo também... Não posso dividir isso com Shirley. Ela até me ouve, mas não acompanha meu raciocínio como você o faria. Não posso envolver Kely...não posso colocá-la contra o pai...

Eram perguntas que Estela fazia em voz alta para si mesma. A solidão ensina o solitário a falar consigo mesmo. As perguntas ficavam suspensas no ar, as paredes silenciosas pareciam absorvê-las para depois devolvê-las sempre que podiam, ao encontrar Estela novamente sozinha na companhia do uísque. Kely e Shirley dormiam em suas camas enquanto as horas avançavam. Cada som de motor de carro gerava a expectativa de ser Eduardo chegando. Estela continuava com suas lucubrações.

– O problema é que eu ainda amo este homem perdidamente. Sei que ele sai com outra mulher, ou outras, já nem sei...mas quando ele está comigo, sei que ele é meu! Será isso uma doença? Será sem-vergonhice? Queria poder dizer a ele tudo isso com clareza, mas esta objetividade só existe quando estou sozinha. Quando paramos para conversar, sempre metemos os pés pelas mãos e acabamos nos magoando mutuamente sem tocar de verdade no âmago da nossa questão. Ele desvia o assunto para um ciúme infundado de meus amigos e de meu trabalho e eu não sei como fazer o assunto voltar ao foco que eu quero que tenha. Depois de nos estressarmos, vem o arrependimento, a culpa, tudo isso misturado com o desejo, e acabamos por fazer as pazes na cama. Estou cansada de fazer amor com raiva. Quero fazer amor com amor.

Seus pensamentos foram interrompidos com o som do motor do carro se aproximando. Eduardo finalmente chegara. Eram duas horas da manhã. Ele coçou o nariz pensativamente ao entrar e encontrar Estela acordada.

– Eduardo, nada que você inventar para encobrir este seu atraso vai ser suficiente para me convencer. Sugiro que você seja honesto me contando nada mais do que a verdade.

– Se você quer ouvir que eu estava bebendo com amigos, eu não estava.

– Posso ver que não. Não está cheirando a bebida. Também liguei para seu grande amigo Val e ele não soube dizer nada. Caso ele não tenha omitido alguma coisa, somente você pode responder o que houve.

– O Val não sabe de nada.

– Então, espero que mais ninguém que responde pelo apelido de Val saiba de alguma coisa. Coçou o nariz de novo? Vai dizer que tem o dedo daquela sua amiga neste seu atraso?

– A Val...

– Eu sabia! Sabia que tinha mulher nesta jogada. Eduardo, aquela vagabunda teve a coragem de me desafiar tentando entrar na festa da nossa filha! Você tem evitado falar sobre isso, mas agora você não me escapa. Eu não sei até agora de onde eu tirei coragem para enfrentar aquela situação como enfrentei. Acho eu que foi o amor à Kely e o não querer estragar uma festa que preparamos por tanto tempo e com tanto sacrifício.

– Ela está internada. Eu estava no hospital, foi difícil encontrar vaga, também teve problemas com o plano de saúde...

– Hospital? Internada? Pois que morra!!! Ela não tem família para resolver isso para ela? Tinha entendido, pelo que ouvi naquele dia, que vocês tinham terminado.

– Estela, você está enganada. Não é nada disso. A Val é apenas uma amiga, uma grande amiga. Não tem filhos, não tem marido, tem somente uma irmã.

– É, coitadinha da Val...vai ver que é por isso que ela dá em cima do marido das outras. Se ela tem irmã, que a irmã cuide dela! Você tem sua própria família para cuidar.

– A irmã já está com ela. Eu somente ajudei até onde podia.

– Nossa, e como você podia! Ajudou até esta hora!
– Estela, você está nervosa à toa. Já vi que andou bebendo...
– Não comece a mudar o rumo da conversa, Eduardo. Não sou eu quem está chegando em casa de madrugada.
– Estela, eu estou muito cansado. Sei que você está coberta de razão. Só te peço um favor: podemos conversar sobre isso depois?

Eduardo estava realmente esgotado. A internação de Valéria foi estressante. Os hospitais não estavam aceitando seu plano de saúde e ele não conseguiu contato imediato com a irmã dela, de quem ela era dependente. Seu estado piorava e ele viu-se sozinho tendo de resolver coisas sobre as quais tinha pouco domínio. Em poucos dias, seu estado agravou-se e a levou ao desencarne. Eduardo acompanhou junto com Vanessa toda a progressão de sua doença e, apesar de ter perdido o encanto sexual por Valéria, ficou o sentimento de uma boa amizade. Ele e Valéria tiveram bons momentos, deram boas risadas, criaram uma cumplicidade e uma intimidade que ele gostaria de ter conservado. Ele não conseguiu esconder sua tristeza com a morte da ex-amante e tudo isso somente confirmou as suspeitas de Estela. Abateu-se tanto que Estela sugeriu que ele fosse ao enterro.

– Já que você esteve na internação, vá também ao enterro. Enterre de vez esta história.
– Estela, como você pode ser tão fria? Você me dá medo quando fica assim.
– Pelo contrário, Eduardo. Estou sendo coerente. Esta mulher viveu com você algo que eu não vivi. Não quero que fique nada mal acabado. Não pense você que estou sendo boazinha ao pedir que você vá ao enterro daquela mulher. O que eu quero é que fique bem claro para você que esta história acabou.

Logo após se despedir de Vanessa, Eduardo caminhou em direção à saída do cemitério. Caminhava devagar enquanto enxugava as lágrimas, pois não queria que Estela o visse chorando por Valéria. Enquanto caminhava, percebeu o quanto sua esposa era forte. Aquela mulher soube o tempo todo que ele tinha uma relação extraconjugal, conheceu sua amante no dia da festa de quinze anos de sua filha e agora o aguardava na saída do velório de sua ex-amante. Estela realmente o amava. Que outro sentimento suportaria tanta humilhação?

Voltaram para casa e para a normalidade de suas vidas. Todo aquele vendaval de emoções e acontecimentos acabaram por esfriar sua empolgação com Roberta, que, por sua vez, ia pouco a pouco voltando a se entender com o ex-marido. A proximidade das festas de final de ano promovendo a paz, a fraternidade e o perdão propiciaram um clima de entendimento e de trégua. Estela teve a sensação de que sua vida voltava à normalidade.

Valéria volta à crosta

Mamãe, não quer descansar um pouco? De repente a senhora ficou pálida...– perguntou Kely, ajeitando os cabelos de Estela, interrompendo sua narrativa.
– Vai passar, filha...não se preocupe.
– Podemos continuar esta conversa depois. Você parece muito cansada.
– Agora que comecei, preciso acabar.
Na ante-sala, Roberta também sentia-se mal. Intensos arrepios a incomodavam e uma sensação de que o ar estava pesado a intuíam que o ambiente estava poluído espiritualmente. Tereza cochichou, tirando-a de seus pensamentos:
– Por Deus! Este lugar está pra lá de carregado...não paro de me arrepiar! Será que a defunta está perturbando a Estela? Foi só falar nela que fiquei zonza.

* * *

Valéria não se conformava com seu desencarne. Ficou ainda mais inquieta quando soube que Leonardo continuava encarnado. O tratamento médico surtiu efeito e ele voltou gradativamente às suas atividades mediúnicas. Ela também não aceitava as instruções de que perdoar e esquecer eram requisitos fundamentais para que continuasse sua jornada com menos sofrimento e aguardava ansiosa por uma oportunidade de descer à crosta.
– Valéria, você é livre para ir e vir. Ninguém aqui é prisioneiro. Apenas lembre-se que cada um é responsável pelos seus atos, e, agora, mais do que nunca, sua responsabilidade aumenta, pois você, na condição de desencarnada, tem maior conhecimento e liberdade do que os que estão encarnados.
Hugo era o missionário responsável pela recepção e adaptação dos recém-desencarnados naquele plano espiritual. Era uma espécie de posto avançado dentro das zonas umbralinas. Foi para lá que Valéria foi encaminhada, pois mesmo despertando com lucidez horas depois de seu desencarne,

era preciso que o tempo e a decomposição natural do corpo completassem o trabalho de desligamento magnético.
– Quanto tempo faz que morri?
– Sete meses.
– Não está na hora de eu descer?
– Sei o que você está querendo. Você quer ver Eduardo.
– Sim, e qual é o problema?
– Ele e a esposa estão passando por uma ótima fase no casamento. Não creio que sua presença seja necessária. Valéria, o que você sente por este homem não é amor. É obsessão.
– Ótima fase no casamento? Eles viviam brigando!
– Graças às suas artimanhas junto a Leonardo e Lucifér...
– Nem me fale nesta gente! Eles me garantiram a eficácia do trabalho e nada aconteceu.
– Todo e qualquer trabalho de magia, para o bem ou para o mal, só tem efeito quando a pessoa visada tem o merecimento. Todo Exu sabe disso! Um Exu com "E" maiúsculo, um Exu verdadeiro, não promete aquilo que sabe que não pode cumprir. Se você não tivesse desencarnado, estaria até agora pagando regiamente a Leonardo e Lucifér, mantendo seu vício e aumentando seu carma. É o merecimento que faz a sintonia com a vibração do trabalho feito. Estela é uma pessoa boa. Não deseja o mal de ninguém e ama sinceramente sua família e seus amigos. Ela tem tendência ao álcool e à depressão e é isso que a faz vulnerável, mas veja como a providência divina a ajudou, fazendo com que encontrasse um local que detectasse o trabalho encomendado por você e o desfizesse.
– Oh! Belo local! Aquela velha também cobra pelo seus serviços!
– Não é isso que está sendo julgado. Cobrar pelos serviços é um assunto muito polêmico, mas antes de julgar a cobrança precisamos analisar o uso dos dons. Marina cobra pelos uso de seus dons, mas jamais os usa para o mal. Leonardo também cobra pelo uso de seus dons, mas não tem nenhum receio em usá-los seja para o que for. Entende a diferença? Mesmo cobrando, Marina orienta e educa a todos que a procuram.
– Não quero falar sobre isso agora. Prefiro saber de Eduardo.
– Venha ver uma coisa.
Hugo abriu uma caixa do tamanho de um microondas e de lá retirou uma bola feita de um material semelhante ao cristal. Acionou o globo magneticamente em um processo que parecia com o sintonizar de uma televisão. Dentro do aparelho, luzes e formas se misturavam até que surgiu a imagem de Eduardo e Estela. Estavam sentados em um restaurante. Conversavam e sorriam.
– O que significa isto? – perguntou Valéria aproximando o rosto da imagem para observar melhor.
– É uma imagem real. A transmissão é simultânea.
– Isto está acontecendo agora?

– Sim. Eles estão jantando.
– Isto não quer dizer nada.
– Jantando fora em uma segunda-feira?
– Hoje é segunda...o dia que ele ia me visitar quando estávamos juntos. Até isso ela roubou de mim. Não bastasse ter ficado na porta do cemitério no dia do meu velório, até o meu dia de ficar com ele ela usufrui. Eu odeio esta mulher.
– Não foi para isso que te chamei para observar. Quero que você entenda que este homem nunca foi seu. O amor de Estela e Eduardo vem de longa data e se perde na noite dos tempos. Você só o encontrou agora e tudo o que você sente pensando que é amor é apenas um desejo carnal que você potencializou e virou uma obsessão.

Na noite seguinte, Valéria aproximou-se, como tantas outras vezes o tinha feito, do portão que separava o Posto da escuridão do umbral. Antes de falar com a sentinela que queria sair, ouviu a voz de Hugo dizendo:
– Tem certeza de que é isto que quer fazer?
Ela virou-se resoluta e respondeu:
– Sim.
– Não posso prender nem você nem ninguém aqui dentro. Só posso alertar sobre a grande responsabilidade que recai sobre você nesta hora.
– Obrigada pela sua preocupação, mas não quero mais ficar aqui.
– Volte sempre que precisar.
– Adeus.

Valéria não se adaptou à disciplina do Posto. Havia horário para tudo e ela odiava receber ordens. Toda aquela propaganda de perdão, harmonia e amor a estava entediando, e ela, com a idéia fixa de vingar-se de Estela, sintonizava-se cada vez mais com as vibrações doentias do umbral. Uma vez na crosta, visitou sua irmã e depois quis rever sua antiga casa. Estranhou a pintura das paredes e os móveis novos. Percebeu que outra família ocupava seu antigo apartamento. Sua irmã tinha alugado o imóvel. Depois foi a vez de visitar Eduardo. Estava ansiosa e por isto optou em visitá-lo por último. Pela hora, deveria estar prestes a sair do serviço.

Lá estava ele. Pouca coisa tinha mudado desde a última vez que o vira. Os cabelos um pouco mais brancos, mas muitos fios negros ainda teimavam em sobressair e aquela mistura de "sal e pimenta" lhe caía muito bem. Encerrava calmamente seu expediente, quando o *pager* vibrou anunciando uma nova mensagem. Era Estela para saber o motivo de sua demora. Eduardo tinha prometido chegar mais cedo para irem às compras, mas um imprevisto na fábrica tinha feito seus planos mudarem. Valéria resmungou para si mesma:
– Desgraçada, parece que adivinhou que eu estava por perto. Você não perde por esperar.

Eduardo telefonou para casa, esclareceu sobre seu atraso e combinou de encontrar com a esposa na entrada do supermercado. Despediu-se das pessoas que ainda estavam em serviço e dirigiu-se para o estacionamento. Valéria o seguiu. Ele ligou o carro e nem desconfiava que havia alguém no banco do carona. Ligou o rádio e seguiu ao encontro da esposa.

Quando chegou no supermercado, Estela já o aguardava. Saiu do carro seguido por Valéria, que ficou irritadíssima com a presença da esposa de Eduardo. Estela irradiava bem-estar. Tinha emagrecido, usava um corte moderno nos cabelos e o sorriso com que Eduardo retribuiu ao seu beijo a deixaram cheia de ciúmes.

– É...parece que a minha morte te fez muito bem – murmurou Valéria medindo Estela de cima a baixo.

O casal adentrou o grande estabelecimento e deu início à longa caminhada entre as várias alas com prateleiras repletas de mercadorias. Os dois estavam se entendendo e conversando animadamente. Valéria teve a idéia de tentar frustrar aquela cena de harmonia familiar e começou a enviar ordens mentais a Eduardo para que ele desistisse das compras. Insistiu bastante até perceber que Eduardo respondia pouco à sua influência, entretanto o humor de Estela tinha alterado sensivelmente. Valéria lembrou-se da conversa que teve com Hugo e as palavras do missionário voltaram à sua memória no mesmo instante em que um sorriso maléfico se abriu em seus lábios: *"...ela tem tendência ao álcool e à depressão e é isso que a faz vulnerável...."*

Naquela noite, acompanhou-os no caminho de volta para casa e confirmou a sensibilidade de Estela às suas sugestões e iniciou a tramar um plano de ação. O carro entrou na garagem, e Shirley veio ao encontro do casal para ajudá-los a levar as compras para dentro de casa.

– Desgraçada, falsa, infeliz! O que faz aqui ainda? – esbravejou Valéria, ao ver Shirley. A empregada recebeu aquela onda de revolta como se fosse um súbito mal-estar e precisou apoiar-se no carro.

– O que foi, Shirley? Sente alguma coisa? – perguntou Estela, preocupada.

– Não...só fiquei tonta de repente.

– Olha só...a retardada da patroa cuidando da empregada. Será que ela vai ter tanta preocupação quando souber que a empregada se deita com o marido dela? – ironizou Valéria, sabendo que não podia ser ouvida.

– Esta empregada não serve para nada mesmo, adora uma desculpa para não fazer nada – resmungou Eduardo entre os dentes, carregando as compras para dentro de casa.

Nojo, repulsa e indignação

Desde aquele dia, Valéria não mais se afastou de Eduardo e Estela. Elegeu a esposa de Eduardo como sua inimiga e resolveu que não lhe daria trégua enquanto não promovesse a sua separação. Verificou que Eduardo estava muito mais calmo com relação às outras mulheres e decidiu fazer Estela sofrer um pouco mais com a volta da infidelidade do marido.

Reacendeu rapidamente o romance de Roberta e Eduardo e sugeria mentalmente que Estela procurasse por evidências dos seus encontros. Ela descobriu e mais uma vez engoliu sua frustração com doses de uísque. Procurou a chefia de Eduardo e Roberta, que afastou a moça de suas atribuições como supervisora daquela seção e advertiu Eduardo verbalmente. Essa atitude pôs fim ao romance dos dois, mas abalou profundamente o já desgastado relacionamento do casal.

A essa altura dos acontecimentos, Eduardo e Estela já tinham discutido e rediscutido incansavelmente a relação. Já não havia mais o que conversar e, ao mesmo tempo, estava claro para eles que não estavam dispostos a se separarem. Valéria, de modo doentio, aproveitava a vaidade e a tendência de Eduardo em ser mulherengo para provocar os ciúmes de Estela. Dessa forma, aproveitava os goles de uísque que sua hospedeira lhe proporcionava e também os momentos em que estavam fazendo as pazes na intimidade.

Aproveitando a tendência de Estela ao desânimo e à frustração, insuflava em sua vítima todo tipo de pensamento de derrota e de culpa. Sua influência aumentou e ela passou a sugerir pensamentos de suicídio como a única saída para por fim ao seu sofrimento.

Estela começou a precisar tirar licenças médicas para suas crises de depressão. Os anos foram passando, com eles veio a necessidade do uso de tranqüilizantes, e os momentos de alegria tornaram-se cada vez mais raros. Foi nesse ambiente que Kely alcançou a idade de 21 anos. A jovem percebia tudo o que se passava entre os pais. Entretanto, eles, em um pacto mudo, tinham decidido que jamais envolveriam a filha em sua crise conjugal.

Uma sexta-feira, Estela foi dispensada do serviço. Suas licenças médicas estavam cada vez mais constantes e ela já não produzia como antes. Isso foi um balde de água fria em seu ânimo já debilitado. Não argumentou nem reagiu, apenas pegou sua bolsa e saiu. Precisava falar com alguém. Kely era uma pessoa equilibrada e saberia lhe transmitir a serenidade que precisava, mas a filha, que estava no trabalho, encontrava-se em fase de experiência e não quis incomodá-la com um fato irremediável e já consumado. Ligou para Eduardo no serviço e não o encontrou. Ele havia saído sem dizer onde foi. Valéria insistia que fosse para casa, que não procurasse por ninguém, que só em casa ela se sentiria bem depois de um bom gole. Resolveu ir para casa assumindo as sugestões de Valéria como se fossem suas próprias idéias em ebulição.

* * *

Do outro lado da cidade, Roberta lutava contra sua própria sensibilidade. Percebia toda a angústia e perigo que rondavam sua amiga. Sua Preta-Velha a estava alertando de que Estela corria grande perigo e precisava de ajuda urgente. Ela se negava a aceitar, tendo suas lembranças, suas emoções e seu orgulho embaralhados por um passado que teimava em voltar a se fazer presente.

* * *

Estela dobrou a esquina e viu que o carro de Eduardo estava estacionado em frente à sua casa. Seu coração bateu acelerado imaginando ter acontecido algo, mas as sugestões mentais de Valéria a convidavam a ficar calma e a entrar em casa sem fazer barulho. Parou antes de abrir a porta, apurou o ouvido, mas não captou som algum. Abriu a porta e somente o som da panela de pressão chegava pelo corredor que levava à cozinha. Caminhou lentamente e encontrou apenas a panela chiando sobre o fogão. Ia virar-se para ir em direção ao seu quarto, mas sua atenção foi despertada por sons que vinham do quarto de Shirley, que ficava na parte de trás da casa, próximo à cozinha e à área de serviço. Aproximou-se e não teve dúvidas quanto ao que estava acontecendo dentro do quarto da empregada. Os gemidos e sussurros eram inconfundíveis. Teve ímpetos de entrar e fazer um escândalo. Entretanto, ainda teve tempo de ouvir a seguinte conversa:

– Você tá louco, Edu? Pode chegar alguém...
– Que nada! Kely está no trabalho e Estela só chega bem mais tarde... estava louco para vir aqui...
– Você tinha parado de me procurar...por que voltou?
– Deu vontade...você não parou de tomar a pílula, não é?
– Não... imagina... faz tempo que não dou mais bobeira...
– Acho bom. Não quero saber de ficar pagando aborto...já bastam aqueles dois...

O mundo rodou ao redor de Estela, o chão se abriu e ela sentiu que caía e que não mais iria parar de cair. Em um *flash,* ela entendeu tudo. Eduardo era o namorado casado de Shirley, por isso ela nunca o levava em casa e por isso Eduardo implicava tanto com Shirley. Era tudo um grande disfarce. Os abortos que ela fez eram de filhos dele e aí ela percebeu que nas duas vezes em que Shirley fez um aborto, coincidentemente, Eduardo teve despesas ou perdas inesperadas de dinheiro. Uma vez não lhe foram pagas horas extras e da outra ele tinha batido com o carro de Valdecir. Tudo isso vinha acontecendo debaixo de seu nariz há anos e ela jamais suspeitara!

Como pode Eduardo fazer-lhe tamanha traição? Tamanho desrespeito? Manter uma amante dentro de sua própria casa, no seio da própria família? O que dizer de Shirley? Justamente ela que foi tratada com todo carinho inicialmente por sua mãe e agora por ela mesma! Estava criando uma cobra e não sabia. Agora as palavras de Valéria na calçada do salão de festas faziam sentido, agora tudo fazia sentido. A implicância sem sentido de Eduardo para com Shirley, a aceitação de Shirley daquela antipatia espontânea, as cenas de ciúme de Eduardo...

Sua vida inteira com ele passou em sua mente como em um filme. O dia em que se conheceram na casa de dona Amália, o encanto que ele irradiava em plena juventude, a paixão de Roberta, o seu amor por ele e sua tentativa inócua de esquecê-lo, aquele dia de chuva em que ele notou que ela o amava, o beijo na noite que ele a aguardou na porta do curso de inglês, a festa de 18 anos de Ignácio, a primeira noite em que se entregou para ele, a descoberta da gravidez, o dia do casamento, a alegria de ser mãe, as cenas de ciúme de Eduardo, as crises do casamento, Valéria, Roberta, a depressão... Shirley.

Ante a imagem mental da empregada, suas mãos crisparam como se fossem garras, sentia o sangue queimar dentro das veias, podia ouvir o bater acelerado do próprio coração que parecia ter subido para sua garganta. Sentiu uma mistura de ódio e nojo, sentiu que algo se movia dentro dela. Era uma força primitiva, incontrolável como os desequilíbrios da natureza, alguma coisa dentro dela tinha despertado e precisava encontrar a saída.

Dentro do quarto, Eduardo e Shirley estremeceram ao ouvirem o som da repulsa e da indignação. Seguiu-se, então, um grito de dimensões descomunais, um som gutural, incompreensível e cheio de cólera que ecoou por toda a casa impregnando o ambiente com seu desequilíbrio emocional, fazendo com que os adúlteros tomassem consciência de que era tarde demais para qualquer tentativa de fuga ou sequer explicação.

Eduardo saiu do quarto para encontrar Estela com os olhos em chamas. Suas sobrancelhas arqueadas lhe davam um aspecto demoníaco. Ela havia vomitado, uma massa disforme jazia no chão à sua frente como se um asco súbito não lhe tivesse dado tempo de correr para o banheiro, e ela limpava a boca com as costas da mão. Ele parou na porta do quarto tendo o desespero no olhar.

– Não se aproxime de mim! – ameaçou Estela falando entre os dentes, como se estivesse possuída.
– Estela, pelo amor de Deus, me escute...
– Amor de Deus? Amor? Deus? Quem é você para vir, agora, me falar em Deus e em amor? Se Deus existe, ele deve estar de costas para mim neste exato momento, pois o que trago agora dentro de mim nada tem a ver.
– Est...
– CALE-SE!!
Eduardo estremeceu ante o grito destemperado de Estela. Era visível que ela estava descontrolada e de nada adiantaria argumentar com ela naquele momento. Ela continuou seu discurso e seus olhos pareciam cortar-lhe a carne.
– Vinte e um anos, Eduardo! Vinte e um anos de amor e de dedicação e é assim que você me recompensa. Eu não sei quem eu odeio mais, se a vocês dois por esta traição ou a mim mesma que permiti que isto acontecesse debaixo do meu nariz. Eu trouxe esta vagabunda para dentro da minha casa, eu a defendia das suas falsas agressões, eu cuidei desta piranha durante os resguardos que ela teve dos dois abortos dos filhos que você fez e que você mesmo financiou com o dinheiro de nossas economias! Por falar nela, por que ela não sai daí de dentro?

Nesse momento, Shirley saiu correndo e se ajoelhou aos pés de Estela suplicando perdão, dizendo-se a última das criaturas e merecedora de todo castigo. Clamou arrependimento e apelou para os bons sentimentos da patroa. A ira de Estela se misturava com a revolta de Valéria e uma alimentava a outra aumentando a tensão do acontecimento. Eduardo estava congelado sem saber o que fazer.
– Você não espera que eu me comova com esta atitude patética, não é, Shirley? Você desconhece o sentido da palavra respeito! Você não desrespeitou somente a mim, você desrespeitou a memória de minha mãe, que te acolheu quando você mais precisava.
– Dona Estela...
– Cale a boca! Sua voz me dá náuseas! Tudo o que você falar ou fizer só vai me causar mais indignação e nojo. Aliás, apressando a lei do retorno, olha só o que você merece...
Dizendo isto, com uma força que Estela não sabia de que era capaz de ter, emaranhou as mãos nos cabelos de Shirley, forçando sua cabeça para o chão e esfregou o rosto da empregada no local onde havia vomitado.
– Isto é tudo o que você terá de mim agora, desgraçada, coma minha indignação!
Shirley debatia-se e foi preciso que Eduardo saísse do torpor que o envolveu e soltasse a empregada das mãos da esposa enfurecida.
– Saia da minha casa e não volte nunca mais!
– Eu não tenho para onde ir...
– Vá para o inferno! Aliás...vão os dois para o inferno!

Estela sentia o corpo todo tremer e a boca amarga. Sentiu que estava prestes a desabar e perder o controle sobre si. Não queria que os dois a vissem em sofrimento, respirou fundo, buscando forças não sabia de onde, e disse em um fio de voz:

– Vou me trancar em meu quarto. Quando eu sair, não quero mais vê-la nesta casa. Quanto a você, Eduardo...

Virou-se e não conseguiu completar sua frase, o som da porta do quarto sendo trancada abafou seus soluços.

Cinzas de um casamento

Toda aquela intensa descarga emocional esgotou seu sistema nervoso. Trancada no quarto, sozinha e entregue à própria ebulição de sentimentos, tremia e soluçava. Chorou como nunca havia chorado antes. Não sentiu quando o cansaço chegou, adormeceu com raiva para despertar horas depois com uma imensa dor de cabeça.

Estava de bruços e adormecera sobre o braço, que ficara dormente. Abriu lentamente os olhos e deparou-se com uma foto sua e de Eduardo abraçados. Pegou o porta-retratos da mesa de cabeceira e jogou-o contra a parede. Esfregou o braço com a mão para que a circulação voltasse ao normal, sentou-se na beirada da cama, apoiou os cotovelos nos joelhos e o rosto nas palmas das mãos. Ironicamente, o porta-retratos caiu intacto com o lado da fotografia para cima e ela ainda podia ver os dois na foto, sorrindo, como as famílias perfeitas dos anúncios de margarina e produtos dietéticos. Sentia-se vazia e, apesar de conhecer cada canto daquele quarto, sabia que a partir daquele dia seria como se o estivesse vendo pela primeira vez. Percorreu todo o recinto com os olhos e sentiu que nunca mais olharia aquela casa da mesma maneira. Algo havia mudado radicalmente em seu modo de olhar aquelas paredes, que foram testemunhas da sua entrega para Eduardo 21 anos atrás.

Sua mente voltou rapidamente ao momento em que percebeu o que estava acontecendo dentro do quarto de Shirley. Reviveu rapidamente tudo o que havia acontecido recentemente e arrependeu-se de não ter feito também Eduardo comer seu vômito. Viu pela luminosidade que entrava pela fresta da cortina que o final da tarde estava chegando. Lembrou que Kely estaria chegando a qualquer momento e não queria que ela a visse daquela maneira. Ajeitou os cabelos com as mãos, foi até a suíte e lavou o rosto. Olhou-se no espelho e viu como estava pálida e abatida. Pegou um comprimido na caixa de remédios, ajeitou novamente os cabelos e saiu do quarto.

A casa estava silenciosa, apenas a luminosidade da lâmpada da cozinha chegava até o corredor. Caminhou vacilante em direção à cozinha, não sabia qual seria sua reação se encontrasse novamente a empregada. Encontrou Eduardo sozinho sentado à mesa. Ele tinha o semblante preocupado e coçava pensativamente a ponta do nariz com o dedo indicador. Ela passou como se ele não existisse, foi até a geladeira e serviu-se de água para engolir o comprimido.

– Como você está? – perguntou ele, sem esperanças de que ela lhe desse atenção.

– Kely deve estar chegando a qualquer momento – respondeu ela muitos minutos depois, quando ele já não mais esperava resposta.

– Ela ligou dizendo que não vem para casa hoje. Vai sair com as amigas e, para não voltar tarde, ficará na casa de uma das meninas, pois amanhã irão ao shopping comprar uma blusa ou sei lá o quê.

– Estou péssima se é isso que você quer saber. Como você espera que eu esteja me sentindo? – respondeu ela ríspida, mas pausadamente colocando cuidadosamente o copo sobre a pia, à primeira pergunta que ele tinha feito.

– Estela, eu sinto mu...

– Por favor, Eduardo, não sinta! Não agora, que é tarde demais.

– Desculpe-me.

– Não, Eduardo! Eu não desculpo! Sinta-se satisfeito por eu ainda estar dirigindo minha palavra a você.

– Eu errei.

– Não, Eduardo, você não errou somente. Você extrapolou! Durante muito tempo eu passei por cima de muitas coisas, eu passei por cima do meu orgulho, passei por cima do meu amor próprio. Quantas vezes eu duvidava de que tivesse coragem para suportar e fingir que não estava entendendo o que se passava. Eu enfrentei a humilhação de ter sua amante na porta da festa de aniversário da Kely, eu te dei a chance de se despedir dela no dia do enterro, eu me expus no seu trabalho, eu fingi não entender todos aqueles telefonemas silenciosos...tudo isso eu fiz por amor a você e à nossa família.

– Estela...

– Deixe-me terminar. Eu fui acusada por você, várias vezes, de dar bola para os homens do meu trabalho. Cheguei a pensar que havia algo de errado no meu comportamento para passar essa idéia a você. Eu deixei de trazer para o nosso convívio pessoas que adorariam ser nossas amigas e teriam muito a nos oferecer em amizade e carinho, porque você jamais aceitou qualquer amizade que viesse do meu trabalho ou que fosse somente de minhas relações. Todos os meus amigos ou eram falsos, ou eram imaturos, vazios...se fosse homem, queria transar comigo; se fosse mulher, era vagabunda. Nunca meus amigos serviram ou passaram pelo seu criterioso julgamento de homem de ilibada moral. Houve uma época em que nada que eu fizesse seria útil ou proveitoso. Minha comida não era saborosa, meu trabalho era insignificante, se eu cantasse, estava desafinando; se eu falasse, falava demais; se eu calasse...nada que eu vestisse me caía bem; quando pegava um livro para ler, estava ficando sábia demais. Até quando não dava descarga depois do xixi que fazia de madrugada, só para não te acordar com o barulho, era taxada de porca. Se me arrumasse um pouco melhor, era motivo de desconfiança. Se me arrumasse pouco, era chamada de relaxada.

Enquanto ela falava, ele abaixou a cabeça sem coragem de enfrentar seu olhar. Ela prosseguiu, falando pausadamente.

– Quantas vezes me perguntei o que havia de errado comigo, pois alguma coisa eu devia ter de bom. Afinal, mesmo com tantos defeitos, você não me deixava! Tudo bem que com o tempo eu aprendi a associar sua distância com a presença de alguma outra mulher. Mas, mesmo assim, você não deixava de cumprir com sua "obrigação de marido". Então, pensei: ah, é para isto que eu sirvo...

– Estela, eu te amo.

– Por Deus, Eduardo...agora não...este seu charme funcionou muito bem há 21 anos. Estávamos de pileque, lembra? Você me trouxe aqui para mostrar sua casa nova. Disse que eu era a primeira pessoa que trazia aqui.

– E foi mesmo.

– Aí me mostrou a casa. Andamos de mãos dadas por cada cômodo... acabamos nos amando no colchão lá no quarto. Foi uma noite mágica, foi uma das coisas mais românticas que aconteceu comigo. Como recompensa, Deus permitiu que sua semente encontrasse abrigo dentro de mim e aí surgiu Kely. Entretanto, algo saiu errado. Não conseguimos manter aquela chama acesa. Bem que eu tentei, mas a rotina é uma ferrugem que corrói os relacionamentos. Nós nos acostumamos e nos acomodamos a fazer tudo do mesmo jeito. Para que inovações? Elas perturbam a rotina e assim acordamos sempre do mesmo jeito, dormimos do mesmo jeito, trabalhamos do mesmo jeito, fazemos sexo do mesmo jeito...sem pensar em mudar! Mudar? Mulheres sérias não mudam, engolem sua frustração e tentam ser felizes com o que lhes sobra, pois o homem, este sim, pode procurar novidades. Ah, Eduardo. Você não precisava buscar nada novo na rua ou em qualquer outra mulher. Eu te amei tanto que poderia ser uma mulher diferente a cada dia, só para te ver feliz. Mas eu também tenho minha parcela de culpa... eu também me acomodei. Só não esperava que esta abominação estivesse acontecendo debaixo do meu nariz. A sensação que eu tenho é a de ter duas facas cravadas nas minhas costas.

– Você disse que me amou? Não ama mais?

– Acorde, Eduardo! Eu estou magoada, ferida, destroçada, destruída por você e você ainda espera que eu diga que te amo? Você tem idéia do que está acontecendo aqui, neste exato momento?

– Estamos conversando e tentando nos entender.

— Nosso casamento acabou, Eduardo! Com que cara você acha que eu vou encarar o espelho se eu não tomar uma atitude sobre o que vi aqui nesta cozinha, nesta tarde?
— Estela, a Shirley já foi embora. Ela ficou completamente desnorteada com a sua reação que jogou o que pôde dentro das malas e eu a levei para a rodoviária. Ela deve estar a caminho da casa dos pais nesta hora.
— Se alguma coisa dela ficou aqui dentro, ela nunca mais verá. Vou colocar fogo em tudo que for dela.
— Estela, eu confesso que errei. Não tenho defesa, mas, por favor, me perdoe...não me deixe. Eu prometo me modificar.
— Não me faça rir, Eduardo. Nosso casamento acabou. Eu quero a separação, com toda dor que ela cause. Vou arrancar você de dentro de mim.

Eduardo percebeu que a esposa estava impermeável. Não estava disposta a argumentar e ele reconheceu que estava em desvantagem naquela conversa. Foi pego em flagrante e seus antecedentes em nada contribuíam para melhorar sua situação. Não obstante, em sua maneira torta, sabia que amava Estela. Sentiu por Valéria, Roberta e Shirley uma forte atração sexual, desenvolveu com cada uma delas uma cumplicidade que lhe alimentava o ego, mas era Estela que lhe completava. Mesmo com todas as suas manias, mesmo sentindo-se inferior a ela quando ela passou a ter um salário maior que o dele, mesmo sentindo-se inseguro quando os amigos e amigas dela a elogiavam e a queriam por perto, mesmo quando ela falava com seu inglês fluente com os clientes estrangeiros. Estela era a mulher que ele queria ser, se fosse do sexo feminino. Decidiu ser ele a sair de casa. Iria para um hotel, enquanto isso ela se acalmaria e eles voltariam a conversar no domingo à noite quando voltasse do plantão. Ela teria a noite de sexta-feira, todo o sábado e o domingo para pensar.

Naquela noite, uma espessa coluna de fumaça ergueu-se no quintal da casa de Eduardo e Estela. Shirley precisou refazer parte de seu guarda-roupa e pedir segunda via de alguns documentos. Enquanto isso, uma chama alaranjada tingia tragicamente o rosto de Estela, banhado em lágrimas.

PERIGOSAS SUGESTÕES

Sentada na ante-sala do quarto do hospital, Roberta começou a sentir o peso da responsabilidade por não ter ouvido o apelo de seus guias e de sua própria consciência. Lembrou-se das sábias palavras de Kely, proferidas na tarde de segunda-feira, na sua sala: *Toda história tem dois lados ou mais, dona Tereza...*

— Meu Deus, como esta criatura está sofrendo — disse Roberta baixinho para si mesma.

— Ah, se fosse comigo... — retrucou Tereza.

— Tem alguém aí fora, neném? — perguntou Estela esticando o pescoço e apurando a audição.

— Não, mamãe, este barulho é da recepção que fica perto do elevador. Desde cedo está um movimento danado. É uma família superbarulhenta que fica lá do outro lado do corredor.

Roberta e Tereza entreolharam-se assustadas, teria Estela percebido sua presença?

* * *

Eduardo deixou Estela a sós com sua dor conforme haviam combinado. Levou uma pequena mala com algumas peças de roupa, o suficiente para dois dias. Depois da conversa que tiveram na cozinha, ela fechou-se em uma mudez constrangedora. O silêncio pesava em cada cômodo da casa e ele não tinha coragem de quebrar a barreira que ela construíra ao redor de si. Com a mão na maçaneta, ele tentou contemporizar dizendo que eles deveriam viajar, sair daquela rotina para que as coisas pudessem voltar aos seus lugares. Sem obter qualquer resposta da esposa, ele saiu dizendo que retornaria no domingo à noite.

Passava das vinte horas, ela nada tinha comido desde o almoço. Entretanto, não sentia fome. Foi até o bar e serviu-se de uísque. Bebeu de um gole só. Foi até o quarto de Shirley e, qual uma formiga, carregou tudo o que era da empregada para fora da casa e incinerou na churrasqueira. Olhou para o céu e, tendo as lágrimas a embaçarem a visão, viu a lua cheia. Estava redonda e branca. Brilhava na imensidão alheia ao seu drama.

— Oxum, minha mãe! Por quê? Será isso um castigo tardio? Por que não me repreendeu imediatamente à minha traição à Roberta? Por que esperou 21 anos para me castigar? Se amar é pecado, eu pequei! Assumo que pequei. Amei Eduardo com todas as minhas forças, mas a senhora é testemunha do quanto lutei contra este amor. Que estranho caminho é este que a senhora me faz trilhar? Por este amor me afastei de minha irmã, ao mesmo tempo este amor me deu o melhor presente do mundo que é minha filha, lutei por ele o quanto pude, mas esta traição é impossível suportar! Que prova é esta? Eu jamais traí Roberta! Agora, o que é que eu faço?

Sua atenção foi despertada pelo som do telefone. Imaginou ser Eduardo e hesitou em entrar para atender, mas, subitamente, lembrou-se de Kely e resolveu verificar quem estava chamando.

— Alô? Mãe?
— Oi, neném, aconteceu alguma coisa?
— Não, mas não consigo parar de pensar na senhora. Liguei mais cedo e falei com papai, ele disse que a senhora estava dormindo. Achei a voz dele muito esquisita...aconteceu alguma coisa?

Estela demorou demais para responder e o seu "não" não foi convincente.

— Mamãe, vocês brigaram?
— Fique tranquila, neném, só estou com muita dor de cabeça. Foi por isso que me deitei. Basta tomar um comprimido e amanhã tudo estará bem.

Desligou o telefone e novamente os acontecimentos daquela tarde voltaram à sua memória com revoltante nitidez. Reviu toda a cena desde quando abriu a porta da sala e encontrou a casa em silêncio, caminhou para a cozinha, encontrou a panela de pressão a chiar sobre o fogão, ouviu sons vindo do quarto da empregada, as vozes de Eduardo e Shirley sussurrando gemidos, a revolta que lhe revolveu as entranhas, a súbita consciência de estar sendo enganada, as caras de pavor de Eduardo e Shirley, Shirley pateticamente ajoelhada aos seus pés, suas mão emaranhadas nos cabelos dela, sua cabeça patinando no vômito sem que a empregada tivesse forças para se desvencilhar de seu ataque até que Eduardo a fez largar, os soluços de Shirley ao gritar com o rosto todo sujo quando se viu livre: *"Ela está louca! Ela está louca!"*.

— Santo Deus! Eu poderia ter matado aquela infeliz...que força poderosa é o ódio! Foi isso que senti hoje. Senti o ódio em toda a sua plenitude e não quero voltar a sentir aquilo de novo. Estou exausta, cansada, vazia.

Foi até a porta da cozinha e viu que os pertences de Shirley ainda ardiam na churrasqueira. Fechou a porta e recolheu-se. Sua mente não cansava de reprisar seus momentos de desequilíbrio. Mesmo que não quisesse, aquelas imagens estavam tatuadas em sua retina. Sua dor de cabeça não havia passado. Resolveu tomar um comprimido mais forte, assim adormeceria, deixaria de ficar repetindo mentalmente aquela tarde fatídica e, quando acordasse, sua cabeça estaria melhor. Por fim, adormeceu. Entretanto, teve um sono agitado, perturbado pela presença de Valéria, que esteve acompanhando os acontecimentos todo o tempo.

Desligou-se temporariamente do corpo, mas não teve consciência disso. Tudo parecia acontecer como em um sonho, estava em seu próprio quarto, mas nada reconhecia à sua volta, apenas via Valéria que a encarava tentando certificar-se se estava ou não lúcida.

– Por que me olha assim? Só me faltava esta! Justamente hoje sonhar com você.

Valéria teve a resposta que queria, Estela despertaria com a impressão de ter sonhado com ela.

– Eu bem que tentei avisar. Fui até a festa, você me barrou...

– Então, você sabia o tempo todo.

– Sim, sabia e se não fosse pelos ciúmes que tinha dela, teria me divertido muito mais quando soube que ele te traía aqui dentro de sua própria casa. Eu a odeio tanto quanto odeio você. Vocês tinham Eduardo ao alcance das mãos, enquanto eu precisava esperar as migalhas que caíam da sua mesa.

– Lamento, queridinha, se cheguei primeiro que você.

– Não é o que parece. Sei muito bem como este seu lar perfeito começou. Edu me contou. Aliás, sempre que ele bebia um pouco mais, fazia questão de repetir esta maldita história. Ele te adora, sabia? Nem macumba fez ele te esquecer. Só não venha me dizer que chegou primeiro, sua traidora.

– Não se atreva...

– Traidora, sim! Quem foi que roubou o namorado da melhor amiga? Isso sim é traição! Shirley é melhor do que você. Ela apenas estava transando com o marido da patroa, e patroa não é amiga. Trair amigos...hum...isso sim é imperdoável!

– Deixe-me em paz! Você morreu!

– Paz? Você só vai ter paz quando morrer também. Já pensou que Eduardo poderia estar muito mais feliz se tivesse ficado com a outra, aquela de quem você roubou ele?

– Pare com isso...eu já me desfiz desta culpa.

– Ah, então você sente culpa? Quer acabar logo com isso? Por que você não se mata?

Valéria olhou para o vidro de remédios sobre a mesa de cabeceira e lembrou das últimas palavras de Estela para Kely, ao telefone.

– Basta tomar um comprimido e amanhã tudo estará bem. Melhor! Basta tomar mais alguns comprimidos e tudo estará bem...nada de dor, nada de lembranças ruins, nada de culpa...a morte é a única solução...e a infeliz Shirley? Poderia estar morta se não fosse a ajuda de Eduardo...você é um perigo quando está descontrolada...

Quando Estela acordou, no sábado de manhã, sua dor de cabeça havia passado, mas suas lembranças da tarde anterior ainda estavam bem vivas. Teve a vaga impressão de ter sonhado com Valéria e deduziu que ter descoberto a traição de Eduardo fez com que seu subconsciente produzisse imagens oníricas com a amante de Eduardo. Não obstante, uma difusa sensação de culpa e um pensamento de morte começaram a germinar em seu interior.

Bastam alguns comprimidos

O porta-retratos ainda estava lá caído no chão, perto da parede; o lado da fotografia, virado para cima. O sorriso de Eduardo parecia debochar de sua ignorância. Estela deparou-se com o porta-retratos mais uma vez ao levantar-se da cama. Com um suspiro, pegou-o do chão e colocou-o em cima da cômoda, tendo o cuidado de colocar o lado da fotografia virado para baixo. Não suportava olhar aquela foto, principalmente porque fora Shirley quem bateu, anos atrás.

Fez a toalete matinal lentamente. Era uma típica manhã de outono. Fazia frio, mas o azul do céu prometia que a temperatura iria subir ao longo do dia para novamente esfriar à noite. Envolveu-se em aconchegante roupão e caminhou lentamente para a cozinha.

– Preciso me alimentar. Tenho certeza de que seria isso que minha mãe diria se estivesse aqui...mas não tenho fome! *Saco vazio não fica em pé!*... diria ela.

Estela abriu a geladeira e pegou uma fruta, da qual só comeu a metade. Olhou para fora pela janela e constatou que o dia estava lindo e convidando ao bem-estar e à alegria. Entretanto, sua sintonia era com outro sentimento. Estava triste e mesmo que o dia estivesse mais bonito, não seria páreo para o peso daquela casa silenciosa. Pensou em aquecer-se um pouco ao sol da manhã, abriu a porta da cozinha e deparou-se com a churrasqueira cheia com as cinzas do que tinha restado das coisas de Shirley. A alça de uma bolsa e as tiras de uma sandália teimaram em aparecer no meio daquele montículo disforme e foram suficientes para fazerem detonar os sentimentos que Valéria tinha plantado em seu subconsciente durante seu encontro à noite. Voltou a fechar a porta, encolheu-se de frio e de remorso, voltou para o quarto e escondeu-se na cama. Cochilou brevemente, mas despertou angustiada e resolveu sair de casa para espairecer. A solidão estava sufocando-na.

Andou sem rumo. Apenas deixou que suas pernas a levassem. Enquanto caminhava, repassou toda a sua vida com Eduardo e em tudo sentia-se culpada. As sugestões de Valéria estavam criando raízes e a cada hora o desejo de abandonar a vida se mostrava mais forte, como sendo a única solução para o fim de sua frustração e vergonha. Parou em frente a uma igreja católica. Viu que estava aberta e resolveu entrar. Tinha os pensamentos emaranhados em uma dolorida mistura de dúvidas e certezas. Seria ela realmente um perigo para a segurança das outras pessoas, como havia ficado subliminarmente sugerido em seu subconsciente? Teria ela exagerado em sua reação ao flagrar Eduardo e Shirley? Tantas mulheres convivem com a traição dos maridos, sua própria mãe o fez! De onde veio toda aquela força física com a qual subjugou a empregada? Teria Shirley se machucado? Que força destruidora é o ódio...dane-se se Shirley saiu machucada! Foi pouco para quem mordeu a mão que a alimentou. Quantas vezes, em momentos de profunda solidão, foi para ela que confidenciou seus temores...falsa! Devia rir-se às suas costas. O que fazer com os documentos queimados? O que faria ela quando soubesse que suas coisas pessoais tinham virado cinzas? Às favas com tudo o que se relacionasse com aquela cadela! *Por que não levou tudo o que era seu de uma só vez? Foi pena não a ter queimado junto com bolsa, sandálias, documentos e tudo...sou uma imbecil. Como não percebi nada? Burra! Tapada...gente burra merece levar chifres mesmo; aliás, sou uma porcaria de mulher! Não satisfeito com uma amante, ele precisou pegar três! Se eu tivesse ficado em casa cuidando de minha família, isso não teria acontecido, mas não! Precisava sair, crescer, amadurecer, quanto egoísmo...só pensei em mim e no meu crescimento, esqueci minha família...é tudo minha culpa....mas como ter o conforto que alcançamos sem que eu trabalhasse também? Precisávamos dar boa educação para Kely... Eu deveria ter sido mais atenta. A culpa é toda minha... fracassei como esposa e como mulher...mereço tudo isto...quem mandou construir minha felicidade sobre a tristeza de minha irmã? Primeiro me aproveitei de sua ausência naquela festa, depois me aproveitei do seu recolhimento por conta das obrigações espirituais....é isso! É a revolta do orixá! Estou recebendo de volta exatamente aquilo que fiz: a traição...sou uma maldita.*

Entrou na igreja, mas seus passos não demonstravam convicção. Fazia tempos que não entrava em uma casa de oração e lembrou-se das palavras de sua mãe pedindo para que não se afastasse da religião. *Isto só pode ser castigo de Deus mesmo...não ouvi os conselhos de minha mãe...Deus me castiga ferindo minha felicidade...*

A forte claridade do dia ofuscava seus olhos e fazia o interior da igreja parecer escuro. Precisou de alguns minutos para que seus olhos se acostumassem com a luminosidade menos intensa de dentro da nave. Via o vulto das pessoas que saíam ou que procuravam lugares nos bancos, o som dos sapatos ecoavam no teto abobadado e as pequeninas lâmpadas acesas amarelavam as imagens dispostas nas laterais do salão. O altar mor, distante e belo com uma imensa cruz, emoldurava todo o ambiente dando um ar de dramaticidade. Um pedinte ergueu a mão em forma de concha aguardando a doação de algumas moedas, ela não notou o homem e passou indiferente, imersa em seus sentimentos confusos.

Sentou-se em um dos bancos, colocou a bolsa sobre o colo e a abraçou contra o corpo, ficando assim por algum tempo. Seu rosto denotava angústia, sentia sobre os ombros o peso de 48 anos de infelicidade. *Tenho o toque da desgraça, onde chego carrego comigo a tristeza. Meu nascimento foi um tormento para minha mãe, fui concebida em um momento de crise do casamento de meus pais... meu pai foi "agraciado" com o desemprego logo que nasci. Minha mãe teve complicações no parto e precisou fazer uma cirurgia...fui uma criança medíocre....nem iniciada na religião precisei ser...nem meu orixá me quis! Minha amizade não foi boa para Roberta... traí uma das pessoas que mais amava...tomara que chegue logo segunda-feira, o trabalho vai me fazer bem...que trabalho? Estou desempregada! Sirvo mesmo para nada. Preciso de um gole de uísque. Preciso por um fim a tudo isto...bastam uns comprimidos e tudo estará acabado.*

Valéria acompanhava e incentivava este confuso processo mental. Via que a cada momento seu plano se aproximava do desfecho por ela concebido. Queria que Estela se suicidasse. Estava em pé por trás de Estela monitorando seu sofrimento, quando sentiu um leve toque em seu ombro. Lentamente, virou-se e reencontrou Leonor.

– Há quanto tempo?! Creio que é Valéria o seu nome, não é? Lembra-se de mim?

Leonor estava tal qual no dia que Valéria a viu pela primeira vez. Blusa de crepe de seda com pequeninas flores, saia e sapatos azuis-marinhos, coque baixo à moda espanhola. Leonor, com seu ar austero, observava Valéria e a mulher encarnada a quem ela entrou acompanhando.

– Sim, eu mesma. Como poderia esquecê-la? Como vai? O que faz por aqui? – respondeu Valéria, demonstrando certa irritação por ter sido interrompida.

– Eu costumo visitar igrejas de vez em quando. Acho que cheguei a tocar neste assunto com você.

Leonor não tirava os olhos de Estela e isso deixou Valéria inquieta.

– Posso ajudar em alguma coisa? Esta pessoa parece precisar de ajuda.

– Não, obrigada. O que houve, a senhora nunca quis trabalhar depois de morta...por que o interesse nesta mulher?

–Eu nunca quis ficar eternamente à disposição! Para mim, a morte é sinônimo de descanso. Não quero ficar por aí ajudando qualquer um...mas reconheço quando alguém precisa de ajuda...foi isso que fiz com você no seu velório.

–Esta pessoa está bem. Eu estou a acompanhando.

– Que você a está acompanhando eu posso ver. Quanto a ela estar bem, isso já é outra história. Esta mulher está descomposta física e emocionalmente! Aliás, você também não está com boa aparência. Que tipo de sentimento você tem cultivado, minha filha? Não creio que você esteja em condições de ajudá-la, por que você não pede ajuda?

— Porque eu acho que está na hora de a senhora voltar para a sua tumba, não acha? Deixe-nos em paz!

— Valéria, desde que existem espíritos encarnados e desencarnados existe a obsessão...

— O que a senhora quer dizer com isso?

— Não se faça de desentendida, Valéria. Sei exatamente o que está acontecendo entre você e esta mulher. A obsessão é tão antiga quanto a humanidade e é a causa de muitas enfermidades da mente. A euforia, a depressão, o alcoolismo, a luxúria, a vaidade e todos os excessos da emoção ou do comportamento são portas abertas para a ação de obsessores. Muitos deles são apenas espíritos frívolos que se divertem incitando manias e comportamentos extravagantes nos encarnados ou mesmo se aproveitando de suas tendências viciosas para tirarem proveito momentâneo. Outros obsessores têm motivos mais estruturados, baseados na vingança, e procuram apressar uma justiça que só existe em suas próprias mentes.

— Dona Leonor, qual é a sua afinal? A senhora faz questão de não se envolver com o trabalho dos missionários porque diz que já trabalhou muito em vida e que depois de morta só quer sombra e água fresca...agora vem com este sermão para cima de mim?

— Admito que nunca quis envolvimento com o trabalho dos missionários, mas eu nunca disse querer sombra e água fresca. Disse apenas que gostava da Terra. Estou do lado de cá há mais tempo do que você, Valéria, e posso te dizer, com acerto, que o caminho que você escolheu não dá em boa coisa. Eu peço a Deus que te ilumine e a esta pobre mulher em desequilíbrio também.

Estela chorava agarrada em sua bolsa, naquele momento a idéia do suicídio estava fixa em sua mente e ela via apenas uma saída para o fim de seu sofrimento.

Solidão e suicídio

Voltou para casa a passos lentos, andava robotizada sem prestar atenção ao mundo a sua volta. A estridente buzina de um carro a chamou de volta à realidade quando, distraidamente, ia atravessar a rua sem observar a sinalização. O motorista fez um sinal denotando impaciência. Mesmo no sol sentia frio, encolheu-se dentro do casaco de moletom e prosseguiu imersa em sua dor.

Chegou em casa e observou a secretária eletrônica sem mensagens. *Ninguém liga mesmo, sou uma esquecida.* Foi até a cozinha, abriu a geladeira, mas nada pegou para se alimentar. Fechou a porta do eletrodoméstico fazendo um muxoxo de desagrado e foi em direção ao bar, onde se serviu de uma dose de uísque. Foi para o quarto, onde fechou as cortinas e deitou-se. A depressão estava instalada. Já não se importava com o que acontecesse. Não tinha e não queria sentir fome, não tinha mais vontade de nada, não quis olhar-se no espelho, não quis tomar banho nem trocar de roupa, queria que seu coração parasse, simplesmente parasse. Passou assim o resto do sábado. Deitava e cochilava ansiosamente. Quando percebeu que seu sono estava escasseando, passou a induzir o sono com doses maiores de uísque. Foi assim que passou a noite também. Acordou na manhã de domingo cansada e sem ânimo para qualquer coisa, a vontade de morrer crescia a cada momento.

* * *

Logo após seu reencontro com Valéria, Leonor caminhou para as laterais da igreja. Ela apreciava obras de arte e as imagens em tamanho natural lhe chamavam a atenção pela riqueza e perfeição dos detalhes. Tinha sido apreciadora das artes quando encarnada e, como acontece com todos, levou consigo para o além-túmulo seus hábitos. Um dos que mais cultuava era a observação de obras de arte. Era por isso que admirava as esculturas nos cemitérios. Observava a Pietá, mas seu pensamento ficou em Estela. Alguma coisa naquela mulher despertara sua atenção. Talvez tenha sido seu intenso sofrimento. Observava de longe como Valéria lhe insuflava cada vez mais pensamentos que definitivamente não lhe estavam fazendo bem algum. Sua mente racional lhe dizia para continuar com sua vida de apreciadora de obras de arte do além, mas seu coração pedia para tomar uma atitude.

* * *

Naquele domingo, Estela não se alimentou. Não fez o desjejum, não almoçou, nem tinha vontade de sair de casa. Precisou repor a garrafa de uísque duas vezes desde sexta-feira e a última que havia aberto já estava abaixo da metade. Passou o dia a consumir-se em uma mistura de culpa, raiva e remorso. Pensava em Roberta e sentia uma vontade enorme de procurá-la, expor todo o seu sentimento e pedir perdão antes de ir embora de vez deste mundo. *Se eu ligar para ela, será que me atenderá? Como receberá minha ligação depois de tantos anos? Não tenho coragem, não mereci sua amizade. A falsa sou eu.*

Olhou para o vidro de remédios na cabeceira da cama, tomou alguns comprimidos e colocou o vidro no bolso do casaco. Saiu do quarto, andando pela casa; de vez em quando, colocava a mão no bolso e tocava hesitante o vidro com as pontas frias dos dedos. Veio a tarde e veio o final do dia sem que houvesse melhora em seu estado. Não se alimentara, mas bebera o dia todo. Armou-se de coragem, foi até a estante, pegou uma folha de papel, caneta esferográfica, sentou-se à mesa e escreveu um bilhete. Chorava e, quanto mais chorava, mais lágrimas tinha para chorar. Estava despedindo-se e, à medida que a escuridão da noite cobria o céu rosado de fim de tarde, sabia que não veria novamente as cores do dia seguinte.

A noite anunciava sua chegada trazendo o frio. No céu de outono, as primeiras estrelas ousavam brilhar no firmamento sem nuvens antes que o brilho prateado da lua cheia derramasse magia e mistério em seu passeio noturno. Carregava um peso que não suportava, suas lembranças a faziam retorcer as mãos na esperança de que a segunda-feira e as atribulações do dia-a-dia a fizessem esquecer. Tudo o que ela precisava era esquecer.

A caligrafia trêmula expressava ansiedade, mal conseguia enxergar o que estava escrevendo. O efeito dos tranqüilizantes deixava sua boca seca e ela serviu-se de mais uma dose de uísque. A bebida não cobriu o gelo do copo, dirigiu-se com dificuldade até o bar, abriu outra garrafa, completou a dose e derramou-a garganta abaixo em um rápido movimento. Olhou com dificuldade para o relógio, pois as lágrimas e o efeito do álcool dificultavam a visão. Deduziu que deveria estar próximo das seis e meia. Ainda tinha longas horas de solidão pela frente. Voltou, carregando a garrafa, para a mesa onde tinha deixado a carta que acabara de escrever. Sentou-se ofegante e descansou a cabeça nos braços que se cruzaram sobre o tampo de madeira enquanto soluçava de desespero. Não sabia determinar quanto tempo ficou nesta posição, mas pouco a pouco os soluços cessaram. Levantou a cabeça e fixou o olhar no vidro de comprimidos à sua frente. Sua cabeça doía, estava exausta, precisava descansar e, no seu desequilíbrio, pensava estar indo ao encontro do descanso eterno.

Derramou o restante do conteúdo do vidro na mão em forma de concha, levou a mão à boca e com mais uma dose de uísque empurrou os comprimidos para dentro de si. Limpou a boca com as costas da mão, levantou-se e dirigiu-se cambaleante em direção ao quarto, tropeçou e caiu sem sequer alcançar a soleira da porta. Em breve tudo estaria consumado. Por um instante em sua mente viu o rosto de Eduardo, sentiu ao mesmo tempo carinho e raiva. O rosto do esposo lentamente deu lugar ao rosto da filha, tentou chamar seu nome, mas os músculos da face e a língua não mais a obedeciam. A visão ficou turva e um frio mortal começou a envolver seu corpo, iniciando-se pelas extremidades, sentiu medo e tentou gritar, não conseguiu. O telefone começou a tocar e ela não conseguia mover-se para atendê-lo.

* * *

Na ante-sala, Roberta chorava captando todo o sofrimento de Estela e, ao mesmo tempo, arrependida por sua atitude tão radical que a impediu de ver as coisas com clareza, a despeito de todo alerta efetuado pela espiritualidade, por sua mãe, por Norma e por dona Marina. Precisou de 21 anos para entender o porquê da negativa de seu orixá aos seus pedidos. Eduardo não era para ela e nunca o havia sido. Eduardo e Estela precisavam ter se reencontrado, talvez estivessem desperdiçando mais uma encarnação e precisassem retornar para consertar algo que eles haviam deixado inacabado.

Compreendeu ali a sabedoria de Omulu e de Oxum ao não permitirem sua união com Eduardo. Reconheceu que não teria a estrutura e a coragem com que Estela enfrentou 21 anos de uma união com um homem tão instável emocionalmente. Tudo por amor. Tinha certeza de que seu amor não suportaria tantas humilhações. Estela era uma heroína e seus orixás eram o puro reflexo da sabedoria. Arrependeu-se por ter renegado sua fé e, mais uma vez, reconheceu a sabedoria da espiritualidade que, sem se impor, permitiu pacientemente que o tempo passasse, que ela amadurecesse para poder entender e aceitar tudo.

Sua sintonia com Estela fez-se imediatamente. Elas passaram a captar uma as emoções e a presença da outra. Não eram mais necessárias as palavras, era a emoção a portadora da mensagem. Estela interrompeu sua narrativa e pediu para Kely que fosse até a ante-sala e convidasse Roberta para entrar.

– Mamãe, não há ninguém lá fora. Já expliquei que o barulho que a senhora está ouvindo vem lá da recepção e...

– Ai, meu Deus! Ai, minhas Almas! Ai, minha mãe Iansã! Ai, meu Senhor do Bonfim! Ela sabe que estamos aqui ouvindo tudo...

A interjeição de Tereza confirmou a presença sentida telepaticamente por Estela e interrompeu a fala de Kely que, imediatamente, foi até a ante-sala onde encontrou surpresa as duas mulheres com os rostos lavados pelo choro.

A ESPIRITUALIDADE EM AÇÃO

Hugo recebeu, entre surpreso e feliz, o chamado de Leonor. Em 11 anos de desencarnada, ela nunca respondera a quaisquer de seus convites ao trabalho espiritual. Era uma alma boa, mas estava incrustada na idéia de que o pós-túmulo era um eterno descanso e não admitia ter de trabalhar para permanecer progredindo. Preferia ficar pela crosta apreciando suas belezas naturais e as obras de arte que a sensibilidade humana conseguia conceber.

— Valéria abandonou o tratamento com menos de um ano de desencarnada. Não se sujeitou à disciplina do posto e partiu para as zonas umbralinas – disse o missionário à Leonor enquanto saíam da igreja.

— Eu não posso criticá-la por isso...eu mesma não me adaptei.

— Mas seu caso é diferente. A senhora não é obsessora de ninguém. Valéria, pelo contrário, saiu do posto com o firme propósito de vingar-se da esposa do seu amante.

— Ah, então é isso? Aquela pobre mulher é a esposa do tal Eduardo? Vi logo que não se tratava de um caso simples de obsessão, é uma vingança. É uma pena, pois simpatizei com Valéria, uma jovem tão bonita perdendo seu tempo em uma vingança sem propósito. É um desperdício de tempo e de energia, as pessoas deveriam investir suas forças na criação, na arte em todas as suas formas. Isso evitaria em muito a violência.

— Estela precisa de ajuda, a senhora não quer ajudar?

— O que posso fazer?

— A mãe de Estela, também desencarnada, está tentando sintonizar-se com ela, mas está tendo dificuldades, pois Estela está por demais imersa na depressão e na pena de si mesma, bloqueando os canais de comunicação com as sugestões do mundo espiritual superior. Fica difícil chegar até o encarnado quando ele se fecha desta maneira em si mesmo. Temos também o problema de seu envolvimento e uso incontrolado do álcool. Valéria a tem como a uma marionete. Vou aproximar-me para tentar demover Valéria de seu intento. A senhora pode tentar fazer com que Kely, a filha de Estela, volte logo para casa.

Assim fizeram. Leonor foi orientada sobre as coordenadas de Kely e tratou de incentivá-la a retornar o mais rápido possível para casa. Hugo foi até a casa de Estela, onde Valéria era a dona da situação. A ex-amante de Eduardo tinha total controle sobre os pensamentos de Estela que, sem resistência alguma, obedeça-lhe as sugestões e se enredava mais e mais em um sofrimento que a pena de si mesma exacerbava. Ele encontrou Norma em oração ao lado de Estela que jazia deitada na cama com o olhar fixo no vidro de tranqüilizantes. Estavam vibrando em sintonia diferente de Valéria e ela não podia percebê-los.

— Olá, dona Norma. Sou Hugo e acompanhei o retorno de Valéria à espiritualidade. Estou aqui para ajudar no que for possível.

— Obrigado, meu amigo, toda ajuda é bem-vinda! Entidades amigas também estão procurando fazer contato com Roberta.

— Permita Deus que ela esteja receptiva! Os encarnados tendem a rechaçar muitas sugestões espirituais alegando serem coisas de suas mentes e perdem grandes oportunidades de trabalho e de evolução.

— Principalmente neste caso em que o simples nome de Estela traz para ela tantas recordações nem sempre prazerosas...

— Confiemos em Deus. Estela é uma mulher forte, saberá sintonizar-se conosco.

— Está difícil, Hugo. Veja como seu sistema nervoso está imantado com a aura de Valéria. Estela abriu demais sua guarda...esqueceu do "orai e vigiai". A tendência à depressão, o vício da bebida, tudo isso aliado à falta de uma orientação religiosa a fizeram um alvo perfeito. Valéria a assediou, mas ela não ofereceu qualquer resistência...

— É verdade, dona Norma, toda obsessão tem a participação do obsidiado. Se Estela tivesse escutado seus conselhos de não se afastar do terreiro, de manter-se orientada espiritualmente, as coisas não teriam chegado onde chegaram.

— Agora precisamos encontrar um modo de despertar a Estela que está adormecida debaixo desta Estela desorientada que vemos agora. Ao mesmo tempo, não podemos interferir em seu livre-arbítrio. Podemos sugerir-lhe pensamentos de ânimo e de coragem, mas a decisão de afastar-se da influência de Valéria precisa partir dela. Desobsidiar-se é mudar hábitos e atitudes.

— O que nos deixa menos preocupados é saber que pela quantidade de fluido vital que ela apresenta, a mistura de tranqüilizantes e bebida pode não ser suficiente para chegar a desligá-la do corpo material. Entretanto, pode deixar seqüelas em seu sistema nervoso. Sem falar que todo ato de interrupção prematura da vida, mesmo que não alcance êxito, é visto como crime, tanto aos olhos da sociedade encarnada como da espiritualidade.

* * *

No final da manhã de terça-feira, enquanto Norma conversava com Estela, que se encontrava afastada do corpo material, Hugo apareceu para Valéria, que se surpreendeu ao ver o missionário. Ela notou que algo diferente estava acontecendo com Estela, suas feições subitamente ficaram mais tranqüilas e percebeu que sua influência sobre ela tinha diminuído.
— O que estará acontecendo? Ela parece dormir tranqüila...por que será que não abre os olhos? Está afastada do corpo, mas não desperta...
A obsessora resmungava inquieta. Queria que Estela despertasse, queria baixar bastante sua auto-estima para que, entregue à depressão, tivesse os laços que a prendiam ao corpo ainda mais enfraquecidos.
—Nesse momento, ela está isolada de sua influência. Está recebendo a visita da mãe dela.
A voz de Hugo, chegando por cima de sua cabeça, pegou-a de surpresa. Ela estremeceu e virou-se, reconhecendo a voz do missionário.
— Hugo! Olha só...quem é "vivo" sempre aparece...
— Pena que eu não posso dizer o mesmo de você. O posto permanece à sua espera – respondeu Hugo, com o mesmo tom de escárnio que ela usou ao dirigir-se a ele.
— Prefiro este trabalho que estou realizando. É muito mais divertido.
— Esqueça isso, Valéria. Estela não vai desencarnar, a fase de maior perigo já passou. A equipe médica agiu rápido e a desintoxicação teve sucesso. Ela agora está apenas enfraquecida.
— Bastante enfraquecida...
— Sim, com a sua "ajuda"! Esta criatura não se alimenta direito há três dias. Você tem noção do carma que está acumulando? Lembra da responsabilidade que acompanha a liberdade e o conhecimento?
Enquanto Valéria e Hugo conversavam, um enfermeiro espiritual entrou acompanhado por um Caboclo e começou a aplicar passes no perispírito de Estela. O Caboclo ia e vinha, trazendo energias de plantas e árvores, que iam sendo absorvidas por Estela com a ajuda do passe aplicado pelo enfermeiro.
Momentos depois, Kely entrou no quarto e estava acompanhada de Leonor. A jovem apresentava imensa quantidade de fluido vital e sua aura sadia impregnou todo o ambiente. O quarto, antes frio, aqueceu-se com sua chegada. O enfermeiro e o Caboclo agradeceram à providência divina por ter enviado criatura tão cheia de magnetismo, que foi prontamente utilizado pelos trabalhadores. Valéria viu com os próprios olhos a mudança que ocorreu em Estela. Seus chacras assumiram o giro normal, os laços de ligamento com o corpo fortaleceram-se, o perispírito aproximou-se do corpo, a consciência de Estela acionou-se com a percepção do perfume da filha e ela despertou.

– Agora sei como você me encontrou, Hugo – resmungou Valéria ao ver Leonor.

– Independentemente do chamado de dona Leonor, estou acompanhando seus passos desde o dia em que veio à Terra.

O despertar de Estela foi rápido. Ela trocou algumas palavras com a filha e voltou a adormecer. Kely também ficou enfraquecida com a doação espontânea de magnetismo e foi adormecida pelo enfermeiro para que pudesse ter sua energia reestabilizada. Eduardo entrou no quarto e o som da porta se fechando despertou Kely. A jovem pediu ao pai para ficar no quarto enquanto ia ao toalete lavar seu rosto e despertar do torpor que a acometeu.

Ele viu-se sozinho a observar a esposa dormindo naquele leito de hospital. Olhou suas mãos que já não tinham o mesmo viço das mãos que fugiram das dele naquele dia de chuva, quando ele descobriu que Estela o amava. Mesmo assim percebeu o quanto amava aquelas mãos, olhou seu rosto e viu o cansaço de 21 anos. Reconheceu o esforço de Estela inicialmente em lutar contra um sentimento que era maior do que ela, depois a luta em permanecer ao lado dele, mesmo com todas as frustrações que a sua instabilidade emocional causava. Aquela mulher realmente o amava e não merecia ter passado pelo que passou naquela sexta-feira. E se Estela morresse? Se alguém fosse culpado, este alguém seria ele. Subitamente, sentiu o manto da culpa e da vergonha cobrindo sua mente. Foi chamado de volta à realidade pela voz de Kely. Não teve coragem de assumir sua culpa perante a filha, tampouco de contar os motivos que haviam levado Estela a cometer tal desatino. Gelou por dentro quando Kely falou sobre uma carta endereçada à Roberta e pensou que era a da fábrica. Quando percebeu que era Roberta de 21 anos atrás, aproveitou para sair do quarto orientando para que a filha perguntasse à mãe. Mentiu dizendo que foi ele quem pediu a separação. Sua cabeça estava dando voltas ante a possibilidade de Estela ter consumado o suicídio. Ele não suportaria tamanha culpa.

VITÓRIA DO AMOR SOBRE O TEMPO E A ADVERSIDADE

O reencontro de Roberta e Estela foi silencioso. As palavras não fizeram falta em um reencontro de almas que sempre se comunicaram pela emoção. Enquanto Kely se dirigiu curiosa à ante-sala, Estela levantou-se e apoiou-se na cabeceira da cama, ficando de costas para a porta. Estava ansiosa e as lágrimas teimavam em correr de seus olhos. Esperara 21 anos por aquele momento, mas não havia pensado que seria justamente quando estivesse assim, tão fragilizada com os pensamentos, as emoções e a aparência em desalinho. Ao mesmo tempo, sabia exatamente como Roberta estava se sentindo. Sua emoção também era grande, assim como seu arrependimento por ter deixado as coisas ficarem sem esclarecimento. Tinha fugido sem deixar oportunidade para que a amiga se explicasse, tinha renegado sua fé e sua missão mediúnica por conta de não ter tido um capricho atendido. Sentiu que tinha agido de forma imatura e egoísta. Mesmo continuando a sentir a presença da espiritualidade em sua vida, não arredou o pé de sua posição de eterna ofendida e agora chegava a sentir-se aliviada por não ser ela a estar agora no lugar de Estela.

Ouviu vozes de mulheres se misturarem lá na ante-sala, identificou a voz de Tereza e entendeu que ela estava acompanhando Roberta. Logo depois, um silêncio se fez, sentiu a porta do quarto abrir-se, seu coração disparou quando ouviu passos de alguém que entrava lentamente no aposento. Eram passos vacilantes, como se a pessoa que estava se aproximando estivesse ofegante. Sabia quem era, não precisava virar-se para saber quem estava ali, aprendera a identificar aquela presença quando ainda era uma menina. Entendeu que Kely e Tereza haviam deixado Roberta entrar primeiro para que elas pudessem ficar a sós.

Suas emoções se misturavam. Estela não sabia se virava de frente para Roberta, se abria seus braços pedindo perdão, e Roberta não sabia se corria até Estela para fazer o mesmo. Ficaram assim, como se o próprio

tempo tivesse parado para observar como elas agiriam. Por outro lado, não precisavam falar, uma estava dentro do pensamento da outra. Toda palavra ali era completamente desnecessária.
— O que fazemos agora? — perguntou Roberta, quebrando o silêncio.
— Meu Deus, como você me fez falta... — respondeu Estela, apertando a cabeceira da cama com a mão com a qual se apoiava.
— Eu também senti e sinto muito a sua falta.
— Imaginei este momento acontecendo de maneira diferente...nunca nesta situação...
— Você me perdoa?
— Mas sou eu que preciso pedir perdão a você. Eu traí sua confiança.
— E eu traí sua amizade. Não te dei a mínima chance de defesa, mesmo sabendo que você seria a única pessoa incapaz de me magoar. Mesmo quando continuamos a nos comunicar depois do acontecido, era eu que me afastava, mesmo vendo seu sincero sofrimento. Senti seu abraço quando meu pai faleceu, senti seu sofrimento quando sua mãe faleceu.
— Eu fiquei tão sozinha...
— Mesmo assim, fiz questão de manter-me longe...
— Eu não queria que tivesse acontecido...
— Mas aconteceu.
— Foi mais forte do que eu.
— Agora eu sei. Ouvi tudo que você contou para sua filha.
— Você me perdoa?
— De todo meu coração.
Ouvindo isso, Estela virou-se, ainda apoiada na cabeceira da cama. Seu rosto cansado iluminou-se em um sorriso. Roberta abriu os braços. Os olhos borrados pela maquiagem. As duas se abraçaram. Roberta lembrou-se do sonho que teve com seu orixá antes de ter sido chamada para fazer sua obrigação. No sonho, Omolu dançava e a cobria com sua palha; quando ela saía de baixo da palha, sentiu que o tempo havia passado, que ela estava mais envelhecida e experiente. Entendeu que ela acabara de sair debaixo da palha de Omolu. Arrepiou-se tal qual acontecia quando ia incorporar o orixá. Apertou Estela mais forte e procurou passar para ela a energia de cura e renovação do seu Orixá.
— Ai, meu Deus! Ai, minhas Almas! Ai, minha mãe Iansã! Ai, meu Senhor do Bonfim! Que bom que finalmente vocês se entenderam!
A voz alegre de Tereza entrou no quarto antes dela própria e serviu para quebrar o impacto do reencontro. As quatro mulheres choraram, abraçaram-se e celebraram aquela vitória da amizade sobre o tempo e sobre a adversidade. Fatalmente, voltaram a falar sobre o que haviam acabado de ouvir e quando o assunto chegou na morte de Valéria, Tereza perguntou:
— Estela, você continua acreditando na espiritualidade?
— Claro...não freqüento lugar algum, mas acredito sim.
— Você nunca mandou rezar uma prece para esta mulher?

– Não.
– Olha, pode ser que eu esteja enganada...mas acho que você está precisando de uma limpeza.
– Como assim? – perguntou Kely.
– Sua mãe pode estar com um encosto.
– O que é isto?
– Estela? Você não iniciou esta menina na convivência com a mediunidade, assim como sua mãe fez com você? – perguntou indignada Tereza.
– Não. Sei que errei. Kely apenas foi batizada na Igreja Católica.
– Encosto é um espírito que acompanha ou persegue alguém. O encosto sempre traz mal-estar ou prejuízo, pois ou não sabe ajudar ou quer deliberadamente atrapalhar sua vítima.
– E vocês acham que esta Valéria pode estar perseguindo minha mãe?
– É possível. Apesar de Estela ter melhorado bastante depois de seu reencontro com Roberta, eu ainda sinto que há alguma coisa de ruim aqui dentro, e o que sinto piora depois que se fala na falecida. O que você acha, Roberta?
– Faz tempo que não pratico minha mediunidade, mas não posso negar que também sinto que existe algo de espiritual em tudo isso.
– Por que não levamos Estela ao terreiro?
– Dona Marina ainda trabalha? – perguntou Estela, surpresa.
– Está com 91 anos e bastante lúcida! Tem uma saúde de ferro, anda para lá e para cá como uma formiga. Já não dirige as sessões, está passando gradualmente o comando do terreiro para seu filho mais velho, mas seu jogo ainda é infalível. É uma figura muito querida e respeitada no bairro – respondeu Tereza cheia de salamaleques, ao falar sobre sua mãe-de-santo.
– Ainda fazem sessões às quartas-feiras? – perguntou Roberta.
– Sim, sessões de Mesa.
– Isso é ótimo! Caso Estela não possa ir, seria bom se Kely fosse em seu nome, e como ela não conhece nada sobre estas coisas, a sessão de mesa é a mais apropriada para um primeiro encontro. É mais calma, bem mais tranqüila.
– Também acho – acrescentou Tereza.
– O médico disse ontem que se tudo correr bem, mamãe pode ter alta amanhã.
Uma enfermeira entrou trazendo um lanche para Estela. Roberta e Tereza decidiram que era hora de retirarem-se, estava ficando tarde e Estela precisava descansar. Despediram-se, prometendo encontrarem-se no dia seguinte na sessão. Estela lanchou tranqüila, conversou com Kely sobre como estava aliviada e feliz por ter conversado com Roberta e agradeceu à filha pela iniciativa de ter procurado por sua amiga.
– Mamãe, antes de amanhã você tem ainda um assunto pendente.
– Qual, minha filha?
– Papai.

Eduardo encontra o remorso

Quando deixou sua casa na sexta-feira, Eduardo ficou algum tempo dentro do carro estacionado na calçada. A pequena mala contendo poucas peças de roupa no banco de trás era a única testemunha de sua indecisão. Ficou longos minutos com uma das mãos no volante, enquanto o dedo indicador da outra roçava levemente a ponta do nariz. Não tinha a menor idéia para onde iria, estava desnorteado por ter sido pego em flagrante e com a destemperada reação da esposa, que até então sempre soubera contornar todas as situações com invejável diplomacia. Subitamente, um brilho fugaz passou por seus olhos, fez uma expressão de moderado alívio, ligou o motor e saiu lentamente enquanto olhava as janelas fechadas da sala às escuras.

Enquanto dirigia, discou no celular o número de Valdecir. Decidiu falar com o amigo que tantas vezes o aconselhara. O aparelho de Valdecir tocou e o nome de Eduardo apareceu na pequena tela azul.

– Edu? Por onde você anda? Saiu da fábrica e não voltou, aconteceu alguma coisa?

– Aconteceu uma desgraça! Preciso conversar com alguém...

Marcaram de se encontrar em um bar, e Eduardo contou todo o ocorrido para o boquiaberto Valdecir. Eduardo denotava preocupação na voz e Valdecir segurava o queixo aguardando o final da narrativa do amigo.

– Eu avisei a você que este caso com a empregada não estava certo e que não daria em boa coisa – disse Valdecir depois de pigarrear, incomodado ao perceber que a história contada por Eduardo tinha chegado ao fim.

– Eu sei...

– Até aquele caso com a Val foi uma loucura.

– Mas foi você quem me tirou de casa naquela noite.

– Não venha tentar jogar a culpa em cima de mim! Eu chamei você sim, eu lembro muito bem daquela noite. Você e sua mulher haviam brigado, ela tinha sido chamada para fazer uma viagem. Naquela época ela estava muito bem no trabalho e você morria de ciúmes dela por causa disso. Eu te chamei para que você se distraísse e até lembro que desafiei sua coragem para sair ou não. Vi quando você sentou na mesa com a Val, vi o charme

que rolou entre vocês, vi quando trocaram telefones... até aí, tudo bem... mas quando vi que a coisa ficou séria entre vocês, achei que você estava exagerando. Eu te chamei naquela noite para se distrair e não para arrumar uma amante que ficasse no seu pé.
– Pobre Val...ela pegou mesmo no meu pé.
– Até na festa da sua filha ela apareceu! Estela ficou fula da vida! Olha só quanta coisa você fez sua mulher passar sem necessidade.
– E agora, o que é que eu faço? Não quero ficar sem Estela.
– Agora? Agora pode ser muito tarde...eu avisei...
– Eu sei, Val! Estou pedindo ajuda!
– "Quem não escuta 'cuidado', escuta 'coitado'". Minha mãe me dizia isso quando eu era novo. A primeira coisa a fazer é se livrar da empregada.
– Já foi embora. Depois do que Estela fez, ela não ficaria lá em casa por nada! Deixei-a na rodoviária. Esta não volta mais.
– Resta deixar o tempo passar. Estela ama você. Será que uma boa noite de sono não vai fazer com que ela veja as coisas de outro jeito amanhã?
– Acho difícil, Val...ela me pegou no quarto com a Shirley!
– Isso é motivo suficiente para pedir a separação.
– É exatamente o que ela quer.
– Xiiiii....
– Não posso me separar, Val. Eu amo minha esposa.
– Não dá para entender, Edu...você diz que ama a Estela, mas teve um caso com a Val, teve um caso com a Roberta, teve um caso com a Shirley... nenhuma mulher entende isso!
– A Estela é mágica. Ela tem o dom de me entender apenas com o olhar. Aqueles olhos me prenderam desde aquele dia de chuva quando vi que ela me queria. O cheiro dela é bom, tudo o que ela faz é bem feito. As pessoas a respeitam. O trabalho dela é perfeito. Adoro ouvir ela falando inglês...se eu fosse mulher, queria ser igual a ela.
– Que declaração de amor, hein?! Então, por que tantas amantes?
– Não sei...algo em mim me impulsiona a isso, mas em cada uma destas três mulheres eu vejo um pouco da Estela. Eu sei que estou errado, mas o gosto do proibido dá um sabor especial.

Valdecir pouco pôde fazer por Eduardo, além de escutá-lo. Eduardo foi para um hotel e teve uma noite agitada, pois começou a ter um estranho pressentimento com relação à Estela. Por várias vezes pegou o telefone para ligar para casa, mas desistia, lembrando do silêncio da esposa quando ele saiu de casa. Ela deixou bem claro que não queria falar com ele até que voltasse no domingo. Passou o sábado inquieto; no domingo, quase no final do seu expediente, um problema em uma das máquinas o prendeu mais do que o necessário. Como tinha extrapolado sua cota de ausência na sexta-feira, não pode sair na hora que desejava. O telefonema de Kely o deixou arrasado, entretanto não queria transparecer o que estava sentindo. Com que cara iria encarar a filha quando ela soubesse do ocorrido. Lembrou das palavras de Valdecir *"Quem não escuta 'cuidado', escuta 'coitado'"*.

Telefonou para Valdecir desesperado. Estela havia tentado contra a própria vida! Tudo por sua causa, por causa da sua conduta adúltera, por sua falta de respeito ao santuário do lar. Bem que o amigo o havia alertado. *Edu, isto não está certo...a gente pensa que nunca vai ser descoberto, mas a vida dá suas voltas...você se arrisca muito...se gosta de ter aventuras, não dê seu telefone de casa...largue esta empregada para lá, isto ainda vai te dar dor de cabeça...*

Não teve coragem de ir até o hospital no domingo à noite, compareceu na segunda-feira à tarde quando Kely não estava e foi somente na terça-feira que reencontrou a filha. *Meu Deus, o que foi que eu fiz? É tudo culpa minha...meu egoísmo e meu fogo quase fizeram com que perdesse Estela. E se ela morresse? Meu Deus, eu juro que se Estela se salvar, nunca mais olho para outra mulher.* Todos estes pensamentos embolavam-se em sua cabeça enquanto ele observava a esposa dormindo naquele leito de hospital. Kely havia ido ao toalete e pediu que ele ficasse com Estela por uns instantes. *O que terá acontecido conosco? Eu sei que ainda nos amamos...a culpa é minha...Estela não merecia isso. Joguei fora minha vida por causa de uma transa. Como vou encarar minha filha agora? Que respeito posso exigir? Meu Deus, não deixe Estela morrer ou carregarei esta culpa para o resto da vida.*

Quando saiu do hospital na terça-feira, tinha acabado de mentir para Kely dizendo que fora ele quem pediu a separação. Encostou-se no carro e levou as mãos à cabeça em um gesto de desagrado consigo mesmo. *Mais mentiras, será que é só isso que sei fazer? Até quando vou conseguir manter este disfarce de bom homem?*

Lucubrações de Roberta

Roberta e Tereza deixaram o hospital em silêncio. Tudo o que tinham ouvido e presenciado ainda reverberava dentro delas. Muitas emoções foram experimentadas naquela tarde, muitas lembranças e muitos assuntos mal resolvidos haviam sido remexidos. Saíram do quarto, voltaram pelo mesmo caminho que fizeram antes e aguardaram o elevador. As portas cromadas se abriram, elas desceram sozinhas, mas não tinham coragem para se olhar. Tereza fechou os olhos e Roberta fixou o olhar no chão até que as portas novamente se abriram e o barulho da portaria quebrou o silêncio entre as duas. Foi Tereza quem falou enquanto caminhavam lado a lado em direção ao estacionamento.

– Kely é jovem, mas tem atitudes muito maduras. Ela estava certíssima quando disse que toda história tem mais de dois lados.

– Estou passada com tudo isso. Estou me sentindo muito envergonhada com minha prepotência.

– Tudo bem...mas acho que sua reação foi mais do que normal. Sua melhor amiga engravida do homem que você ama...qual é a primeira reação que uma mulher normal teria? Claro que depois valeria correr atrás de uma explicação, mesmo que não existisse uma.

– Não falo somente sobre isso, Tereza.

– O que é, então?

– Mesmo recebendo toda a orientação de tia Norma e de dona Marina, mesmo sendo constantemente avisada pela espiritualidade, deixei que minha vaidade falasse mais alto e exigi de meus orixás algo que não me pertencia. Recebi um redondo "não" e de maneira infantil me revoltei. Larguei tudo para trás, abandonando anos de amor e dedicação recíprocos. Meu orixá nunca me faltou, mas eu faltei com ele justamente quando ele mais me protegeu. Mesmo assim continuei recebendo sua proteção, veja minha família: meu marido me ama e me respeita, não tenho o que reclamar de Joel, meu filho também não me dá problemas. É um jovem saudável, responsável, carinhoso...neste tempo todo em que me afastei da religião, nunca fui cobrada.

Meus orixás souberam me deixar amadurecer para entender...e neste tempo todo eu os reneguei de todo coração... sou a ingratidão em duas pernas.

Nesse momento, haviam chegado ao local onde Tereza estacionou o carro. Ela procurava a chave na bolsa enquanto ouvia as palavras de Roberta. Finalmente achou o molho de chaves, procurou a chave do carro, enfiou na fechadura e, por fim, falou.

– Sou forçada a concordar com você. Sempre achei a sua reação muito exagerada e você sabe disso, pois já cansei de falar para você. Deus é tão sábio que não deu asas às cobras, pois se eu fosse um orixá e meu filho me renegasse assim como você fez com os seus, eu jogava nele uma maldição que ele nunca mais ia renegar alguém!

– Credo, Tereza! Ainda bem que você não é orixá!

– Eu já falei, minha amiga. Meus amigos não têm defeitos, mas meus inimigos, se não tiverem, eu mesma os coloco. Dona Marina até hoje nos ensina que toda oração tem resposta, entretanto a resposta pode ser "não". Aí, quando recebemos uma resposta negativa, achamos que Deus não nos ouviu ou que está nos castigando. Pura vaidade e infantilidade.

– Dona Marina...há quanto tempo...como ela está?

– Está bem. Pergunta sempre por você.

– Jura?

– Ela cuida pessoalmente de sua quartinha.

– O que você está falando?

– Isso mesmo que você ouviu. Quando você se revoltou e largou tudo o que era do terreiro para lá, jogou fora seu uniforme e sequer voltou ao terreiro para pedir o desligamento ou mesmo para pegar suas coisas. Dona Marina sofreu muito com sua atitude.

Roberta baixou os olhos com tristeza enquanto Tereza deu a partida no motor. Um breve silêncio se fez enquanto Tereza manobrava o carro para sair do estacionamento. Quando o carro ganhou a rua, Roberta voltou ao assunto.

– Ela cuida da minha quartinha há 21 anos?

– Religiosamente! Repare que ela sempre disse que cada um é responsável pela sua quartinha, que é uma atribuição pessoal e que ela não cuidaria da quartinha de ninguém.

– E por que ela cuida da minha?

– Disse que recebeu ordens de Oxum para que não deixasse sua quartinha abandonada. Desde então ela troca a água, faz a limpeza, faz amaci,[14] reza por você...

– Quanta dedicação...e eu torcendo o nariz para quem me abençoou este tempo todo.

---

14. Líquido preparado com ervas ritualísticas para lavar a cabeça dos iniciados, bem como utensílios, ferramentas e guias. Visa fortalecer a imantação magnética e os laços fluídicos com o orixá.

– Isso gerou ciúmes entre os médiuns, disseram que não entendiam tanta preocupação com alguém que abandonou a religião...coisas deste tipo...ela respondeu secamente que as ordens de Oxum eram inquestionáveis, que quem levantava esse tipo de dúvida não estava em sintonia com a Umbanda, pois Umbanda é paz e amor, é renúncia, é caridade, é perdão. Como pode um médium que se coloca à disposição da caridade, querer faltar com a caridade, semeando a discórdia e a dúvida dentro do próprio terreiro?

– Tereza, você mesma nunca concordou com minha atitude, não é?

– Você sabe disso! Eu nunca escondi que achava que você deveria voltar ao terreiro.

– Mas você nunca me forçou a isso. Você nem mesmo me contou esta coisa de dona Marina cuidar de minha quartinha, e você deve saber disso há bastante tempo! Por que nunca me contou?

Depois de um breve intervalo, Tereza respondeu com a clareza e espontaneidade que lhe eram peculiares.

– Porque Deus é bom, mas tão bom, que deu uma vida para cada um. Dessa forma, eu cuido da minha, você cuida da sua e procuramos ser felizes da melhor maneira possível nos respeitando mutuamente. Eu gosto muito de você, Roberta, gosto de verdade! Mas isso não me dá o direito de forçar você a agir como eu acho que você deveria. O mal de muitas pessoas é impor suas idéias às outras como se só elas soubessem como viver. Você optou por abandonar sua religião, estava impermeável a qualquer tipo de argumentação, para que eu ia ficar contando que dona Marina cuidava de sua quartinha se você ainda poderia pensar que ela estava "amarrando seu anjo de guarda" ou coisa parecida, quando, na verdade, ela só queria seu bem e eu tinha absoluta certeza disso? Só estou contando isso agora, e Deus me perdoe se errei, porque vejo que você mudou. A loucura de Estela serviu para alguma coisa: abrir seus olhos.

– Tereza! Que coisa mais linda que você acabou de dizer...nem parece aquela Tereza maluca que entra por minha casa a dentro chamando por Deus, Iansã e pelo Senhor do Bonfim, contando piadas e falando todo tipo de besteiras...de onde veio tudo isso?

– Do trabalho mediúnico, Roberta. Aprendi essas coisas na lida com a espiritualidade. Dona Marina tem razão. Umbanda é servir e não ser servido. Lidar com o orixá é educar-se e aprender que tudo tem seu tempo, tudo vem ao seu tempo e que o tempo de Deus é bem diferente do nosso.

– Tereza, eu sei que está ficando tarde, mas será que poderíamos ir até a casa de dona Marina?

– Hoje? Agora?

– Se não for atrapalhar sua vida, gostaria de vê-la ainda hoje.

Tereza buscou o celular na bolsa e discou o telefone da casa da mãe-de-santo para verificar se ela estava em casa. Nada disse sobre Roberta querer ir até lá, apenas procurou saber se ela estaria disponível. Logo depois ligou para sua própria casa e deixou recado para o marido que estaria demorando um pouco mais e que, caso fosse necessário, ele poderia encontrá-la na casa de dona Marina.

Continuaram conversando sobre todo o ocorrido naquela tarde, sobre a emoção do reencontro de Roberta e Estela, até que o carro de Tereza estacionou na calçada da casa de dona Marina. O coração de Roberta voltou a acelerar, ela estava prestes a encerrar mais um assunto mal resolvido em sua vida.

O reencontro com dona Marina

A casa onde morava dona Marina ficava próxima ao local onde funcionava o terreiro. Era uma construção simples no centro do terreno: uma casa com um jardim na frente e uma varanda que circundava toda a construção. Samambaias choronas penduradas nas colunas que sustentavam o telhado da varanda, roseiras e pingos-de-ouro margeando os canteiros bem cuidados. Uma das crianças que brincavam freou a bicicleta e gritou olhando Tereza sair do carro.

– Vó, visita para a senhora!!!!

A filha mais nova de dona Marina veio até a porta da frente para ver quem estava a chegar. Roberta fechava a porta do carro e Tereza adiantou-se dizendo:

– Boa-tarde, Lurdinha! Tudo bem?

– Boa-tarde, Tereza! Que surpresa é esta? Aconteceu alguma coisa?

– Não, apenas dei uma passada para ver dona Marina, ela está?

– Claro! Entre. Venha lanchar com a gente....espere aí! Esta não é Roberta?

– Eu mesma...como vai, Lurdinha?

A filha de dona Marina não se conteve e foi até o portão para abraçar Roberta.

– Muito melhor agora! Meu Deus, há quanto tempo!

Lurdinha tinha agora a mesma idade que sua mãe quando Roberta a conheceu e estava muito parecida com dona Marina. Roberta deixou-se abraçar e viu que aquele abraço era sincero.

– Vamos entrar? Mamãe vai gostar muito de ver você.

– Como ela está? Depois de tanto tempo...

– Mamãe é forte como o baobá.[15] Está lúcida e ágil aos 91 anos. Saiba que ela falou em você hoje de manhã.

---

15. Gigantesca árvore encontrada na África, de tronco excessivamente espesso e considerado o mais grosso tronco do mundo.

– Jura? O que ela disse?
– Disse que Oxum estava trazendo você de volta.

As três mulheres entraram e, ao passarem pelas crianças, Lurdinha explicou que eram todos bisnetos de dona Marina. Ela havia voltado a morar com a mãe depois de ter enviuvado há cerca de cinco anos e, como toda avó, acabou cuidando dos netos enquanto os pais trabalhavam. Elas venceram o pequeno caminho de pedras que se estendia do portão até os degraus da varanda, subiram e entraram na sala.

A passagem do tempo modificou muita coisa na decoração da casa, e Roberta somente reconheceu os quadros na parede. Eram duas belas telas: uma a representação de Oxum e a outra uma representação de Oxóssi, os orixás de dona Marina. Esses quadros já faziam parte da decoração da casa da mãe-de-santo na época em que Roberta apenas acompanhava Norma às sessões. A sala estava vazia e somente um leve perfume de lavanda saía com a fumaça do incenso que Lurdinha acabara de acender antes da chegada de Tereza e Roberta.

– Que coisa! Mamãe estava sentada aqui quando saí para abrir o portão. Espere um pouco, vou ver onde ela está. Podem sentar que já volto!

Dizendo isso, Lurdinha desapareceu pela porta que levava para a cozinha. Voltou em seguida e chamou as duas mulheres para acompanhá-la ao quintal nos fundos da casa. Elas seguiram a filha da dona da casa até chegarem novamente na varanda que circundava a residência. Nessa parte da casa, havia uma grande mesa onde a família se reunia para as refeições. O quintal se estendia atrás da casa com algumas árvores e ervas. Dentre as árvores, havia um jenipapeiro, era lá que estava dona Marina. Sentada em uma cadeira, havia outra cadeira vazia ao seu lado, debaixo da árvore, parecia aguardar alguém.

Roberta olhou de longe a altiva figura de sua mãe-de-santo. Envelhecera com mesma elegância com a qual sempre se apresentou. Os cabelos brancos presos para trás emolduravam o rosto tranqüilo de quem soube viver cada minuto de seus 91 anos. Trajava um vestido rosa-bebê e suas mãos enrugadas trabalhavam ágeis com a agulha de crochê.

– Eu acho que você deveria ir sozinha primeiro. Aquela cadeira não está vazia à toa – comentou Tereza para Roberta e logo recebeu a aprovação de Lurdinha.

Roberta levou a mão ao peito, respirou fundo e desceu os degraus que levavam ao quintal. Tereza e Lurdinha voltaram para a cozinha onde a chaleira com água para o café já estava a ferver. Roberta sentiu-se como uma criança que retornava para casa depois de ter feito algo errado na escola. Aproximou-se vacilante da mulher que tecia sozinha debaixo do jenipapeiro. Saberia ela com antecedência da sua ida ali e por isso a aguardava debaixo de uma árvore consagrada a Omolu? Como dona Marina a receberia depois de tantos anos de afastamento sem uma satisfação sequer? Estaria a matriarca furiosa e por isso se ausentara da sala quando percebeu sua chegada? De qualquer maneira, já não dava mais para retornar ou desistir. Estava ali e sabia que precisava ir até o final, custasse o que custasse. Por fim, chegou onde estava dona Marina. A altiva senhora parou sua atividade, pousou o crochê no colo e olhou nos olhos de Roberta enquanto ajeitava os óculos no rosto. Não esboçou qualquer emoção, apenas olhou para a mulher à sua frente como se a estivesse vendo pela primeira vez. Foi Roberta quem deu a primeira palavra, sua voz saiu tremida pela emoção.

– Posso pedir sua bênção?
– Bênção foi feita para se pedir e para se dar.

Roberta aproximou-se, abaixando-se para pegar as mãos de dona Marina e beijá-las.

– Sua bênção, minha mãe.
– Que minha mãe te abençoe. Sua bênção.[16]
– Que meu pai te abençoe...

Dona Marina fez um sinal com as mãos para que Roberta sentasse. Ela obedeceu.

– Estava esperando por você – disse a mãe-de-santo olhando dentro dos olhos de Roberta, mas seu olhar agora transpirava amor e paciência. Roberta sentia a boca trêmula pela emoção e não conseguia expressar qualquer palavra. Dona Marina continuou:

– Espero por você há 21 longos anos. Pedi todos os dias para que Deus permitisse que te visse antes de morrer.
– Não fale nisto agora...
– Agradeço a Deus por ter atendido ao meu pedido. Aqui está você!
– Eu lhe devo uma satisfação, um pedido de desculpas.
– Não só a mim, criança. Você deve isso principalmente aos seus orixás.
– Eu sei...me perdoe a impulsividade, me perdoe a imaturidade, me perdoe a falta de fé...

Dizendo isso, Roberta ajoelhou-se aos pés de dona Marina e pousou a cabeça em seu colo como a criança que pede forças e carinho no regaço da mãe. A gentil senhora recebeu a "filha pródiga" com amor, passou as mãos nos seus cabelos e prosseguiu dizendo:

– Nestes anos todos de convívio com os guias e orixás, aprendi que existem, pelo menos, três formas de contarmos o tempo. Existe o tempo cronológico, que marcamos no relógio e nos calendários; existe o tempo de Deus; e existe o tempo de cada um. O tempo cronológico nós pensamos que controlamos, ou ao menos conseguimos entender e acompanhar a sua passagem. Marcamos uma viagem para daqui a dois meses, fazemos planos para o próximo ano, comemoramos aniversários. O tempo de Deus é o

---

16. Faz parte do protocolo nos cultos afro-descendentes, responder a um pedido de bênção pedindo também a bênção, pois ao se pedir a benção não se pede à pessoa mas ao orixá que ela carrega.

tempo que se leva para alcançar ou perder algo que precisamos. Podemos esperar anos por uma graça que Deus somente nos dará no momento em que estivermos aptos para recebê-la, não importa a nossa ansiedade. No tempo de Deus, minutos podem se equivaler a meses enquanto anos podem ser comparados a segundos. O tempo de cada um é o tempo que cada pessoa precisa para assimilar tudo o que acontece dentro do tempo de Deus. Deus é eterna sabedoria. Suas leis, seus desígnios são inquestionáveis. Acredite o homem ou não, Deus permanece existindo. Ele torna-se incompreensível quando o ser humano insiste em fazer com que o tempo de Deus se encaixe no previsível tempo cronológico. O tempo de cada um é que vai mostrar que tentar controlar o tempo de Deus é pura tolice. Foi assim que consegui esperar todos estes anos por sua volta. Quando os rumores sobre Estela e Eduardo começaram a correr, pedi muito ao seu orixá que te desse força e entendimento. Afinal, você vinha sendo advertida de várias maneiras pela espiritualidade sobre a sua obsessão por Eduardo e da impossibilidade de que seu pedido fosse atendido. Esperei que você procurasse abrigo na religião, afinal seus orixás sempre deram provas da sua presença em sua vida. Infelizmente, sua vaidade falou mais alto do que a sua compreensão. Depois de tantas demonstrações da força e da proteção de seus orixás, você jogou tudo para o alto simplesmente porque recebeu a resposta negativa a um capricho, e olha que esta resposta já vinha sendo dada há muito tempo, você é quem se recusava a ouvi-la. Ainda assim esperei por você, mas o tempo cronológico foi se transformando em dias, meses até que ele me mostrou que o seu tempo individual ia ser longo, pois você demoraria a entender o tempo de Deus.

 Foi Oxum, minha mãe querida, quem deu ordens para que eu continuasse cuidando de sua quartinha até que você retornasse. Ela continuaria a olhar por você e não importava o tempo que isso iria levar, ela traria você de volta. Oxum cumpriu sua promessa, olhe para você! Sei que se casou com um homem que te ama e que te respeita, sei que seu filho está bem encaminhado na vida. Você soube educá-lo com rigidez e fez dele um homem de bem. Você tem uma família feliz. Agora, pelo que vejo, o seu tempo individual finalmente trouxe a você o entendimento. Se Oxum fez questão de proteger você, é porque Oxum sabe de coisas que eu não sei e quem sou eu para contrariar o orixá? Orixá é amor, é sabedoria! Uma sacerdotisa jamais deve se esquivar de sua missão.

 Fiquei magoada com seu afastamento de forma tão fria, mas não podia ficar remoendo minha dor. Isso seria vaidade de minha parte achar que você era obrigada a agir da mesma forma que eu agiria se estivesse em seu lugar. Se Deus permitiu que isso acontecesse, era porque ele queria nos dizer algo com isso. Só posso dizer que estou feliz em rever você e em saber que você teve a coragem de passar por cima de sua vaidade e do seu orgulho para estar aqui aos pés de uma árvore consagrada ao seu orixá para pedir perdão. É como estar de joelhos diante do próprio orixá! Que você tenha aprendido com tudo o que viveu e que Omolu te cubra de bênçãos, minha filha, é só o que posso desejar a você.

– Obrigado por tudo que a senhora me deu, obrigado por tudo o que a senhora me ensinou, obrigado pela sua compreensão, pelo seu amor. Eu não poderia deixar de vir aqui hoje, eu não poderia esperar mais um minuto para dizer o quanto estou arrependida por minha intransigência. Quantas vezes meus guias me apareciam e eu literalmente os enxotava de casa...meu Deus, quanta ignorância de minha parte e quanta compreensão da parte deles!

– Tenho sonhado muito com Norma e com Estela. A sua presença aqui hoje tem alguma coisa com elas?

– A senhora lembra de minha comunicação telepática com Estela. Bem, estou desde sexta-feira ligada a ela...

Nesse momento, Tereza aproximou-se, pediu a bênção da mãe-de-santo e informou que a mesa do lanche estava posta. As três voltaram para a varanda onde uma bela mesa estava arrumada. Lurdinha e Tereza aprontaram tudo enquanto Roberta e dona Marina conversavam aos pés do jenipapeiro.

Durante o lanche, Roberta e Tereza contaram tudo o que havia acontecido desde a sexta-feira, a conversa de domingo à tarde na beira do tanque, a visita de Kely, a ida ao hospital, toda a história contada por Estela, o reencontro das duas até a decisão de Roberta em procurar por dona Marina.

– Este Eduardo, hein?! Vou te contar uma coisa...– exclamou Lurdinha, indignada enquanto mordia um pedaço de pão.

– Ah, se fosse comigo! – respondeu Tereza, segurando ameaçadoramente a faca de mesa e alimentando a indignação da filha de dona Marina.

– Pobre Estela. Chegar a este ponto de desequilíbrio – comentou em tom apaziguador a anciã.

– Mas olha, eu acho que a falecida amante está por perto. Aquele quarto de hospital está carregadíssimo, foi entrar lá para arrepiar todos os pelos do corpo – completou Tereza, exagerando as sensações sentidas na última frase de seu comentário.

– É possível...– disse pensativamente dona Marina.

– O que me preocupa é Estela estar bebendo tanto. Ela sempre gostou de bebidas alcoólicas, mas pelo parecer do médico e pelos comentários de Kely ela precisa de ajuda profissional – disse Roberta, com a voz preocupada

– Ela talvez tenha alta amanhã. Orientamos que viesse à sessão, o que a senhora acha, dona Marina?

– Acho que é a decisão mais acertada do ponto de vista religioso. Estela precisa voltar a ter contato com a espiritualidade sadia. Ela sempre foi chegada a depressões e a disciplina é uma das armas contra este tipo de problema. Ela precisa sentir-se segura para não descambar para o vício e para a depressão.

A noite caiu, Roberta e Tereza voltaram para suas casas. Ainda tiveram de repetir a mesma história para os maridos enquanto Estela no hospital pensava como resolveria sua vida com Eduardo.

Kely e Eduardo conversam

Uma sombra passou pelo rosto de Estela ao lembrar-se de que ainda havia assuntos pendentes com Eduardo. Falar com o marido seria tocar novamente no motivo que a levara a tentar contra a vida.

– Mãe, sei o quanto deve ser difícil para a senhora, mas não falar com papai é impossível. A senhora um dia vai voltar para casa, o reencontro é inevitável.

– Veja só, nem para me matar eu sirvo. Será que não consigo fazer nada direito?

– Pelo amor de Deus, mamãe! Não recomece com esta ladainha! Não percebe que só a senhora pode modificar esta situação?

– O que é isto, neném? Que modo de falar é este?

– É o modo de falar que a senhora precisa ouvir. Pelo que ouvi de sua história, vovó tinha razão: a senhora adora uma depressãozinha. Tudo bem que papai aprontou, e como aprontou! Ter Shirley como amante foi a coisa mais nojenta que ele poderia ter feito. Sobre Shirley, nem tenho o que comentar. Ela vai receber de volta aquilo que merece, não tenha dúvida, mas, por favor, modifique seu modo de reagir às coisas! Você não é culpada pelas dores do mundo! Se você nasceu em uma época de crise no casamento de seus pais, saiba que não é a única. Muitas crianças são filhas das pazes que os pais fazem depois das brigas, e daí? Se vovó teve complicações no parto, também não foi a única. Também o desemprego de vovô não foi culpa sua, apenas uma infeliz coincidência de ter acontecido justamente na época do seu nascimento. Pare de achar que tem o dom de trazer a má sorte. Sabia que isto é uma vaidade sua?

– O que é isto, neném?

– É mesmo! A senhora se julga tão poderosa que pode modificar a sorte das pessoas? Isso é olhar apenas para o seu ego. As pessoas vivem e agem independente da sua existência. Cada um faz a sua própria sorte e a senhora pode fazer a sua. Pense bem: Deus fez com que as coisas se arrumassem de forma que a senhora se casou com o homem que amava.

– Bem, neste ponto tenho de concordar com você.

— Da mesma forma, papai também ama você, ou pelo menos amava quando casou. É isso que a história que você viveu demonstra.
— O que você quer dizer com isso?
— Para começar, quero que a senhora pare de sentir pena de si mesma. Quero também dizer que ninguém erra sozinho; se o casamento de vocês degringolou em algum momento, os dois são responsáveis. Papai errou e muito, mas, como disse ontem para dona Roberta, toda história tem mais de dois lados. Eu acho que Deus deu um presente para vocês dois quando os uniu e vocês dois estão conseguindo estragar tudo.
— Nossa, neném, você conviveu pouco com sua avó, mas tem agido igualzinha a ela ultimamente...parece que estou ouvindo ela falar.

Kely precisou sair do quarto para ver o carro no estacionamento, iria passar a noite com a mãe e precisava ver se já havia alguma vaga disponível no lado de dentro do muro do hospital. Ao passar pela ante-sala, encontrou o pai na mesma situação em que encontrara Roberta e Tereza horas atrás.

— Mas será possível que esta salinha só sirva para fazer as pessoas ouvirem a conversa alheia? Que coisa feia, papai! Há quanto tempo está aí?
— O suficiente para saber que você é muito mais experiente e sábia do que eu e sua mãe juntos. Acho que nossos papéis nesta vida estão invertidos.
— O senhor não tem nada para me dizer? Não quer aproveitar que vou ao estacionamento e me acompanhar para conversarmos?

Eles saíram em direção ao elevador, Estela deitou-se e ficou a pensar em tudo o que a filha acabara de dizer.

— Eu menti para você.
— Eu sei! Seu tom de voz não me convenceu, papai, eu sei o que significa este dedo roçando a ponta do nariz. Quando o senhor fica assim, é porque "tem cheiro de pum no ar", alguma coisa aconteceu. E que pum, hein, seu Eduardo? Que pum!
— Pelo amor de Deus, Kely, fale baixo, as pessoas estão olhando e pensarão que soltei pum de verdade!
— Seria preferível que assim fosse! O que é pior: soltar pum em público ou ter uma amante dentro da própria casa?
— Acho que o pior é levar um sermão da própria filha, sabendo que ela está cheia de razão.
— Aquela tal de Valéria, que Deus a tenha onde ela mereça, até o lance com a tal de Roberta, que deve ser outra sem-vergonha, eu até faço um esforço para entender. O senhor devia estar em um momento de crise no casamento e blá, blá, blá, estas desculpas que vocês homens sempre têm para justificar as escapulidas. Bom seria se as mulheres também pudessem escapulir toda vez que atravessassem uma crise no casamento! O que não dá para aceitar é você com a Shirley. Papai, a mamãe confiava na Shirley! Aquela mulher morou conosco desde que eu era pequenininha!
— Vejo que sua mãe contou tudo sem perder um detalhe...

— A verdade é sempre melhor do que qualquer mentira, papai.
— Kely, eu estou muito arrependido com tudo isso. Nunca esperei que sua mãe tivesse a reação que teve. Se ela tivesse conseguido se matar, eu não conseguiria viver com esta culpa.
— Se mamãe tivesse feito o que fez com Shirley na primeira escapulida que o senhor deu, tenho certeza de que o senhor pensaria duas vezes antes de fazer a segunda.

Eles chegaram no local onde o carro de Kely estava estacionado, entraram e manobraram até o estacionamento que ficava dentro do hospital. Eduardo estava abatido, com a barba por fazer e os olhos envoltos em olheiras.

— Como ela está? — perguntou ele, saindo do carro.
— Agora está melhor. Seu estado teve sensível modificação depois que dona Roberta e ela se entenderam.
— Roberta esteve aqui?

Kely contou tudo o que havia acontecido naquela tarde e, assim, Eduardo entendeu a sua reação quando o encontrou na ante-sala ainda há pouco.

— Ao menos isso! Que bom que elas se entenderam. Sua mãe sofreu muito com o afastamento de Roberta.
— É deu para ver, mas dona Roberta também sentiu bastante todo o ocorrido. Que história mais louca essa de vocês...é bonita, mas muito louca. Imagina que mamãe sentiu a presença dela lá fora!
— Eu cansei de ver essas coisas acontecerem entre elas...dava medo!

Um breve silêncio se fez entre eles, como se estivessem tentando assimilar o que estava acontecendo.

— Você me perdoa, minha filha?
— Pai...é difícil entender o que eu sinto neste momento. Meu amor está misturado com o espanto, com a mágoa, com a raiva e com o desapontamento. Gostaria muito que tudo tivesse acontecido de forma diferente. Como mulher, não posso deixar de sentir muita raiva do senhor. Como filha, sinto que sua imagem ganhou uma mancha que jamais sairá, mas meus sentimentos estão muito confusos e misturados.
— O que você faria no lugar de sua mãe?
— Batia em você.
— Falo agora.
— Não vejo outra saída.
— Separação?
— Esta decisão não é minha, pai. Agora é hora de vocês conversarem.

Conversaram por mais alguns minutos e, quando retornaram ao quarto, uma enfermeira estava saindo e informou que Estela havia tomado banho, jantado e acabara de adormecer. Eduardo e Kely acharam que seria melhor que eles conversassem no dia seguinte quando Estela já tivesse recebido alta e estivesse em casa.

Ele foi embora e Kely permaneceu com a mãe, pois caso ela despertasse durante a noite, seria melhor que encontrasse com a filha e não com o esposo. Quem não estava gostando do correr dos acontecimentos era Valéria, que tinha seu assédio a Estela diminuído depois da visita que Norma havia feito e agora com a presença de Kely, cuja aura poderosa impregnava o ambiente de saúde e fortalecia a debilitada Estela.

MENSAGEM MUSICAL

Se o tempo passou e não fui feliz
Sei lá das razões foi Deus que não quis
Você me propôs e não foi capaz
Fez pouco de mim até nunca mais
A dor que passou deixou cicatriz
Pois aquele amor já tinha raiz
Profunda no coração
Foi tão ruim amar em vão
Agora me deixe ir
Adeus, eu vou fugir da ilusão
Parabéns pra você por tentar me enganar
Me ferir por prazer num capricho vulgar
Me querer por querer
Pra depois se negar à decisão
Abusar sem pensar foi demais pro meu coração
Problema teu
Se daqui pra frente esta saudade
Em sua vida for verdade
Por favor, não vêm me procurar.[17]

    O som da música chegava até a calçada com acintosa nitidez e Eduardo entendeu perfeitamente o recado que estava sendo enviado por aquela canção. Era início da tarde de quarta-feira. Estela recebeu alta pela manhã e já estava em casa. Ele pediu à sua chefia para sair mais cedo por conta do problema de saúde da esposa. Precisava acabar a conversa que nem havia começado com Estela. O diálogo que teve com a filha na noite anterior em nada adiantou sua situação frente a si mesmo, tampouco frente à esposa, mas o fez ainda mais consciente de sua responsabilidade e preparou-o para a decisão

---

17. *Parabéns pra você*. Música de Jalcireno Fntoura de Oliveira, Grupo Fundo de QuintalEd. Warner/Chapell BRSGL8700315. Utilização gentilmente autorizada pelo Grupo Fundo de Quintal.

mais óbvia a que provavelmente chegaria o casal após conversarem. Kely viu quando o pai estacionou o carro na frente da casa e foi ao seu encontro.

— Como ela está? — perguntou Eduardo, ao encontrar com a filha no portão.

— Azeda. Dá para ver pela altura do som, que ela está mandando um recado, não é? Ela sempre faz isso quando quer falar algo.

— Quantas vezes ela já tocou a mesma música?

— Inúmeras. Já perdi a conta. Estou deixando ela tocar à vontade, está funcionando como uma catarse, uma limpeza. Até chorar, já chorou.

— Kely, eu quero que você fique por perto quando eu e sua mãe estivermos conversando. Acho que vai dar a ela um respaldo e será bom para todos nós.

O volume da música aumentava a cada passo que davam em direção à porta de entrada. Encontraram Estela abrindo a porta do bar para servir-se de uma dose de uísque. Ela olhou para ver quem entrava. Ao ver que era Eduardo, fez uma dose dupla.

— Mamãe, lembra o que o médico disse sobre o álcool?

— É só esta, neném. Estou precisando.

— Como você está, Estela? — perguntou Eduardo.

— Como você pode ver, eu sobrevivi.

O volume da música estava alto e Kely achou por bem diminuí-lo para que pudessem conversar sem ter de disputar com o aparelho de som.

— Estela, eu estou aqui para que possamos conversar.

— Ah! Agora você quer conversar? Por isso chegou tão cedo? Tem certeza de que é comigo que você quer conversar? Não seria com alguma outra amiga?

— Estela, eu acho que você está cheia de motivos para me tratar assim, mas gostaria que pudéssemos conversar educadamente...

— Muito bem...sobre o que vamos conversar? Na sexta-feira, eu deixei bem clara a minha opinião, não há mais o que conversar.

— Pois é...você falou! Eu não tive oportunidade de falar.

— E o que você tinha para falar?

— Mãe, eu acho que papai neste ponto tem razão. Toda história tem mais de dois lados, lembra? Eu já expressei para papai todo o meu desapontamento com o que ele fez. A explicação dele não pode ficar resumida a pedidos de desculpas e de que este tipo de coisa acontece. Ele não está disposto a falar? Pois, então, que fale! Ao final, a decisão caberá a vocês dois...

Eduardo sentou-se na beirada do sofá. Apoiava os cotovelos nos joelhos e o queixo na ponta dos polegares, enquanto os outros dedos se entrelaçavam. O rosto sério indicava que puxava pela memória os acontecimentos daqueles 21 anos de convivência.

— Lembro bem daquele almoço de aniversário na casa de tia Amália. Eu era recém-chegado na cidade e tudo para mim era novidade. Naquele dia, eu notei sua presença muito mais do que a de Roberta, mas você fez questão de me ignorar. Tudo por conta do assédio que Roberta fez em cima de mim desde o primeiro dia em que nos conhecemos. Achei esquisita aquela relação tão grudada de vocês e cheguei a pensar que vocês duas fossem namoradas. Logo percebi meu engano, pois Roberta me assediava com insistência e você tinha um namorado a cada mês. Ao mesmo tempo, você fazia questão de demonstrar que não ia com a minha cara. Tive de esperar até aquela tarde de chuva para perceber que na verdade você era apaixonada por mim. Fui fisgado debaixo da chuva pelo seu olhar e a sua insistência em fugir de mim aumentou minha vontade de ter você só para mim. Você foi a primeira mulher com quem fiz amor, até então só tinha feito sexo. Você engravidou, fiquei receoso pela gravidez não planejada, mas você me ensinou a curtir e a aceitar os imprevistos que a vida nos apronta. Hoje agradeço a você pelo presente que é nossa filha. Entretanto, a perda da amizade de Roberta deixou um vazio em sua vida que foi preenchido pelo uísque e por uma alternância de humor, que eu nunca sabia com quem iria acordar. Shirley hoje é vista como sua inimiga, mas foi ela quem durante muito tempo mimou e acalentou Kely durante suas crises de depressão. Eu tentei preencher a falta que você sentia, mas você não deixou. Preferiu preencher com o trabalho. Fiquei louco! Para que trabalhar? Eu poderia sustentar a casa sozinho! Não queria ver você se expondo por aí, seu passado de mulher volúvel me incomodou e temi que você me trocasse por outro. Você cresceu no trabalho, passou a ganhar mais do que eu...me senti um bosta! Viagens, reuniões, coquetéis...fiquei muito sozinho e inseguro. Morria de ciúmes de você com aquele Jordão, brigamos por causa dele e você foi para São Paulo com ele...

–Você quer dizer que quis me castigar por causa da sua insegurança?

–Não, Estela. Eu busquei nelas a Estela que eu não tinha dentro de casa. Você não percebe, mas quando você se fecha em seu mundo, ninguém consegue entrar. Você disse na sexta-feira que poderia ser uma mulher diferente a cada dia. Não pode, não, Estela, você não consegue! Você carrega um peso de quem quer sofrer pelo mundo. Quantas vezes chamei para sair, viajar, namorar e você estava sempre com dor de cabeça ou amuada com o mal que sua presença fez a alguém? Eu te amo, Estela! Sei que o que fiz magoou você profundamente, mas acredite que agora me magoou também. Fui irresponsável e egoísta. Se você tivesse morrido, eu não me perdoaria.

Estela ouviu a tudo com os olhos baixos no tapete. Estava tudo muito recente, sentia vontade de bater em Eduardo e, ao mesmo tempo, pensava nas palavras da filha de que ninguém erra sozinho. *Deus do céu, como é difícil conviver, nunca se pode ter certeza de estar agradando ou agindo corretamente...será que existe uma fórmula de bem viver?*

– Não quero me separar de você. Se for possível, quero pedir mais uma chance.

– Só eu sei o que eu senti quando flagrei vocês.
– Só eu sei o que eu senti quando percebi que poderia te perder.

O disco terminou de tocar fazia algum tempo. Eles continuaram a conversar sem conseguirem chegar a uma definição. Concordaram que Eduardo voltaria para casa, mas que ocuparia o quarto que foi de Shirley. Kely lembrou que precisavam preparar-se para a ida ao terreiro. Eduardo interessou-se em ir com elas. Na hora combinada, estavam os três na assistência aguardando o início da sessão.

O retorno de Roberta ao terreiro

O dia pareceu mais longo do que o habitual para Roberta. Ela não queria demonstrar, mas estava ansiosa para chegar a noite e irem para a sessão. Ter sido recebida por dona Marina daquela forma tão carinhosa a fez sentir-se amada, mesmo tendo em si a idéia de que não merecia tanta atenção. Tereza não parava de falar no seu retorno ao terreiro depois de tantos anos e somente naquela manhã já havia perdido a conta das vezes que tinha ido até sua casa para confirmar se realmente iria à sessão.

– Tem certeza de que não vai mudar de idéia?
– Tenho, Tereza.
– O Joel não vai implicar?
– Não, Tereza. Joel, na verdade, adorou saber que fui até a casa de dona Marina e que pedi desculpas a ela. Ele adora uma curimba e só não me contava porque não queria me aborrecer, mas ele de vez em quando ia a algum lugar, pois chegava com um cheiro de charuto danado.
– Ai, meu Deus! Ai, minhas Almas! Ai, minha mãe Iansã! Ai, meu Senhor do Bonfim! Não vejo a hora de ver você "sacudindo a roseira"[18] de novo.
– Calma, minha querida...devagar com o andor...eu apenas vou assistir à sessão.
– Ah! Mas já é um começo. Para quem não podia nem ouvir falar em espírito! Agora, será que Estela vem mesmo?
– Telefonei para o hospital e ela teve alta. Só não liguei para a casa dela porque estou receosa de que Eduardo atenda o telefone...
– Por causa de quê?
– Não sei...acho que não tenho muito o que falar com ele...principalmente sabendo de tudo o que ele aprontou com ela...
– Roberta! Lembra do que eu falei sobre a bondade de Deus?

---
18. O mesmo que incorporar.

– Sim, Tereza...Deus é tão bom que deu uma vida para cada um...
– Isso mesmo, assim eu cuido da minha você cuida da sua e...
– Eduardo e Estela cuidam da deles!
– Eles que saibam cuidar de si! A sua parte você já fez quando foi até lá e se entendeu com ela. O que ela vai fazer com a vida conjugal dela, só ela vai decidir.

No final da tarde, Roberta não agüentou e acabou telefonando para a casa de Estela para saber como ela estava e confirmar se iriam ao terreiro. Estela estava arrumando as gavetas da estante quando o telefone tocou. Ela, sem parar de fazer o que estava fazendo, pediu para que Kely atendesse o telefone.

– Neném, atende o telefone, por favor! É Roberta que quer saber como estou e se vamos ao centro.

– Mãe, como a senhora pode saber...alô? Dona Roberta?! Tudo bem sim...claro que vamos! Pode deixar, chegaremos no horário...outro para a senhora. Tchau.

Kely desligou o telefone assombrada.

– Mãe, como a senhora sabia?

– Nós sempre fomos assim, neném.

Por fim, era chegada a hora da sessão. Joel acompanhou Roberta, alegando que não poderia deixar de dar seu apoio em data tão importante como o retorno dela ao convívio com a espiritualidade. O carinho e respeito de Roberta para com ele aumentaram. Joel nunca a deixava sozinha, sempre a apoiou em todos os momentos. Quando eles chegaram, Estela, Eduardo e Kely já estavam lá. Ao vê-los de longe, Roberta procurou a mão do esposo que correspondeu ao seu gesto e eles se aproximaram do pequeno grupo. As mulheres se cumprimentaram de maneira informal com beijos no rosto, Joel e Eduardo abraçaram-se com entusiasmo. Afinal, fazia tempos que os primos não se viam pessoalmente. Depois, Joel deu sincero abraço em Estela, dizendo que estava feliz em revê-la. Roberta e Eduardo apertaram as mãos formalmente.

O terreiro havia mudado pouco desde o afastamento de Roberta. Um amplo salão com janelas laterais, uma divisória de meio metro de altura limitava a área da assistência e o espaço para a realização das giras. Ao fundo, o altar com imagens católicas e imagens de Caboclos e Pretos-Velhos. Paredes brancas, ambiente limpo, um leve cheiro de lavanda no ar, quadros informativos sobre as atividades e horários e pedindo silêncio. Uma mesa redonda foi montada no meio do terreiro. Estava forrada com uma toalha branca. Nela haviam exemplares de *O Evangelho Segundo o Espiritismo*, uma jarra com flores brancas e um copo com água. Duas médiuns davam os retoques finais, preparando lápis e papéis para mensagens psicografadas. Outros médiuns aguardavam em silêncio o início da sessão. Para Kely, tudo ali era novidade, pois ela nunca havia ido a um terreiro de Umbanda. Sabia por meio de sua mãe que a avó tinha sido médium, mas Estela nunca a levou a qualquer lugar deste tipo.

– Tem certeza de que estamos no horário? Está tão vazio...– comentou Kely baixinho.
– É assim mesmo. Sessões de mesa não costumam atrair muita gente –respondeu Roberta solícita.
– Por quê?
– Porque o umbandista, tanto o médium como o assistente, gosta da movimentação do terreiro. Gosta da dança, do brado das entidades, das músicas, da consulta...hoje não terá nada disto. Hoje é dia de todos sentarem em volta daquela mesa, fazerem leituras, as incorporações são todas sentadas, não tem toque de atabaque, não tem defumação, não tem charuto, não tem cachimbo, não tem colares coloridos...
– Hum, estou vendo que ainda se lembra bem das coisas... – brincou Tereza, aproximando-se do grupo e abraçando Roberta e Estela pela cintura, continuou:
– O que as pessoas não querem entender é que a sessão de mesa é tão importante quanto a sessão de terreiro. O ritual menos complexo em nada diminui a força ou a eficácia da sessão de mesa. A mesa tem muito mais envolvimento com os antepassados do que se imagina. Na sessão de mesa, outras entidades têm a chance de se manifestarem pela psicografia ou pela psicofonia,[19] temos a oportunidade de desenvolvermos nossa sensibilidade para tudo o que se passa a nossa volta no mundo espiritual. É tudo uma questão de sintonia, mas as pessoas se viciam em ver incorporações exóticas, médiuns paramentados como se estivessem em um baile a fantasia, preocupando-se muito mais com a forma do que com o conteúdo.
Neste momento, dona Marina e seu filho mais velho surgiram pela porta que havia ao lado do altar e que levava para cômodos que ficavam mais para dentro do templo. Era chegada a hora do início da sessão e todos os médiuns tomaram seus lugares na mesa. Dona Marina e João sentaram-se nos lugares próximos ao altar. Além das cadeiras para médiuns em volta da mesa, nas laterais do terreiro havia bancos e cadeiras para que a assistência pudesse assistir mais de perto o desenrolar da sessão.
Eduardo, Estela, Kely, Joel e Roberta sentaram-se, as pessoas silenciaram as vozes e o som da Ave-Maria se fez ouvir. João, com sua voz grave, formalizou o início da sessão pedindo permissão aos guardiões do templo para que pudessem se comunicar com o astral superior, entoaram a oração de São Francisco de Assis e abriram ao acaso o *Evangelho Segundo o Espiritismo* para logo depois passarem à dissertação sobre o tópico que foi lido.
O ambiente era de paz. Kely sentia-se muito bem. Roberta absorvia cada minuto como se fosse o último. Aquele retorno a estava revigorando. Estela estava ansiosa, não conseguia identificar o que estava sentindo. Tinha sono, tinha sede, teve vontade de beber e até de fumar. Na verdade, estava captando a inquietação de Valéria, que não queria ser descoberta e

---
19. Comunicação dos espíritos pela voz do médium; mensagem falada.

estava fazendo de tudo para que ela se sentisse incomodada e fosse embora. Roberta percebeu todo este incômodo em Estela e segurou sua mão em demonstração de apoio.

João fez a leitura da página aberta ao acaso. As pessoas acompanharam em silêncio. Logo depois ele abriu espaço para os comentários sobre a leitura. Apenas algumas pessoas expressaram suas idéias e suas dúvidas. Lamentavelmente, a maioria dos médiuns quer que as respostas e orientações sejam transmitidas sem a mínima resistência, absorvem tudo o que lhes é dito sem refletirem. João apontou para este fato orientando que ninguém é obrigado agir como outrem acha que se deva, que a troca de idéias é benéfica e todos aprenderiam muito mais se todos participassem.

O tempo para a leitura e sua discussão se esgotou. João encerrou aquela etapa da sessão, informando que a partir daquele momento dariam início ao trabalho com os guias espirituais.

A SESSÃO DE MESA

A preparação espiritual para a sessão de mesa segue os mesmos padrões utilizados para as sessões de terreiro. Toda a equipe espiritual da casa se movimenta de forma a manter o ambiente propício para a comunicação entre encarnados e desencarnados. Exus e Pombas-Giras fazem a segurança espiritual, impedindo a entrada de qualquer entidade que não esteja em sintonia com os trabalhos da casa, guardam o terreiro de qualquer ataque das falanges umbralinas que tentem impedir ou atrapalhar o andamento dos trabalhos. Caboclos, Caboclas, Boiadeiros, Pretos-Velhos e Pretas-Velhas preparam o ambiente trazendo fluidos e imantando o local com energias que trazem da natureza. São energias que serão manipuladas nos casos de necessidade para trabalhos de harmonização de saúde, limpeza de aura, doutrinação, etc. Os mentores dos trabalhos de mesa também atuam organizando as mensagens que serão transmitidas, que entidades se apresentarão, etc.

Espíritos enfermos em tratamento e que receberão fluidos dos encarnados para ajudar em sua recuperação, obsessores, parentes que gostariam de enviar mensagens, visitantes, cada uma destas entidades é recebida por uma espécie de triagem e orientada a aguardar o momento propício para o seu atendimento. Valéria se encaixou na classe dos obsessores e foi levada bem antes da chegada de Estela e sua família. Estava acompanhada de Hugo e Leonor.

– Não sei para que me trouxeram para cá – reclamou ela para Hugo.

– Você está aqui porque hoje se inicia o tratamento de Estela.

– Besteira! Estela é uma pinguça, gosta de ser pinguça e me deve muito.

– Estela tem problemas com o álcool. Nisso concordamos, mas não consigo ver que dívida ela possa ter com você – argumentou Leonor.

– Dona Leonor, não tem nenhum cemitério por perto para a senhora assombrar? Não estou entendendo este seu súbito interesse em ficar por perto.

A noite chegou e com ela a família de Estela também chegou ao terreiro. Kely a tudo observava com discrição, Eduardo conhecia o lugar, mas pouco interesse tinha pela religião, estava apenas acompanhando a esposa porque sabia que aquilo faria bem a ela e que ela estava precisando de orientação espiritual.

Na assistência, enquanto aguardavam o início da sessão, entidades especializadas aplicavam passes nos que ali estavam, buscando retirar impurezas espirituais que poderiam ter trazido das ruas ou mesmo de casa. Do lado de dentro do terreiro, onde os médiuns trabalhavam ou aguardavam a sessão iniciar, os mentores de cada médium lhes aplicavam passes buscando harmonizarem-se telepaticamente para que lhes servissem de instrumento de forma fiel aos seus pensamentos e interferissem o menos possível nas mensagens.

Com a entrada de João e dona Marina no salão, os espíritos também assumiram seus lugares e entraram em oração. A oração da Ave-Maria propiciou que as mentes se sintonizassem com o divino e abriu a sensibilidade das pessoas presentes. Luzes jorraram do alto e foi como se fizesse uma lavagem, uma limpeza, e uma sensação de paz invadiu a todos. Os espíritos acompanharam a leitura do Evangelho com interesse e também tiveram entre si um debate sobre a página lida.

Durante esta fase da sessão, alguns assistentes e médiuns sentiram um sono incontrolável e suas cabeças pendiam denotando a sua entrega aos apelos do torpor. Essas pessoas doam grande quantidade de fluidos biopsicoenergéticos, e a baixa energética tem como sintoma a sonolência. Nesse momento, também estão recebendo tratamento espiritual e recebem de volta fluidos cheios de vigor para continuarem sua jornada. Estela sentia-se incomodada por estar com a sensibilidade ligada ao estado de humor de Valéria; recebia passes calmantes para que pudesse aproveitar o melhor que pudesse da leitura. Com o término da primeira parte dos trabalhos, os médiuns, em silêncio, buscavam a sintonia com seus mentores e estes colocaram-se ao lado ou atrás de seus aparelhos e aguardaram a comunicação do mentor dos trabalhos de mesa que se manifestaria por intermédio de João.

O filho de dona Marina vinha sendo preparado por ela para substituí-la na direção dos trabalhos do terreiro. A idade avançada da mãe-de-santo aconselhava que tivesse alguém pronto, na eventualidade de seu desencarne, e assim a casa continuaria suas atividades. Ela foi orientada por seus guias a verificar no jogo de búzios quem Oxum designaria para seguir com os trabalhos; após as caídas para confirmação, o jogo apontou João como seu sucessor, e assim ela vinha fazendo desde então.

O silêncio imperava no salão. João concentrou-se e seus chacras coronário, frontal e laríngeo aumentaram seu giro produzindo certa luminosidade espiritual. Sua respiração e batimentos cardíacos alteraram levemente. Seu mentor, posicionado ao seu lado, também estava concentrado e seus chacras emitiam luminosidade, cujo brilho se aproximava do que estava sendo emitido por João. Ocorreu a sintonia fluídica entre eles e aconteceu a incorporação. A cabeça de João pendeu levemente para frente e sua voz saiu mais mansa do que o habitual. Irmão Miguel saudou a todos como sempre o fizera desde sua primeira incorporação por meio do seu aparelho.

– *Que a paz de Deus esteja com todos.*

– Que assim seja, que a paz venha convosco.
Responderam todos os presentes. A entidade, envolvendo todo o aparelho fonador do médium, prosseguiu.
– *Graças a Deus, mais uma vez nós nos reunimos em nome de Deus. Disse Jesus que, quando dois ou mais se reunissem em seu nome, ele estaria presente. Tenham sempre a certeza de que sempre que os irmãos se reúnem em nome da caridade, Jesus se faz presente pelos irmãos de boa vontade, pelos irmãos com o seu coração aberto para o trabalho com Deus, para o trabalho que visa ao progresso e não apenas ao trabalho daqueles que querem demonstrar que trabalham, mas principalmente o trabalho daqueles que trabalham em silêncio. No silêncio que procura aprender, no silêncio da simplicidade, no silêncio daqueles que não se envaidecem com o pouco que Deus dá a vocês.*

A mediunidade, ao mesmo tempo em que é uma oportunidade dos irmãos entrarem em contato com o mundo espiritual, desvendar seus mistérios e angariar conhecimento, também é uma ferramenta com a qual pagam dívidas do pretérito por meio do trabalho mediúnico, mas também é uma porta aberta para o peçonhento vício da vaidade. A mediunidade é como um campo em que o dono desta terra, o dono deste campo, empresta ao semeador, ao lavrador para que cuide dela e faça desta uma terra produtiva, capaz de promover o crescimento de árvores frondosas, frutíferas, de ervas curadoras, também de legumes que matam a fome. Que seja uma terra útil, mas que, ao mesmo tempo, seja uma terra bem cuidada. Que seja uma terra formosa, boa de se ver, onde os filhos se sintam bem ao passar por ela.

Esse lavrador, então, dá início à sua labuta. Este lavrador semeia as sementes boas que conseguiu de empréstimo do dono da terra. Mas toda terra fértil também o é tanto para as coisas boas como para as sementes daninhas que estão no seio da terra. É necessário que esse lavrador observe todas as folhas que dela saem, todas as germinações que daí saem, para cortar as ervas que matam a plantação. Esse lavrador, ao ver singela flor, pensa: "Esta aqui vai embelezar a semeadura, esta aqui vai trazer perfume para minha plantação.." e permite que uma pequenina flor de bom odor, de cores exóticas e formato interessante se alastre por sua plantação. Passa que é uma parasita que acaba não permitindo que suas leguminosas dêem bons frutos, não permite que suas árvores frutifiquem, não permite que suas ervas curadoras venham ao sol. Torna-se o terreno coberto simplesmente de uma beleza efêmera que a mais ninguém satisfaz, a não ser aqueles que só querem se comprazer com o olhar de coisas diferentes.

Assim é o trabalhador, assim é o médium vaidoso que se deixa levar pelo exotismo das mais diferentes incorporações ou dos mais diferentes nomes de entidades, ou simplesmente deixando que o animismo fale mais do que sua própria mediunidade. Envolve-se cada vez mais no magnetismo de si mesmo e acaba nada produzindo a não ser incorporações de sua própria consciência. Muito cuidado, médiuns, com os apelos da vaidade! Cuidado com os chamados dos elogios insistentes e também com o próprio orgulho. Mediunidade e vaidade são misturas que não se combinam. Que os irmãos possam, tanto médiuns como assistentes, estarem sempre alertas e muito conscientes do seu dever e da sua posição de religiosos.

A vaidade apresenta-se não somente ostensiva, como aquele que chega no ambiente impondo a sua presença. A vaidade também está presente, sorrateiramente, na falsa humildade. Naquele que muito se humilha, naquele que por tudo se abaixa se sentindo o mais humilde de todos. Também naquele que nunca aceita conselhos, que nunca aceita críticas. É necessário os irmãos estarem sempre prontos, os seus corações abertos e também seus ouvidos para todas as provações do mundo de vocês, principalmente dentro da convivência de todos. Que os irmãos possam, como o bom lavrador, saber cortar as ervas exóticas, dando a cada uma o seu lugar e dando cada vez mais vazão ao que dá realmente frutos, àquilo que realmente dá sustento, aquilo que realmente traz retorno da plantação.

Que os irmãos possam fazer do serviço religioso, ou da assistência à casa religiosa, oportunidade de aprendizado cada vez mais formoso. Que os irmãos possam vir buscar aquilo que realmente precisam e não aquilo que pensam que precisam. Deus dá a cada um segundo suas obras. A lei do retorno é lei que não se modifica. Ela rege a todos; assim como o sol a todos cobre, também a lei do Universo é implacável. Que os irmãos possam cada vez mais saber que humildade é reconhecer seu lugar, reconhecer as suas forças, reconhecer as suas limitações, procurar esforçar-se para melhorar e agradecer sempre a Deus pela oportunidade de serviço.

Sirvam sempre, sirvam com amor, sirvam com fé, sirvam com disciplina. Não existe felicidade completa sem a experiência do servir.[20]

Roberta sentiu-se especialmente tocada por esta mensagem. Lembrouse de sua época de iniciação, seu rápido desenvolvimento, sua fascinação pelo mistério que ronda seu orixá e não pôde deixar de reconhecer que foi vítima da vaidade. A mesma vaidade que a cegou impedindo-a de ver a sabedoria da espiritualidade ao negar-lhe os pedidos de união com Eduardo. Irmão Miguel prosseguiu:

—Estamos muito felizes com a presença de nossa irmã que depois de tanto tempo nos visita. É muito bom saber que as sementes sempre brotam no terreno fértil. Às vezes, a natureza manda períodos de seca ou de inundações, frio ou calor intensos que prejudicam a germinação. Entretanto, sempre há o tempo da boa temperatura e do equilíbrio do solo. É

---

20. Mensagem do Caboclo Sete Flechas através do médium Nilton de Almeida Junior, em sessão de terreiro do dia 11 de março de 2006 no Centro Espírita João Vicente. Foi adaptada à narrativa com a autorização do referido mentor espiritual.

aí que a semente guardada encontra condições de explodir em vida e amor. A espiritualidade plantou sementes em seu coração, irmã. Grandes períodos de condições adversas não permitiram que elas brotassem. Temos a certeza de que é chegada a hora de boas condições do solo. Cuide da germinação e terá ótima colheita.

Roberta recebeu a mensagem com um sorriso e com um aceno de cabeça. Irmão Miguel prosseguiu com a sessão, pois ainda havia muito trabalho a ser realizado. Invocou a presença dos mentores dos médiuns presentes e eles emitiram mensagens de encorajamento e de fé. Fez uma concentração visando à saúde e solicitou que os nomes de pessoas enfermas fossem colocados sobre a mesa. Fez a chamada de falanges de médicos e, sob a irradiação de Ossãe, pediu pelo restabelecimento daquelas pessoas. Pediu para que as pessoas que estavam na assistência se aproximassem da mesa e sentassem na cadeira que estava estrategicamente colocada de forma que a pessoa que sentasse ficasse de frente para o altar. A cada um que sentava, os médiuns, sob a orientação de irmão Miguel, davam passagem a um espírito que quisesse enviar uma mensagem ou, se fosse o caso, obsessores que eram doutrinados por dona Marina, que era hábil doutrinadora.

As pessoas da assistência não eram obrigadas a passar por este tipo de procedimento, e, das sete pessoas presentes, apenas Estela, Roberta, Joel e uma assistente que sempre acompanhava as sessões optaram por fazê-lo. Irmão Miguel orientou que Estela ficasse por último. As pessoas passaram pelo ritual e cada uma recebeu a orientação ou doutrinação que precisava. Esse procedimento funcionava como um passe e somente foi possível utilizá-lo por conta do reduzido número de pessoas na assistência, caso contrário se tornaria inviável realizá-lo pela demora que acarretaria no atendimento. Chegou a vez de Estela ser atendida. Ela sentou-se na cadeira e aguardou as instruções.

ATENDIMENTO ESPIRITUAL NA SESSÃO DE MESA

Durante todo o tempo, um terreiro é vigiado pela espiritualidade. As atividades espirituais em um templo não se restringem aos momentos em que os encarnados se reúnem para as sessões. Um terreiro é um local de concentração de forças que a todo momento são manipuladas pela espiritualidade que ali trabalha. Por isso é importante que um templo esteja o tempo todo arrumado e limpo, pois em locais onde impera a desorganização e a sujeira, há bloqueio de energias que impedem a manutenção de um ambiente sadio. Vasos de água com flores devem ser cuidados periodicamente para evitar que o apodrecimento das raízes e caules liberem mau cheiro e o próprio processo de decomposição crie focos de energias insalubres; oferendas devem ficar expostas no máximo durante três dias (salvo em condições especiais ditadas pela espiritualidade que podem chegar a sete dias), pois dependendo do ingrediente utilizado, a decomposição atrai insetos e outros animais; o local onde se realiza as reuniões, a cozinha, a despensa e o terreiro como um todo devem ser limpos e cuidados de forma a que se evite a proliferação de animais nocivos à saúde; deixar o terreiro limpo e arrumado ao término da sessão, limpar cuspidores, varrer o chão, arrumar os bancos, lavar copos e guardar todo o material utilizado, além de preparar o ambiente para a próxima reunião, deixa o local limpo e em condições para que a espiritualidade continue os trabalhos por sua conta. A maioria dos médiuns, quando a sessão termina, sai correndo como se estivessem ali presos e a prece final de agradecimento os liberasse de grilhões de ferro. Bom seria se todos se ajudassem e cada um recolhesse seu material, colaborasse no que fosse possível para que o terreiro ficasse arrumado e limpo sem que esse trabalho ficasse sempre nas costas das mesmas pessoas.

Essa ajuda, além de aproximar as pessoas, facilita o trabalho da espiritualidade, que permanece em atividade mesmo com o término do serviço para os encarnados. As firmezas plantadas em um terreiro são catalisadores de energias, e a espiritualidade, sabendo disto, faz a todo instante visitas ao terreiro. Trazem espíritos para tratamento ou doutrinação, trazem médiuns temporariamente libertos pelo sono para estudos, tratamento de saúde, doutrinação, desenvolvimento mediúnico, harmonização. Daí a importância de que os responsáveis por um terreiro façam periodicamente o reforço magnético das firmezas mantendo, assim, a energia circulando. O mesmo se dá com as firmezas que garantem a segurança do terreiro. A casa de Exu garante a proteção espiritual do terreiro e de todos os seus freqüentadores. É importante também que durante todo o tempo de nossa permanência dentro do terreiro, seja em horário de sessão ou não, tenhamos uma postura de respeito e procuremos sempre manter o ambiente em equilíbrio.

A prece de abertura feita por João fez menção aos guardiões do terreiro. Nela, o chefe do terreiro pediu a permissão para que os trabalhos fossem realizados e que Exu permitisse o intercâmbio entre encarnados e desencarnados, pois esta comunicação é intermediada por Exu. É ele quem leva os pedidos e traz as respostas. Diante da sincera solicitação feita pelo médium, sentinelas ficaram a postos, evitando que entidades perturbadoras pudessem atrapalhar o andamento do ritual. Portais magnéticos se abriram e uma chuva de luzes inundou o ambiente. A permissão havia sido dada.

Durante os momentos que antecederam a sessão, irmão Miguel reservou algum tempo para observar o caso de Estela. Aproximou-se de Hugo, que estava acompanhado de Leonor, e procurou inteirar-se do assunto.

– Boa-noite, meu irmão, sou irmão Miguel, responsável pelos trabalhos da sessão de Mesa desta casa. Recebi informações que você trouxe a obsessora de Estela.

– Boa-noite, irmão Miguel, sou Hugo e esta é Leonor. Eu acompanhei a adaptação de Valéria ao mundo espiritual após o seu desencarne e me considero responsável pelo seu estado. Ela abandonou o processo de adaptação, não se adaptou à disciplina do posto ao qual foi encaminhada e fugiu. Foi dona Leonor quem a encontrou e agora estamos aqui buscando auxiliá-la.

– Vejo que ela está muito confusa emocionalmente e que suas atitudes nestes últimos anos têm acumulado um severo carma...

– É uma pena que o descontrole emocional escureça o pensamento, fazendo a criatura descambar para a insanidade.

– "Orai e vigiai", disse o Mestre. Essa máxima se enquadra a encarnados e desencarnados – arrematou com sabedoria irmão Miguel.

Hugo atualizou o mentor espiritual dos trabalhos daquela noite sobre todo o assunto envolvendo Eduardo, Estela e Valéria. Irmão Miguel agradeceu a atenção e reuniu-se com outros espíritos da cúpula espiritual da casa para traçar os planos para aquele atendimento. Durante a leitura do Evangelho, Valéria irritou-se com o silêncio e com sua incapacidade de livrar-se do assédio de Hugo e Leonor. Sua ligação emocional com Estela fez com que esta se sentisse incomodada também. Assim, o mentor de Roberta, que também estava presente, influenciou-o para que segurasse a mão da amiga. Esse gesto levou conforto tanto a Estela como a Valéria, que sentiu um leve torpor e adormeceu por um tempo.

A sessão prosseguiu com sua programação e Leonor a tudo acompanhava com interesse. Viu o ir e vir atarefado dos trabalhadores espirituais aplicando passes nos espíritos necessitados que ali estavam, viu que muitos suicidas estavam presentes e que os fluidos desprendidos pelos encarnados eram aproveitados para levar a eles conforto por meio da absorção de energias das quais se sentiam carentes. Abnegados enfermeiros e cirurgiões faziam verdadeiras obras de arte na reconstrução de perispíritos que foram deformados pelo ato impensado de ruptura precoce dos laços de ligação do espírito ao corpo. Aparelhos auditivos, gargantas e cérebros perfurados pelo tiro fatal, pulsos cortados, aparelhos digestivos corroídos, corpos destruídos pela queda ou atropelamento...aquela ala do atendimento parecia um circo de horrores.

– O que fazem estes médicos? Pegam fluidos dos encarnados e transferem para os suicidas? – perguntou Leonor para Hugo.

– Sim. O encarnado é possuidor do chamado fluido vital, que é para o suicida o mesmo que a água é para o homem que se perdeu no deserto. O suicida apressou seu retorno ao mundo espiritual, mas esse regresso fora do tempo tem um preço: desequilíbrio energético, além de emocional, pois ninguém que se suicide está em boas condições mentais ou emocionais. A violência feita ao corpo material deixa profundas marcas na consciência, traumatiza e deforma a constituição perispiritual. Como resultado, a parte perispiritual do órgão ou órgãos que foram destruídos pelo ato insano fica assim como você está vendo.

– Mas eles saem daqui curados?

– Não é tão rápido assim. A mente culpada fica repetindo os momentos de dor e de desespero e são necessárias várias aplicações de passes e fluido vital, doutrinação e conscientização para que o perispírito possa voltar a assumir uma forma saudável. Imagine na Terra quando alguém sofre profundas queimaduras. São necessárias várias cirurgias plásticas para que se alcance uma melhora. O processo é o mesmo. Esses espíritos que aqui estão devem estar vindo há bastante tempo para esse tratamento. É um trabalho de paciência e de desprendimento.

– Depois, o que acontece com eles?

– Reencarnam. O suicida precisa terminar o que deixou inacabado.

Leonor continuou observando os trabalhos com vivo interesse, até então não tinha presenciado um trabalho tão dinâmico e tão objetivo. A sessão prosseguiu e chegou o momento do passe de Estela. Houve uma movimentação diferente nas sentinelas; os postos de vigilância foram reforçados. Boiadeiros colocaram-se por perto em atitude de defesa. Um dos

mentores espirituais fez um sinal para Hugo que, auxiliado por outro trabalhador da casa, despertou Valéria, que entorpecida foi levada até a mesa.
– Olá, minha irmã. Seja bem-vinda – disse irmão Miguel por meio de seu médium para Estela, que acabara de se sentar à mesa. A entidade incorporada prosseguiu:
– É uma pena que suas emoções não tenham sido boas conselheiras ultimamente.
Estela baixou os olhos com tristeza. Irmão Miguel aguardou um momento para que ela se refizesse e continuou.
– Acalme-se, irmã. Não estamos aqui para expô-la como em um circo. Estamos aqui com o único e sincero desejo de ajudá-la. Para isso, é preciso antes de tudo que você queira esta ajuda. Se a irmã veio até aqui, isso já é um bom sinal; entretanto, toda ajuda que oferecermos só terá efeito se você aceitar a orientação que será dada. Estamos aqui para trazer a verdade e nem sempre a verdade é aquilo que se quer ouvir.
Enquanto isso, Hugo e o espírito que o ajudava a carregar Valéria buscavam encontrar qual médium seria o mais apropriado para incorporá-la. A incorporação é como o encaixar de engrenagens, que é regido por afinidades fluídicas. Não basta ser médium de incorporação para incorporarmos um espírito, é necessário que haja entre o médium e o espírito afinidades energéticas. Passaram por Lurdinha, que sentiu um leve arrepio, mas não chegou a ser considerada apta para aquela incorporação; passaram por Tereza, que se arrepiou da mesma forma que o tinha feito na ante-sala do hospital, mas consideraram que ela estava por demais contaminada por tudo que havia escutado e poderia ter o animismo exacerbado pela ligação emocional com o caso; encontraram em Regina sintonia e isenção emocional para o trabalho. A médium teve os batimentos cardíacos e a respiração acelerados, tremeu levemente os ombros e foi invadida por uma vontade de gritar e de bater na mesa. Valéria tinha despertado. O contato com o fluido de Regina a fizeram consciente do que estava acontecendo e uma fúria tomou conta de suas emoções. A médium, consciente e bem treinada, bloqueou essas ações procurando transmitir para a entidade que estava incorporada que ela era apenas uma ponte entre ela e o mundo material; que aproveitasse aquele momento, pois estava entre amigos e aquele lugar visava ao contato com a esperança e com a paz.
João percebeu a incorporação de Regina, irmão Miguel transmitiu-lhe mentalmente que estava tudo correndo dentro do previsto e que aquela entidade era a obsessora de Estela. Na mente de João a identidade de Valéria foi revelada. Ela era uma amante falecida do esposo de Estela, que procurava vingar-se dela por não ter conseguido separá-los. O médium guardou para si essa informação, mas soube utilizá-la em benefício do trabalho que estava sendo feito.

— Seja bem-vinda a esta casa, minha irmã. Você está entre amigos — disse irmão Miguel, por intermédio de João.

— Que palhaçada é esta? Eu não deveria estar aqui.

— Minha irmã, o trabalho com Jesus nos ensina que cada um está exatamente onde tem de estar — arrematou dona Marina a um sinal de irmão Miguel para que iniciasse o trabalho de doutrinação daquela entidade.

— Pois então Jesus se enganou comigo. Estou no lugar errado. Eu morri antes da hora.

— Nada acontece por acaso, minha irmã. Acredite e confie que Deus não erra.

— Não era eu quem tinha de estar aqui deste lado. Era ela! Ela tem algo que me pertence.

— Se você agora está desencarnada, nada que ficou do lado de cá te pertence.

— Ele é meu!

Imediatamente, Estela, Roberta, Tereza, Kely, dona Marina, Lurdinha e Eduardo reconheceram a entidade que estava ali presente falando através de Regina. Kely abraçou o pai buscando refúgio, Estela chorava enquanto Roberta, Tereza e Lurdinha concentraram-se pedindo aos mentores para que dona Marina tivesse o equilíbrio e discernimento para levar aquela doutrinação firme e objetiva como era de seu costume.

— Minha irmã, ninguém é de ninguém. Todos somos de Deus e livres para escolhermos nosso caminho. Você também é livre. Por que insiste em investir seu tempo em uma vingança por uma coisa que a irmã aqui presente nem é culpada?

— Como não? Ela se interpôs no meu caminho.

— Não é bem assim que as coisas aconteceram, e você bem sabe disso.

— Vejo que está bem informada a meu respeito...— disse Valéria com escárnio.

— Eu disse a você que quem trabalha com Jesus aprende que cada um está exatamente onde tem de estar. De onde estou, vejo as coisas com melhor clareza do que você. Suas emoções em desalinho distorcem seu entendimento. O que você sente não é amor por aquele homem. O que você sente é vontade de estar no lugar que esta mulher ocupa na vida dele. Seu sentimento por ele adoeceu e você passou a querer estar no lugar dela. O que você sente não é amor, é inveja.

A médium incorporada com Valéria fez uma expressão de espanto, franziu a testa, cerrou os punhos demonstrando a contrariedade da entidade ao ouvir aquelas palavras. Entretanto, a obsessora não tinha argumentos para confrontar com a doutrinadora que falava com voz firme, pausada, cheia de amor e autoridade.

— Minha irmã, a inveja é uma declaração de inferioridade. Ela é filha da infelicidade e do fingimento. Está sempre acompanhada pela maldade e pela falta de talento. A inveja é um sentimento destruidor, é como uma doença, uma ferrugem que corrói o ser invejado tanto quanto corrói a pessoa que sente a inveja. É um sentimento que acompanha o ser humano desde o início das civilizações. É o mais complexo entre os sete pecados capitais, é a causa de muitas mazelas da alma e do corpo. É própria das pessoas infelizes que não se contentam com sua pequenez e que se incomodam com a grandeza alheia. O invejoso não se permite ser feliz e também não suporta a felicidade do outro. Minha irmã, este amor que você busca nunca foi seu. Se o fosse estaria contigo e você sabe disso. Para que insistir nesta empreitada se você sabe que só está aumentando sua responsabilidade!

Valéria chorava diante da verdade que as palavras de dona Marina evocaram. Não tinha forças para argumentar e tudo o que conseguia fazer era chorar e reconhecer-se vencida. Dona Marina, vendo que tinha tocado no âmago da questão e que a entidade não mostrava mais resistência, convidou todos os presentes a orarem em favor daquele espírito. Pediu a Estela especialmente que vibrasse com amor e com perdão para que os laços de ódio e de ressentimento fossem definitivamente desfeitos, e que elas pudessem cada uma seguir seu caminho em paz.

Após a oração, Valéria voltou a sentir o torpor que a adormecera momentos antes. Não resistiu ao sono e foi desconectada de sua ligação mediúnica com Regina. Hugo e seu ajudante levaram-na para o local onde estava desde o início da sessão. Estela enxugou as lágrimas do rosto e aguardou as instruções do mentor espiritual, que solicitou que uma das médiuns presentes lhe aplicasse passes calmantes. Logo depois, ele falou sobre a prática salutar do perdão e pediu que Estela não perdesse o vínculo com a casa, que retornasse em outras sessões para continuar seu tratamento de passes e doutrinações.

Estavam chegando ao final daquela reunião. Irmão Miguel orientou que colocassem sobre a mesa a água para ser fluidificada. Duas médiuns trouxeram uma jarra de água e várias garrafas com água. Kely perguntou para Roberta por que as garrafas tinham etiquetas com nomes, Roberta explicou que aquelas garrafas com água visavam ser imantadas especialmente para a pessoa cujo nome estava escrito na etiqueta. Eram, em geral, para tratamento de saúde. Sob o comando de irmão Miguel, entoaram um hino pedindo à espiritualidade superior que abençoasse aquela água e desse a cada um o remédio necessário ao seu caso. Os mentores espirituais movimentavam energias em forma de luz, que riscavam o ar como em uma apresentação silenciosa de fogos de artifício e cada garrafa de água recebia uma cor e vibração distintas. Às vezes, uma mesma garrafa recebia mais de uma fluidificação, mas todas as garrafas sem exceção foram imantadas. Irmão Miguel despediu-se de todos, dando por encerrado os trabalhos, e desincorporou. João fez a prece de encerramento, agradecendo a presença de todos e, principalmente, a proteção dos guias e guardiões.

Para os encarnados, os trabalhos estavam encerrados; para os trabalhadores espirituais o trabalho seguia cheio de atividades. Os espíritos que para ali haviam sido levados para tratamento foram aos poucos sendo levados para seus planos espirituais. Os que guardavam a consciência acompanhavam todo o procedimento; outros eram transportados adormecidos em leitos móveis até serem teletransportados pelos mentores espirituais. Todo esse procedimento era observado de perto pelos guardiões do templo, que em nenhum momento descuidavam da segurança. Valéria permanecia adormecida e era necessário transportá-la até o posto de onde tinha fugido.

– Posso acompanhar vocês? – perguntou Leonor.

– Claro! Será um prazer – respondeu Hugo, com sincera simpatia.

– Gostaria de ver a continuação destes trabalhos. Eles são sempre assim?

– Assim, como?

– Tão cheios de amor?

Diante da expressão de admiração que Hugo fez, ela continuou:

– Você sabe que eu sempre adorei andar por aí, adoro a Terra e é por isso que em todos estes anos nunca quis ficar lá em cima. Ando por aí a observar as obras da natureza, as obras de arte, as casas de oração, sem jamais me envolver com qualquer tipo de atividade. Para mim, a morte sempre foi significado de descanso. Trabalhei muito em vida e sempre esperei a morte para repousar, mas hoje este trabalho me tocou de forma diferente. Senti-me útil ajudando esta família. O trabalho com suicidas é de uma beleza ímpar... Gostaria de conhecer melhor esta atividade, pois subitamente percebi o quanto minha vida estava vazia.

Hugo nada falou. Qualquer palavra soaria desnecessária naquele momento. Apenas sorriu e apontou o caminho para o portal magnético que se abria.

– Por que você está rindo? – perguntou Leonor.

– Porque a sabedoria de Deus é infinita. Ele sempre faz bom uso dos infortúnios e dos perigos. Veja que a ação obsessiva de Valéria acabou servindo para despertar na senhora o interesse pelo trabalho espiritual. É por isso que se diz que Deus usa o mal para fazer o bem.

Leonor sorriu concordando, e o portal os transportou de volta para a espiritualidade.

Acertando contas

Ao final da sessão, Estela procurou por dona Marina para cumprimentá-la. Fazia muito tempo que não via aquela que foi mãe-de-santo de sua mãe. Queria pedir-lhe a bênção e apresentar-lhe sua filha. Foi recebida com o mesmo carinho de sempre, sem, no entanto, deixar de ser repreendida por ter se afastado não só do terreiro, mas da religião.

– O que você fez foi uma loucura, minha filha! Ninguém merece este tipo de sacrifício. A vida jamais deve ser desperdiçada. Esse tipo de morte não soluciona nada, pelo contrário, só traz problemas. O que morre entra em um sofrimento horroroso, pois o trauma que o suicídio faz ao espírito é tremendo! Aos que ficam, sobra o trabalho pesado de lidar com a perda súbita, a culpa... o suicida, além de estar desequilibrado, é um grande egoísta.

Estela não encontrou argumentos para retrucar, limitou-se a abraçar dona Marina como se estivesse abraçando sua própria mãe.

– Eu bem que avisei, quero dizer, Oxum avisou: você não poderia se afastar da orientação religiosa. Seu orixá não pede iniciação, mas você é uma pessoa que precisa estar a todo momento em contato com a espiritualidade sadia. Esta sua atração pelo álcool e sua tendência à depressão fazem de você um alvo mais do que fácil para obsessores. Quero voltar a ver você aqui mais vezes. Agora que você e Roberta "acertaram os ponteiros", não quero saber de você afastada de nosso convívio. Outra coisa que você precisa fazer é buscar ajuda material para este problema com a bebida...

– Mas eu não tenho problema com a bebida...eu sei me controlar...

– Essa é a desculpa que todo alcoólatra tem! Você precisa se conscientizar de que tem um problema e enfrentá-lo de frente.

– Eu concordo com dona Marina, mamãe. Eu mesma me sinto responsável por isso, pois há tanto tempo que a senhora tem este comportamento e eu nunca havia percebido. Sempre olhava como se fosse uma excentricidade. Hoje vejo que é um sério problema...que tal procurarmos ajuda juntas?

— Sua filha tem mais juízo do que você, Estela. Ouça o que ela diz.

Conversaram por mais alguns momentos e Estela prometeu voltar a freqüentar o terreiro. Kely demonstrou interesse pelos trabalhos que foram realizados e pela mediunidade.

— Sua mãe nunca lhe contou sobre a mediunidade de sua avó? — perguntou dona Marina a Kely, em um tom de incredulidade.

— Mais ou menos. Ela disse que vovó era médium.

— Só isso? Você nunca freqüentou um terreiro?

— Não.

— É um absurdo o que esses pais fazem com os filhos. A tradição precisa ser mantida, a história precisa ser contada ou as novas gerações ficarão sem passado! Sua avó foi uma das médiuns mais dedicadas e fiéis que já conheci. Ela não era fanática! Sua fé era baseada no raciocínio, mas ela jamais duvidava das coisas que Deus mandava e agradecia por tudo. Estudava a todo instante, procurava estar sempre em dia com suas obrigações sem jamais deixar a família de lado. Sinto falta dela até hoje. Ela fez questão de transmitir para sua mãe tudo o que ela viveu com a religião, procurou transmitir sua fé e sua prática. É assim que se cria a história e a tradição. Entretanto, vejo que sua mãe, como muitos pais, não deu continuidade ao trabalho iniciado por sua avó. Filhos de umbandistas deveriam receber dos pais educação religiosa umbandista, reconhecer os orixás, suas regências, sincretismo, datas festivas, saudações, orações, mitologia, doutrina...foi isso que sua avó fez com sua mãe. Pergunte a ela se ela não sabe reconhecer cada um dos orixás. Infelizmente, o umbandista dá ao seu filho a educação religiosa católica. Seus filhos fazem a primeira comunhão, são batizados na igreja...tudo bem se essa é a religião oficial, mas nada impede que cada um passe para seus descendentes a sua tradição. Ainda hoje, aqui no terreiro poucos são os pais que trazem os filhos para nosso convívio, alegando que ainda são muito pequenos e que, quando crescerem, terão a chance de optar. Ora, como vão optar por algo que não conhecem? Têm vergonha de falar que são umbandistas. Quando falam, fazem-no pelos cantos como se fizessem parte de uma seita proibida...

— Pois eu gostaria de conhecer melhor tudo isso que a senhora falou. Por onde começo?

— Comece comparecendo às sessões de estudo, elas são muito úteis para todos, sejam médiuns ou assistentes.

Conversaram por mais alguns momentos até que a hora de se despedirem chegou. Kely prometeu voltar no sábado, quando seria sessão de terreiro, e prometeu também levar Estela. Roberta sentia-se bem, mas sabia que a partir daquele dia algo havia sido mexido e precisava ser arrumado. Chegou em casa calada. Joel percebeu e entendeu sua inquietação. Sua cabeça latejava. Não era dor. Ela sabia que não era ruim. Era apenas um latejar como se seu coração estivesse batendo no alto e no centro de sua cabeça. Recolheu-se assim que chegou em casa. Queria dormir logo.

* * *

O tempo encarregou-se, como sempre o faz, de recolocar as coisas em seus lugares. Roberta e Estela pouco a pouco foram retornando à intimidade e à cumplicidade de antes, agora com Tereza intermediando aquela relação que outrora foi motivo de tanta falação na vizinhança. O retomar da amizade e da convivência com Eduardo foi, inicialmente, embaraçoso para Roberta, que não sabia como dirigir-se a ele. Ficava temerosa de ligar para a casa de Estela e ser ele a atender o telefone. Saber do ocorrido envolvendo Valéria e Shirley não a deixava confortável. Foi Tereza, mais uma vez, quem a aconselhou.

– Ai, meu Deus! Ai, minhas Almas! Ai, minha mãe Iansã! Ai, meu Senhor do Bonfim! Não vá me dizer que você vai esperar mais 21 anos para esclarecer isto?

– Pára, Tereza! O assunto é sério.

– Mas eu estou falando sério. Olhe para mim. Por acaso estou rindo? Você tem esta mania de deixar as oportunidades passarem e ficar remoendo assuntos que podem ser resolvidos em dois tempos.

Roberta ficou a pensar nos conselhos e observações de Tereza e verificou que ela tinha sua cota de razão. Ela já não tinha mais o que a ligasse a Eduardo. Não ter se casado com ele foi uma bênção, haja vista o complicado relacionamento que construiu com Estela. Precisava pôr uma pedra sobre este assunto e também precisava dar por encerrado o que pensava com relação aos seus relacionamentos extraconjugais. Certa feita, precisou ligar para a casa de Estela e foi ele quem atendeu o telefone.

– Eduardo, sou eu, Roberta. Como vai?

– Bem. E você?

– Foi bom você ter atendido o telefone. Estava mesmo querendo falar com você e não encontrava jeito nem oportunidade.

– Aconteceu alguma coisa?

– É sobre o retorno de minha amizade com Estela. Acontece que já faz dois meses desde o nosso reencontro e eu ainda não consegui ficar confortável na sua presença. Eu preciso falar para você que somente depois de ter escutado a versão de Estela sobre esta história é que pude perceber como fui infantil e egoísta. Por favor, desculpe-me.

– Não há o que desculpar, Roberta...

– Eu ainda não acabei...

Diante do silêncio dele, ela prosseguiu.

– Ao mesmo tempo, eu não posso me omitir quando sei sobre as histórias de Valéria e Shirley.

Ela quase pôde ouvir o sangue gelando nas veias do esposo de Estela. Percebendo que ele permanecia calado, ela continuou.

– Eu não tenho nada com isso e sei o quanto estou me arriscando ao tocar neste assunto com você. Hoje agradeço a Deus por não ter sido eu a apontada pelo destino para ser sua esposa. Estela passou por coisas que eu tenho certeza de que não suportaria. Ela é uma heroína e somente amando muito para trazer este relacionamento até aqui. Não estou julgando você, nem quero passar por exemplo de honestidade e perfeição, mas sei que minha amiga não merecia passar pelo que passou. Quero te dizer que, seja qual for a decisão dela, eu sempre a apoiarei.

–Roberta, eu agradeço a sua honestidade. Eu sei o quanto errei com relação à Estela; mas, como minha filha costuma dizer: "toda história tem mais de dois lados" e não cabe aqui expormos todos os motivos que levaram a mim e Estela a construirmos nossas vidas desta maneira. Apenas queria deixar claro o quanto estou arrependido, principalmente no que se refere a Shirley, mas gostaria de ter uma segunda chance. Você talvez ria do que vou dizer agora, mas eu amo Estela e vou fazer de tudo para reconquistar meu casamento.

– Eu desejo boa sorte para vocês dois.

TENTATIVA DE RECONCILIAÇÃO

Nos meses que se seguiram, Kely fez uma verdadeira campanha para que Estela procurasse ajuda profissional no tratamento de sua dependência do álcool. A assiduidade às sessões, o procurar seguir as instruções recebidas da espiritualidade, a disciplina de horários e leituras ajudavam a criar uma atmosfera saudável. Entretanto, casos de dependência química ou psicológica demandam a intervenção médica e psicológica adequada. A religião provê a higienização da parte espiritual promovendo a orientação moral e a manutenção do equilíbrio mental enquanto a ciência promove o saneamento da parte material. Todo processo obsessivo vem acompanhado de debilidade orgânica, pois a obsessão enfraquece a criatura. O próprio estado alterado do psiquismo afeta o metabolismo com os ataques de depressão, ou de euforia, vícios, etc. Por isso é que o tratamento da obsessão tem efeito muito mais acelerado quando o obsidiado é tratado tanto pelo lado espiritual quando pelo lado material.

– Vamos, mamãe? Está quase na hora.
– Neném, tem certeza de que preciso ir?
– Absoluta. Não tenha medo, eu vou estar lá também.

Estela obedeceu docilmente ao pedido da filha e elas seguiram para assistir uma reunião em um grupo de assistência a alcoólicos compulsivos. Kely seguiu as sugestões de dona Marina e procurou um desses serviços. Assistiu a uma reunião, coletou informações com o organizador e, por fim, levou a mãe para assistir a uma das reuniões. Lá, Estela percebeu que não era a única pessoa com o tipo de comportamento que ela apresentava. Emocionou-se ao espelhar-se nos depoimentos que ouviu. Acabou por ingressar no grupo e sua relação de dependência com a bebida começou a ser trabalhada. Seu relacionamento com Eduardo, entretanto, permanecia sem finalização. Ele continuava dormindo no quarto de empregada. A família se reunia à noite na mesa do jantar, mas ela não permitia qualquer aproximação do esposo de modo a promover chances à intimidade. Ele, por sua vez, respeitava a distância que a esposa exigia. Com a ida de Shirley, todo o serviço doméstico ficou por conta de Estela e ela começou a demonstrar o cansaço natural que a rotina doméstica promove.

Precisava de alguns ingredientes para terminar o jantar e foi ao supermercado. Quando voltou para casa, Eduardo já havia retornado do serviço, porém ele não percebeu quando Estela entrou na cozinha com os braços cheios de sacolas plásticas. Estava distraído procurando qualquer coisa na geladeira e, quando fechou a porta, virou-se bruscamente esbarrando nela e algumas compras espalharam-se pelo chão. Eles abaixaram-se para catar os artigos que caíram e suas mãos se encontraram quando tentavam alcançar a mesma lata de extrato de tomate. Ela recolheu as mãos da mesma forma que fez naquela tarde de chuva quando ele percebeu que ela o amava.

* * *

Enquanto isso, na espiritualidade, Valéria observava o que estava acontecendo através do mesmo aparelho que Hugo havia utilizado anos antes. Apesar de triste, estava mais conformada.
– Que mulher boba. Por que ela não perdoa logo este homem?
– Porque ela está ferida – respondeu Hugo, que prosseguiu dizendo:
– Estela está vivendo um conflito interno muito grande. Ainda ama Eduardo, porém não consegue esquecer o trauma de tê-lo pego em flagrante com outra mulher dentro de sua própria casa. Sua mente racional a impele a afastar-se dele, mas seu coração sente a falta do homem amado, e este conflito se intensifica quando ela percebe que ele ainda espera uma reconciliação.
– Isso, em parte, é responsabilidade minha. Eu me sinto culpada por ter intensificado o relacionamento de Eduardo e Shirley e de ter manipulado a vontade de Estela em ir para casa justamente naquela hora. Será que se eu a influenciar a perdoá-lo, eu não conserto o que ajudei a escangalhar?
– Não, Valéria. De forma alguma podemos interferir no livre-arbítrio dos encarnados. Se você quer ajudar, ore por eles sem jamais influenciá-los dessa maneira. Eles precisam encontrar por si mesmos a melhor forma de resolver esta situação. Você é responsável, sim, porém eles não teriam feito o que fizeram se não tivessem propensão a isto. Quero dizer que se Estela descambou para o álcool e para a depressão é porque ela também assim o permitiu; se Eduardo se deixou envolver pelo excesso de energia sexual, é porque ele também assim o permitiu. Todo obsidiado, em parte, é responsável por sua própria obsessão.
– Certa vez, você falou que eles já se amavam de outra vida. Posso saber como foi?
– Estela e Eduardo vêm se encontrando há algum tempo na roda das reencarnações. Eles vêm reencarnando na tentativa de equilibrar o uso das forças genésicas. Em verdade, Estela tem uma parcela de responsabilidade no comportamento de Eduardo e hoje ela recebe o retorno de um comportamento que ela suscitou. Por duas encarnações seguidas, nas quais Eduardo tinha reencarnado como mulher e Estela como homem, ela abu-

sou do poder de atração que tinha sobre Eduardo incitando-o a viver do corpo para sustentar os dois. Era um relacionamento conturbado, permeado pela violência doméstica e por toda sorte de vícios. A sabedoria divina providenciou um temporário afastamento de modo que pudessem, cada um em diferentes encarnações, em contato com outros espíritos, experimentarem novos relacionamentos de forma a equilibrarem suas emoções. Foi nesse afastamento que, em uma encarnação pregressa, Eduardo relacionou-se com Roberta e, quando se encontraram novamente nesta encarnação, a memória reencarnatória dela foi ativada e ela julgou estar apaixonada por Eduardo. Entretanto, os planos da espiritualidade para Eduardo não envolviam um casamento com Roberta, mas sim com Estela, com quem tem assuntos emocionais pendentes. Como o progresso não dá saltos, as tendências depressivas e o alcoolismo acompanharam Estela até os dias de hoje, porém cada um tem na reencarnação a oportunidade de melhorar-se por meio da repetição das experiências. Assim, é esperado que novamente em companhia de Eduardo e de seu comportamento desregrado, eles possam encontrar o caminho de volta para o equilíbrio.

– Hugo, por que não podemos contar isso a eles? De posse desse conhecimento ficará muito mais fácil que se entendam, não acha?

– O esquecimento do passado é uma dádiva de Deus, minha amiga. Sem esse esquecimento ficaria impossível para o encarnado encontrar o perdão. A história que acabei de contar foi resumida ao máximo, entretanto ela traz tragédias, crimes e violência em seu interior. Não seria nada agradável para Estela e Eduardo tomarem ciência de tudo isso. O atual estágio de entendimento dos encarnados sobre as coisas do mundo espiritual ainda não permite o acesso a essas informações. Muitas pessoas ainda procuram os centros espíritas para saberem quem foram ou o que fizeram em encarnações anteriores, na expectativa de entenderem seus problemas atuais de relacionamento familiar ou conjugal, ou mesmo financeiro. Entretanto, satisfazer esse tipo de curiosidade não é o objetivo do trabalho espiritual. O homem precisa entender que o momento de resolver seus problemas é agora e com as informações de que agora dispõe. Não adianta escarafunchar o passado. Nada vai ajudar saber que praticou ou foi vítima de crimes e traições. Isso só vai alimentar ainda mais a cadeia de perseguição e vingança. Ocorre também que muitos dos problemas que assolam o encarnado são frutos do seu presente, pois nem tudo é problema espiritual. Por vezes, basta uma mudança de atitude ou assunção de responsabilidade para que um problema se resolva.

– Então, você quer dizer que é para eu ficar quieta no meu canto?

– Por favor! E não se esqueça de orar por eles. Envie sempre pensamentos de paz e união para que eles possam nesta encarnação resolver este assunto de equilíbrio de energias.

* * *

Estela e Eduardo acabaram de recolher as compras que haviam se espalhado pelo chão da cozinha. Ela terminou o jantar, Kely chegou do trabalho e a família fez a refeição reunida. Vendo a mãe suspirar enquanto a ajudava a recolher a louça, Kely comentou.

– Você parece cansada, mamãe.

– E estou mesmo, neném. Estar desempregada me coloca inteiramente dentro do interminável serviço doméstico. Fico o dia inteiro cuidando da casa e da cozinha. Tenho a impressão de que trabalho muito mais e o pior, sem remuneração.

No dia seguinte, no final da manhã, Estela atendeu ao telefone. Era Eduardo que a convidava para jantarem, pois ouvira seus comentários na noite anterior sobre o cansaço do serviço doméstico. Ela aceitou depois que ficou sabendo que a filha também estaria presente. Afinal, ter uma noite de folga do serviço de cozinheira era tudo o que ela precisava. Chegou a noite e ela se dirigiu para o restaurante combinado. Ao entrar, percebeu que Eduardo já estava lá.

– Kely não chegou ainda?

– Disse para adiantarmos o pedido que ela já está chegando – respondeu Eduardo, ajeitando a cadeira para a esposa sentar-se.

A comida foi servida e Kely não aparecia. Vendo a ansiedade da esposa, Eduardo disse.

– Eu combinei em cima da hora com Kely para que ela não viesse.

– Por quê?

– Porque preciso ficar a sós com você e dizer que te amo, pedir seu perdão e que me aceite de volta.

– Precisava todo este teatro?

– Se não fosse assim, você não aceitaria meu convite.

– Não aceitaria mesmo. Perdi a fome, vou embora.

– Por favor, fique. Nós ainda temos chance. Vi isso ontem naquela lata de extrato de tomate.

Ela sentiu o rosto corar, levantou-se e saiu do restaurante sem dar mais uma palavra. Ele pagou a conta apressadamente, pedindo para que tudo fosse embalado para viagem e que retornaria mais tarde para recolher a encomenda. Viu quando ela entrou em um táxi, correu para o estacionamento e tomou o caminho de casa. Conseguiu alcançar o táxi onde ela estava, ultrapassou o veículo e aguardou por ela na porta de casa. Quando Estela saltou, encontrou-o encostado no carro e lembrou-se da noite em que se beijaram pela primeira vez.

– Você está fazendo de tudo para que esta noite seja igual à noite de nosso primeiro beijo. Está quase conseguindo. Entretanto, naquela época eu era tonta e inocente. Não vou ceder a esta manipulação emocional, Eduardo. Se você está esperando um beijo apaixonado, desista.

– Pelo amor de Deus, Estela, dê-me uma chance de acertar. Sei que é impossível apagar o que aconteceu, mas te imploro que tente me perdoar.
– Eu ainda estou muito magoada, Eduardo.
– Eu também. Você não tem idéia o quanto me machucou a simples idéia de não ter você aqui dentro desta casa. Sua tentativa de suicídio me mostrou o quanto fui errado em negligenciar nosso casamento.

Conversaram por mais algum tempo sem chegarem a um acordo. A fome aumentou, e Eduardo conseguiu convencer por telefone que o restaurante entregasse a comida em sua casa. Ao final da noite, cada um foi para seu quarto e dormiu envolvido em suas lembranças.

Os búzios falam

Dona Marina não se surpreendeu quando recebeu o pedido de Estela para que jogasse búzios para ela.
– Sua bênção, minha mãe – disse Estela, cumprimentando a mãe-de-santo.
– Que minha mãe lhe abençoe. Sua bênção.
– Que minha mãe lhe abençoe.
– Há muito tempo, você me pediu para abrir um jogo por praticamente o mesmo motivo de hoje.
– Eu sei...naquela época estava grávida e cheia de dúvidas. A diferença é que hoje não estou grávida.
– Entre minha filha, a mesa já está preparada. Veremos o que os orixás nos trazem como orientação.
O ambiente calmo e acolhedor do terreiro fez com que Estela se sentisse abraçada pela paz. Um cheiro de alfazema preenchia todo o local. O silêncio e a luminosidade convidavam à oração e ao recolhimento. Estela viu-se novamente olhando os quadros dos orixás na parede e identificou cada um deles, lembrando-se das tardes em que sua mãe, entre goles de refrigerante e pedaços de bolo, contava alegremente as lendas dos deuses africanos. Demorou-se no quadro relativo a Oxum. A deusa parecia que a qualquer momento iria saltar do quadro e tilintar suas jóias pelo terreiro.
– Vamos, minha filha?
A voz suave de dona Marina a fez voltar à realidade.
– Vamos, vamos sim.
Após as orações ritualísticas, dona Marina lançou os búzios na peneira pedindo a confirmação da abertura daquela consulta.
– *Òóré yeye o!!* Sua própria mãe é quem responde no jogo, Estela! É Oxum quem vem nos ajudar – exclamou enfática dona Marina, sem perceber que utilizou as mesmas palavras do jogo que fizera há 21 anos. Ela prosseguiu lançando os búzios que caíam na peneira fazendo desenhos e confirmando ou negando as perguntas que eram solicitadas. Estela ob-

servava com admiração a destreza e a paciência da idosa senhora à sua frente que murmurava orações e frases, na faina de decifrar a linguagem mágica que saía pelas posições assumidas pelas conchas que manipulava.

– O que Oxum tem para dizer, minha filha é tudo aquilo que você já sabe.
– O que é, minha mãe?
– A decisão de ficar ou não com seu marido é exclusivamente sua. Não cabe ao orixá ou a qualquer entidade, ou mesmo pessoa encarnada, influenciar em sua decisão. Isso é um assunto muito particular e tudo o que se pode fazer é apoiar você, seja qual for a decisão tomada.
– Isso não ajuda muito...
– Pelo contrário! É uma grande ajuda! É a prova de que você não está sozinha! Você prestou atenção na minha última frase? Eu disse que tudo o que se pode fazer é apoiar você, seja qual for a decisão tomada. Isso quer dizer que a espiritualidade jamais irá julgar sua decisão, pois ela vai estar de conformidade com a sua necessidade. O que você teme é a responsabilidade. Teme o retorno que sua decisão vai provocar, teme os comentários que as pessoas farão...
– Eu tenho medo de sofrer de novo uma decepção. Eduardo me feriu imensamente, mas eu continuo amando aquele infeliz! O meu medo é ceder à emoção e ser traída novamente. Afinal, quem apronta uma vez apronta outras mais. Gato escaldado tem medo de água fria!
– Estela, isso só o tempo vai mostrar. Se o jogo disser que ele não vai aprontar mais, a sua desconfiança não vai permitir que você acredite completamente e vai passar o resto da vida aguardando uma surpresa ruim. Se o jogo disser que ele vai voltar a aprontar, você vai decidir pela separação, mas com o tempo vai ficar imaginando se não teria sido diferente se não tivesse separado e ia acabar culpando o jogo pela sua separação. Qualquer método divinatório apenas aponta possibilidades, entretanto são as ações das pessoas orientadas pelo livre-arbítrio que fazem os acontecimentos. Neste momento, o jogo nos diz que Eduardo está arrependido e acena para você com o pedido de retorno, mas caberá a vocês dois reconstruírem este relacionamento em bases de respeito e confiança. É impossível esquecer o que aconteceu. Entretanto, se você optar por reatar seu casamento, evite ficar reacendendo o passado. Procure colocar uma pedra sobre o que passou e siga adiante ou o casamento vai para o brejo de vez. Por outro lado, se optar por separar-se, corte definitivamente os laços e também pare de ficar se lamentando pelo que não pode ser mudado. Nada de ficar como aquelas mulheres separadas, eternamente insatisfeitas, que levantam bandeiras contra o casamento e contra os homens. Refaça sua vida e siga em frente, permitindo que ele também refaça a dele. E o mais importante: seja feliz! Independentemente de sua decisão, Oxum estará sempre ao seu lado. Uma coisa que eu não posso deixar de assinalar, é que nada é por acaso. Logo, se você e Eduardo se encontra-

ram nesta vida é porque algo têm a resgatar um com o outro. O jogo não deixou claro o que é, mas aponta que vocês dois têm débitos um com o outro. Pense nisso.
— Isso é uma orientação para que eu volte para ele?
— Isso é uma informação a mais para você basear a sua decisão.
— Ai! Eu queria dormir e somente acordar quando tudo isso tivesse acabado.
— E perder o melhor da festa? Deixe de ser boba, garota! Vai passar o resto da vida como uma avestruz que enfia a cabeça na terra? Vai tomar outra dose de remédios para dormir? Vai fugir dos problemas para encontrar outros piores? Pensa que suicídio é solução? É uma pena ver que toda a educação religiosa que sua mãe te passou afogou-se nas doses de uísque.
— Dona Marina, por favor...
— Por favor digo eu, minha filha! Você me faz abrir uma mesa de jogo, seu próprio orixá responde, você recebe toda a orientação e acaba me dizendo que quer dormir para não ver os acontecimentos que, com certeza, você mesma deve ter provocado se não nesta vida, na anterior? Problemas todo mundo tem, Estela! Eu tenho 91 anos e posso te garantir que vivi intensamente cada um dos meus problemas e procurei solucioná-los com lisura. Cada pessoa que passa por esta mesa de jogo apresenta problemas semelhantes e até piores que os seus e sempre recebem a orientação da espiritualidade. Nenhum casamento é perfeito, você não é perfeita, eu não sou perfeita. A resposta que você quer não sairá desta mesa de jogo, sairá de você mesma. Você quer ou não continuar casada com Eduardo? Vale a pena ou não apostar neste casamento? Ele gosta de você, é mulherengo, mas é de você que ele gosta. Você consegue entender e conviver com isso? Ao mesmo tempo, conviver com você não é tarefa fácil! Estas suas crises de indecisão irritam qualquer um! Você tem idéia do que é estar ao lado de alguém que suspira a cada 15 minutos? Tudo que se faz ou que se fale é detonador de novo suspiro e, quando se pergunta o que está acontecendo, recebe-se a resposta "Nada, não há nada" seguida de novo suspiro? A impressão que se tem é que não conseguimos agradar por maior esforço que se faça. Para acabar logo com o seu sofrimento e o dele, decida de uma vez. Entenda que o ser humano nasceu para ser feliz. Tire da cabeça esta idéia de que você tem o dom de atrair a desgraça. Seu pai ficou desempregado porque todo mundo está sujeito a este tipo de experiência. Se o desemprego dele coincidiu com o seu nascimento, paciência! Se sua mãe teve complicações depois do parto, ela não foi a única. Se você não desenvolveu a mediunidade, assim como o fizeram sua mãe e Roberta, é porque sua missão é outra e não porque o orixá não esteja te abençoando. Se seu casamento foi permeado por traições e aventuras de seu marido, também não é o único. O que quero dizer é que todos os problemas que você faz questão de arrastar vida a fora, sem fazer o mínimo esforço para resolvê-los, são problemas que todo mortal passa e nem por isto os outros mortais se deixam

abater tanto assim. Pare de chorar e viva a vida em toda a sua plenitude. Procure resolver seus problemas nesta encarnação, pois assim a próxima ficará mais leve.

Estela reconheceu a autoridade e a verdade nas palavras de dona Marina e agradeceu pelo jogo, dizendo que iria pensar seriamente em tudo que tinha sido revelado. Despediu-se da mãe-de-santo com um beijo carinhoso em seu rosto e seguiu para sua residência. Saiu do terreiro com coração aliviado. Sua decisão estava tomada.

Eduardo toma uma decisão

Kely sorria ouvindo a mãe contar-lhe sobre sua decisão. Era um sorriso de admiração, pois subitamente ela percebeu que os papéis de mãe e filha haviam se invertido. Era ela quem deveria estar pedindo conselhos e aguardando aprovações, e não o contrário. Esperou a longa exposição e detalhamento dos motivos que levaram Estela a tomar aquela decisão e sentenciou, sempre sorrindo.

– Mãe, eu agradeço por a senhora estar confiando a mim esta responsabilidade, mas não me cabe dizer se está certo ou errado.

– Eu confio no seu julgamento, neném.

– Sim! Mas quem passou pelo que a senhora passou tem todo o direito de não querer ver mais o papai pela frente. Hoje, vendo as coisas como aprendi a ver com o que tem sido dito lá no centro, sei que existem razões espirituais para que vocês tenham se encontrado e constituído família.

– Bem que eu gostaria de saber quais são estas razões...

– Para quê? Para aumentar a sua culpa ou a dele? Deixe isso para lá, mamãe! Os aborrecimentos de uma encarnação já são suficientes, para que buscar os de outra? Se há o esquecimento, é porque ele é necessário; portanto, vivamos com os aborrecimentos que temos e procuremos resolvê-los nesta encarnação para que não seja preciso retornar para enfrentá-los de novo. Eu concordo com a teoria da reencarnação, mas acho que ficar buscando problemas de vidas passadas para servirem como escoras para os problemas desta vida não ajuda. O melhor a se fazer é buscar a solução do que está aqui e agora.

– Parece dona Marina falando...ela me disse a mesma coisa ontem na mesa do jogo.

– O importante é que a senhora assumiu uma posição. Não existe coisa pior do que a indefinição. Já falou com papai?

– Falarei hoje à noite quando ele voltar do serviço.

* * *

Roberta sonhou a noite inteira com seu orixá. Omolu dançava e na sua dança o capuz de palha levantava a cada vez que ele girava, deixando sair de dentro dele uma intensa luz. Aquela luz tocava nela e a fazia sentir-se revigorada. Em outro momento, sentia que era ela mesma quem dançava, como se o orixá a tivesse possuído; ao mesmo tempo, sentia que a palha a cobria e uma imensa sensação de paz a envolvia. Quando despertou, um conhecido latejar estava lá, pulsando no alto e no meio de sua cabeça. Pegou o telefone e discou o número da casa de dona Marina.

– Alô? Bom-dia, Lurdinha, dona Marina pode atender?

– Bom-dia, minha filha, o que foi? – respondeu a voz de dona Marina após algum tempo.

– Sua bênção, minha mãe.

– Que minha mãe lhe abençoe. Sua bênção! O que houve? Omolu não deixou você dormir?

– Como a senhora sabe?

– Oxum também não me deu descanso. Está na hora de devolver para você aquilo que te pertence.

– É, eu também entendi assim. Preciso cuidar de minha quartinha.

– Antes preciso jogar para você. Veremos o que o orixá tem para dizer.

Marcaram para se encontrar na parte da tarde daquela quinta-feira. Roberta sentiu um frio no estômago quando empurrou o portão que separava o terreiro da rua. Vinte e um anos tinham se passado desde a última vez que tinha ido até ali para a realização de um jogo daquele. Ainda lembrava das saudações e as fez com todo carinho e respeito. Dona Marina a aguardava dentro do terreiro. Após a abertura ritualística do jogo, a mãe-de-santo lançou as 16 conchas na peneira e observou o resultado da caída.

– Atotoó![21] É Omolu, seu pai, quem abre este jogo!

– O que ele diz, minha mãe?

Após mais algumas jogadas para verificação das respostas, dona Marina disse:

– Ele quer que sua quartinha volte a ser sua responsabilidade.

* * *

Eduardo aparentava os típicos sinais de cansaço. Na manhã daquele dia, após ter feito a barba, observou seu rosto de maneira diferente e viu como havia envelhecido. Percebeu que algo se modificou nele depois daquele dia em que Estela o flagrou com Shirley. Ter sido o responsável pela tentativa de suicídio da esposa tornou-se um fardo pesado demais para carregar. Esse sentimento se intensificava quando ele lembrava que não bastasse ela ter sido demitida naquele mesmo dia, ainda teve de encarar a constatação de seu adultério. Pensava e repensava em sua vida enquanto dirigia de

---

21. Saudação a Omolu. Sua tradução é: Silêncio!

volta para casa. Falava sozinho, gesticulava e, quem o observasse de fora do carro, teria a certeza de que ele estava tendo uma alucinação visual e auditiva com a qual travava calorosa conversa.

– Quem mandou ser galinha? Precisava desrespeitar o próprio lar? Agora agüenta, meu irmão! Tá com saudade dos carinhos e da presença da esposa? Deveria ter pensado melhor antes de deixar que suas amantes freqüentassem as festas da família! Você vacilou, enfiou os pés pelas mãos achando que o amor de vocês seria eterno e que sobreviveria a qualquer crise, pois era maior do que tudo...acontece que tudo tem um limite. Agora vai chegar em casa, vai jantar e vai para o quarto dos fundos. Por que não procura uma das suas amigas para afogar as mágoas? Ah! Cansou? Tá ficando velho e agora quer paz e sossego? Mas você não é tão velho assim, você só tem 49 anos. Ah, você descobriu que ama sua esposa? Será que ela ainda ama você? Será que ela ainda quer amar você? Você é muito egoísta, não acha? Queria que a Estela aceitasse suas escapulidas, porque é a ela que você ama e as outras não têm qualquer importância, as outras são brincadeiras sem compromisso? Então, veja bem o que uma destas brincadeiras gerou: Valéria voltou da tumba para reclamar um direito que julgava ter. Não acha que está na hora de crescer a agir como homem e não como um adolescente que descobriu agora o brinquedinho chamado sexo? Você já parou para pensar em sua filha? Que respeito você pode exigir dela? Esta situação precisa ser resolvida. Estela ontem deixou claro que não quer voltar atrás. Sugira a separação e pronto.

O motorista do carro detrás buzinou chamando a atenção para o sinal que mudara de vermelho para verde, ele engatou a primeira marcha e continuou falando consigo mesmo sobre sua insatisfação com o rumo que suas ações fizeram sua vida tomar. Tinha certeza de seu arrependimento e de que queria ter uma segunda chance. Entretanto percebia que Estela, apesar de dar sinais de que ainda gostava dele, não estava disposta a apostar novamente no relacionamento.

Estacionou o carro, desligou o motor e deu um suspiro antevendo a conversa que teria ainda naquela noite com a esposa. Entrou em casa, cumprimentou a filha que assistia a televisão na sala e foi em direção à cozinha para encontrá-la vazia.

– Neném, onde está sua mãe?

– Se não está na cozinha, com certeza só pode estar no quarto. Aconteceu alguma coisa?

Ouvindo a resposta da filha, Eduardo dirigiu-se ao quarto da esposa. Bateu na porta e chamou por Estela, que respondeu dizendo que estaria pronta para o jantar em breve. Ele não teve alternativa senão aguardar.

A decisão de Estela

Estela sentiu um frio no estômago quando girou a maçaneta da porta para abri-la. Hesitou por um momento, mas percebeu que não era hora para o medo. Respirou fundo buscando forças, abriu a porta do quarto e foi em direção à copa. Trazia o semblante sereno, apesar de internamente estar um pouco ansiosa. Afinal, aquela noite marcaria os novos rumos que havia decidido para sua vida. Estava usando uma colônia nova e distraiu-se cheirando os braços, verificando o efeito do perfume na própria pele, e parou por um momento no meio do caminho entre a copa e a cozinha. Somente depois de algum tempo foi que percebeu que Eduardo a olhava demoradamente. Ficou um pouco sem jeito e conclamou toda a família para o jantar.

– Humm, mamãe, que perfume gostoso!

– Eu também adorei. Passei naquela perfumaria que você gosta e experimentei algumas essências. Achei que este é a minha cara.

– E é mesmo! Posso tirar umas casquinhas de vez em quando?

– Claro, neném! Está às ordens!

– Este perfume é mesmo muito gostoso e caiu muito bem em você Estela – comentou Eduardo na tentativa de entrar na conversa.

– Muito obrigada. Fico feliz em saber que agradei a todos com minha escolha, e vocês sabem como eu fico indecisa quando tenho de decidir por alguma coisa. Este perfume eu escolhi sozinha, sem a ajuda de ninguém. Fiquei horas naquela perfumaria, mas acabei decidindo. Por falar em decisão, este assunto veio bem a calhar...

Kely percebeu que Estela ia diretamente ao assunto sobre o qual tinham conversado naquela manhã e interrompeu brevemente.

– Mãe, eu prefiro que vocês tenham esta conversa a sós. Não se preocupem comigo, eu vou jantar lá no quarto...

Antes que os pais pudessem protestar, ela já estava de pé e, com o prato nas mãos, rumou em direção ao seu aposento. Eles ainda ouviram a voz dela antes de fechar a porta do quarto.

– Conversem como gente grande, hein!

Eduardo sentiu-se pego de surpresa, afinal, ele mesmo havia se preparado durante todo o percurso do trabalho até sua casa e agora se via diante de uma Estela decidida a fazer aquilo que ele tentara assim que tinha chegado em casa. Um incômodo silêncio abateu-se sobre eles e somente era quebrado pelo tilintar dos talheres na louça e pelo som distante da televisão. Estela pôs-se a observar discretamente o marido. Viu suas mãos outrora viçosas aparentando as rugas e calosidades características do amadurecimento e foi aí que percebeu que ele conservava a aliança no dedo anelar esquerdo. Ficou imaginando se ele, assim como ela, experimentava às escondidas a sensação da mão sem a aliança. Seu olhar também denotava cansaço e tristeza e seus cabelos brancos tinham aumentado em número naqueles últimos meses. Eduardo estava visivelmente abatido. Observou mentalmente que ele estava chegando em casa sempre à mesma hora. Se tivesse alguma namorada, estava visitando-a durante o dia, pois à noite e nos finais de semana ele estava sempre em casa.

Ele, por sua vez, também colocou-se a observar a esposa. Estela aparentava boa disposição. Depois de retornar ao convívio de Roberta e das pessoas de sua juventude, seu humor melhorou sensivelmente. As idas ao terreiro de dona Marina trouxeram de volta um brilho em seus olhos e uma confiança no futuro que ele não via desde o tempo em que sua sogra estava encarnada. Seus cabelos cortados em um estilo moderno, sua pele brilhava com saúde e ele chegou a pensar que ela estava prestes a anunciar que arrumara um novo namorado.

– Você disse que o assunto sobre decisão tinha vindo a calhar...

Foi ele quem deu o primeiro passo na direção de retomar a conversa.

– Sim, eu disse.

– Eu também passei o dia todo pensando que precisamos decidir algumas coisas.

– Algumas coisas?

– Muitas coisas....quero dizer, tudo! Você não notou que não tocamos mais neste assunto desde o dia em que você voltou do hospital?

– Eu estive ontem com dona Marina. Fui buscar orientação sobre esta nossa situação. Estava muito confusa, muito magoada e precisava saber se a espiritualidade tinha algo a dizer para mim.

– Estava? Você usou o verbo no passado...

Eduardo tinha um brilho ansioso nos olhos.

– Estava, estou...tá tudo ainda muito misturado, Eduardo...o passado cisma em se meter no presente...são lembranças e emoções misturadas. Esta casa era para mim um reduto, um santuário, o local onde eu construí minha felicidade. Aqui eu me entreguei a você, aqui nós fizemos nossa filha, aqui nos amamos em cada um destes cômodos, aqui nossa filha cresceu, aqui construímos nossas vidas, aqui sorrimos, aqui choramos, aqui vivemos e aqui...justamente aqui, você me traiu.

Eduardo baixou os olhos e fixou os olhos nos desenhos da toalha de mesa. Ela continuou.

– Eu não sou tola, Eduardo, e percebia suas escapulidas. Procurei tolerar todas elas e você sabe disso, mas encontrar você com aquela vagabunda da Shirley aqui dentro de casa foi demais. Eu enfrentei tudo. Enfrentei a tal da Valéria na festa de 15 anos de Kely, enfrentei a tal da Roberta lá do seu serviço...mas quando poderia imaginar que tinha uma cobra dentro de minha própria casa, o único lugar no mundo onde eu baixava a minha guarda? Eu fui duplamente enganada. Fui enganada por você e por ela. Quantas vezes, quando já não agüentava mais e precisava desabafar com alguém, foi com ela que me abri. Imagine! Minha mãe já não estava mais aqui para me amparar, Roberta não queria ouvir meu nome, não tinha amigos para me darem colo...aí, só me restava me abrir com a empregada. Que idiota eu fui... eu me abria justamente com quem mais me traía. Shirley comeu da minha comida, bebeu da minha bebida, dormia debaixo do meu teto, dormia com meu marido e eu ainda pagava a ela um salário por isso! Isso chega a beirar a comédia! Hoje, depois do jogo de ontem, percebo que minha mágoa não é somente em relação a você. É em relação a ela e à minha cegueira.

– O que foi que o jogo de dona Marina aconselhou?

– Aconselhou que eu tome uma decisão, seja ela qual for. A espiritualidade não toma partidos, ela aconselha a seguir o coração e a ser coerente. Ela está do nosso lado torcendo por nossa felicidade, mas não interfere em nosso livre-arbítrio. Ela mostra possibilidades, aconselha, orienta, mas, na hora H, a decisão é sempre nossa.

– Estela, eu gostaria de poder passar uma borracha em tudo isso que aconteceu. Digo isso não somente sobre aquela tarde horrorosa de sexta-feira, quando você entrou aqui carregando o peso de uma demissão sem justa causa e sem aviso prévio e ainda me deu um flagrante. Eu queria poder voltar no tempo e ter dito não à vinda de Shirley para cá quando sua mãe morreu, eu queria voltar no tempo e ter ficado em casa naquele sábado em que você viajou para São Paulo e o Val me chamou para sair...eu queria voltar no tempo para poder consertar muita coisa que fiz ou que deixei de fazer, só que eu não posso. Ninguém pode consertar o que passou. Acho que dona Marina está certa, não cabe a ninguém nos dizer o que fazer. Somos nós que temos de arcar com este ônus sabendo que também este momento, depois que ele passar, não poderá ser modificado. Eu não quero ficar justificando minhas escapulidas com suas alterações de humor e crises de depressão, pois se formos por este caminho jamais chegaremos a um acordo sobre o que gerou o quê. Tudo o que sei é que eu errei, errei muito! Mas estou arrependido. Eu achei que nosso amor era indestrutível, achei que ele suportaria todas as crises, que você sempre me perdoaria... fui egoísta, fui imaturo, fui leviano...chega a ser irônico descobrir que só damos valor às coisas quando as perdemos. Eu estou sem chão, Estela. Eu acho que te perdi...você não morreu, graças a Deus! Eu não suportaria o peso da res-

ponsabilidade que seu suicídio jogaria em minhas costas, mas olho agora para você e a vejo tão segura. Você está diferente...cortou os cabelos, sua aparência está boa, até perfume novo comprou! Pode ser que eu me engane, mas isso não é só o efeito dos trabalhos espirituais...eu acho...eu acho...
— O que é que você acha, Eduardo?
— Você está namorando alguém? Pode dizer, eu agüento o tranco, aliás...acho que eu até mereço ser trocado...só lhe peço que eu saiba por você e não por outra pessoa.
Estela quase sentiu o doce sabor da vingança preencher sua alma. Ver Eduardo ali na sua frente, tão inseguro, que sua voz chegou a beirar um tom infantil naquela sua última frase. Sua mente fervilhou em idéias e ela precisou analisá-las cuidadosamente em frações de segundos, pois o tempo não estava a seu favor. Ela tinha duas opções: dizer a verdade, esclarecendo que não estava saindo com alguém logo — Eduardo estava enganado — ou alimentar a insegurança do marido para que ele sentisse um pouco do próprio veneno. Realmente, Estela tinha se modificado naqueles últimos meses. O retorno ao convívio com pessoas de sua infância alimentou sua auto-estima, sua assiduidade às reuniões com o grupo de ajuda aos alcoólatras também estava lhe dando um ótimo suporte e disciplina quanto à ingestão do álcool, a assistência espiritual complementava todo aquele quadro de bem-estar e isso se refletia em sua aparência, ao passo que Eduardo sentira o passar e o peso do tempo.
— Por que você acha isto, Eduardo? — disse ela, levando o copo à boca para dar um pequeno gole e depositando-o demoradamente no mesmo lugar de forma misteriosa e elegante. Ela não percebeu, mas tinha um leve sorriso no canto da boca e no canto dos olhos.
— Ah, Estela! Agora sou eu quem diz: eu não sou bobo...eu sei reconhecer quando tem gente nova por perto. Olhe para você! Está mais bonita, até emagreceu! Cortou os cabelos, comprou perfume novo...a pele está boa...
— E você pode me esclarecer por que é que sempre que uma mulher está bem, este bem-estar só pode ser associado à presença de um homem? Que coisa mais cretina! Pele boa é sinal de que tem homem, é isso? É isso que você acha, Eduardo?
— Ah, eu não sei mais nada...eu acho que estou estragando tudo...não era isso que eu queria dizer...o que eu quero dizer é que você está mais linda do que nunca e que eu estou morrendo de ciúmes.
Estela sentiu que estavam em um momento crítico de sua conversa e uma palavra mal colocada poderia modificar completamente o rumo dos acontecimentos. Percebeu que não era hora de tripudiar com os sentimentos de Eduardo, por mais que ela pensasse que ele o merecesse, mas lembrou-se de suas conversas com dona Marina e com Kely e optou por dar um rumo mais equilibrado àquela conversa.
— O que é que você sugere, Eduardo?

– Eu quero tentar novamente. Como eu falei, não dá para passar uma borracha e apagar tudo o que aconteceu, mas eu acho que ainda temos chance. A gente só magoa quem a gente ama e da mesma forma a gente só é magoado por quem a gente ama....eu não sei se deu para entender o que eu falei. Ah, Estela, perdoa-me por favor?

Estela assumiu um ar altivo, respirou fundo, suas sobrancelhas arquearam-se como se de repente ela tivesse sido tomada por toda lucidez existente e seus olhos tornaram-se ainda mais expressivos.

– Eduardo, li hoje em uma coluna do jornal um artigo sobre o tempo presente e as lembranças. No pequeno texto, o autor disse uma coisa simples, mas muito verdadeira. Ele disse que as lembranças estão para o presente assim como o sal está para a comida: na medida certa tempera, na dose exagerada estraga. Nós nunca iremos esquecer o que passou, mas, se queremos prosseguir, não podemos deixar que o que aconteceu fique se intrometendo em nossas vidas. Aconteceu e pronto. Encaramos o fato e optamos por revivê-lo eternamente ou optamos por fazer dele um aprendizado. Eu tenho uma certeza: não quero passar por aquela situação nunca mais; logo, a minha opção é fazer do que vivi um aprendizado. Eu aprendi a me valorizar. Kely me ensinou isso. Eu aprendi que preciso tomar decisões. Dona Marina me ensinou isso. Você perguntou se eu tenho um namorado e eu te respondo que, quando voltei do hospital, tinha decidido que jamais alguém voltaria a me tocar. Acontece que não é assim que o coração funciona. Com toda mágoa que sinto, eu ainda amo você, Eduardo, mas também não vou lhe facilitar a vida, ouviu? Se você quer outra chance, terá de me reconquistar. Não me venha com truques de sedução que eu já conheço, que funcionaram no passado e só vão servir para despertar lembranças que queremos esquecer. A Estela que você conheceu modificou-se. Hoje ela é muito mais exigente e mais cara.

– Como mais cara?

– Se você acha que este é um jantar de reconciliação e que ele vai acabar naquele quarto que fica no fim deste corredor, está muito enganado meu filho.

– O que você quer dizer com isso? – perguntou ele, incrédulo com o que ouvia.

– Exatamente isso que você ouviu. Agora me dê licença, acho que o jantar e a conversa acabaram. Você me faz um favor? Recolha a louça e coloque na pia, eu lavo amanhã. Agora vou me recolher, vou ler meu romance e esperar o sono chegar. Boa-noite.

Eduardo desfez a mesa do jantar pensativo, lavou a louça tendo a testa enrugada tentando entender o que Estela acabara de dizer. Subitamente, seu olhar se iluminou e um sorriso se abriu em seu rosto. Foi até o quarto de empregada, vestiu-se para sair, colocou perfume e foi bater na porta do quarto de Estela, viu que a luz ainda estava acesa.

— Estela?!

Ela abriu a porta com uma expressão curiosa, ainda segurava o livro que lia.

— Aconteceu alguma coisa?

— Não, mas vai acontecer. Quer sair comigo?

— Agora?!

—E por que você acha que me enfeitei todo? Você não acha que aquela conversa acabou mesmo, acha?

— Não, Eduardo, eu não acho...

O RETORNO A CASA

Kely estranhou a súbita movimentação no corredor e apurou os ouvidos para tentar entender o que estava acontecendo. Precisava levar seu prato de volta para a cozinha e lavá-lo, mas não queria encontrar nem com o pai nem com a mãe, pois não queria que sua presença influenciasse ou atrapalhasse o diálogo dos dois. Aquele era um assunto para ser resolvido apenas por Estela e Eduardo. Assim, aguardava que a luz do quarto da mãe se apagasse e o barulho que o pai fazia nos cômodos dos fundos terminassem para que ela pudesse, ao menos, deixar o prato na pia da cozinha.

O som de vozes e passos no corredor seguidos do chacoalhar de chaves e do som do motor do carro do pai a fizeram entender que aquela conversa tinha produzido algum efeito. O silêncio que se fez após o som do motor ficar cada vez mais distante aguçou sua curiosidade e ela decidiu sair do quarto para ver o que havia acontecido. Colocou apenas a cabeça para fora do quarto e olhou na direção do quarto da mãe: silêncio. Olhou na direção da copa, apenas a claridade que vinha da cozinha iluminava a mesa de jantar.

– Mãe?!

Chamou, olhando novamente na direção do quarto de Estela. A porta estava entreaberta; não obtendo resposta, resolveu ir até lá para ver o que estava acontecendo. Temendo ser percebida, esgueirou-se pela parede até aproximar-se da entrada do quarto. Por um momento temeu novamente pela vida da mãe, por que ela não respondia? Ao mesmo tempo, temeu que ela estivesse na suíte e não pudesse responder e que apareceria a qualquer momento flagrando-a espreitando para dentro do quarto; temeu entrar e encontrar os pais em plena intimidade. Logo afastou esta idéia, pois estava claro que Eduardo tinha saído de carro. Ficou assim grudada na parede como uma mosca, enquanto sua cabeça fervilhava de idéias. Em pouco tempo seu equilíbrio falou mais alto e ela decidiu que não cabia ficar ali escondida, afinal, estava fazendo nada demais, apenas precisava saber o que a conversa dos pais engendrara.

— Mãe, a senhora está bem? — falou aproximando-se do portal. — Mãe? Cadê você?

Falou novamente e seu nariz foi envolvido pelo cheiro do perfume que Estela estava usando naquela noite. Pelo que ela podia notar, a mãe havia retocado a dose. Sem obter resposta, entrou no quarto e acendeu a luz. O quarto estava vazio. Imaginou que Estela estivesse na sala e foi até lá para encontrar apenas os móveis; foi até a cozinha e nada, foi até o quarto de empregada: estava vazio; por último, foi até a garagem e entendeu que os pais tinham saído.

— Para onde aqueles dois foram a esta hora?

Perguntou para si mesma, sabendo que não obteria resposta. Voltou para seu quarto, pegou o prato e o garfo, foi para a cozinha e lavou-os, foi para a sala e ligou a televisão, passeou com o controle remoto por todos os canais sem que os programas lhe despertassem a atenção. As horas foram se sucedendo sem que o motor do carro de Eduardo voltasse a roncar na vizinhança.

— Meu Deus! Já passa de uma hora da manhã, onde aqueles dois se meteram? Eu preciso dormir, amanhã ainda é sexta-feira e preciso estar disposta para trabalhar...bem, seja o que Deus quiser, vou me recolher.

Dizendo isso, Kely voltou para seu quarto e jogou-se na cama. Despertou com o mesmo chacoalhar de chaves e percebeu que os pais voltaram, olhou para o relógio e viu com dificuldade que eram três e meia da manhã. Levantou-se sem acender a luz, pois não queria ser notada, aproximou o ouvido da porta para ouvir o que eles falavam no corredor. Estavam sussurrando e precisou esforçar-se para entender o que falavam.

— Você não vai fazer isto comigo... — dizia Eduardo em um gemido.

— Vou sim, não adianta insistir — respondeu Estela, sorrindo ao tentar desvencilhar-se do abraço do marido.

— Ah não! Não depois desta saída maravilhosa, desta noite mágica...

— Fale baixo! Não precisamos acordar Kely...nós já fizemos muita estripulia por hoje, vá para o seu quarto.

— Este é o meu quarto, o nosso quarto!

— Até amanhã, senhor Eduardo. Muito obrigada pela sua companhia, foi uma noite muito agradável.

— Estelinha...

— Nem Estelinha, nem Estelão. Boa-noite.

— Tem certeza?

— Absoluta.

Dizendo isso, ela afastou delicadamente o marido com uma das mãos, entrou no quarto e fechou a porta atrás de si. Ficou ainda alguns momentos escorando a porta com as costas e sorrindo para o nada. A Eduardo só restou rodar nos calcanhares e rumar na direção do quarto de empregada, que ficava depois da cozinha.

No escuro de seu quarto, colada à porta, Kely sorriu e voltou para a cama intuindo que a manhã que se aproximava seria cheia de novidades.

Em sua suíte, Estela encarava o espelho. Observava seu rosto, o canto dos olhos, a boca, as rugas que se iniciavam ao redor do pescoço, observou as mãos, levantou os braços e deu adeus para si mesma enquanto olhava pelo espelho se os braços estavam muito flácidos. Continuou seu auto-exame, despindo-se por completo e olhou-se demoradamente no espelho. Afastou-se para ver todo o conjunto, aproximou-se para observar detalhes, apertou-se, cheirou-se, observou-se minuciosa e demoradamente, riu para sua imagem no espelho, demonstrando estar satisfeita com o que via.

– Imagina que eu ainda tentei dar um fim a esta belezura. Ainda bem que não consegui. Morrer? Que morrer que nada, agora eu quero ser eterna!

Dizendo isso, vestiu a camisola, fez a higiene bucal, penteou os cabelos, deitou-se e adormeceu sorrindo.

Enquanto isso, no quarto de empregada, Eduardo tentava conciliar o sono. Sentia um misto de cansaço e excitação, que lhe dificultava o relaxamento.

– Ah, Estela, como eu te amo. Será que você vai me perdoar um dia?

A sexta-feira amanheceu preguiçosa para todos naquela família. O relógio despertou Kely, que preparou, sonolenta, o café da manhã. Eduardo foi despertado pelo cheiro do café e pelo barulho que vinha da cozinha, pois por mais que a filha tentasse não fazer ruídos, sempre escapava do seu controle o som da água escorrendo na pia ao lavar a louça, o barulho do papel que envolve o pão, o som da borracha que sela a porta da geladeira, o som da cadeira quando alguém se senta, o som que sai da lâmpada acesa, o som do fogão quando se acende uma das bocas, todos os sons que passam despercebidos quando a casa está em pleno movimento naquela hora tomavam uma dimensão enorme.

– Bom-dia, neném – disse Eduardo bocejando ao sentar-se à mesa.

– Bom-dia, pai! Acordei o senhor?

– Já está na hora de levantar mesmo...

– Mas o senhor vai trabalhar pela manhã?

– Não...hoje entro de tarde...mas não dormi direito...aliás, esta cama neste quarto é péssima.

– Como foi ontem?

– O quê? – disse Eduardo, coçando a ponta do nariz com o dedo indicador.

– Não adianta coçar o nariz buscando uma forma de me despistar. Sei que vocês saíram ontem depois do jantar e voltaram tardíssimo.

– Sua mãe? Onde ela está?

– Pai, o assunto é com o senhor. Mamãe ainda não levantou. Fui lá no quarto e ela dorme a sono solto. Agora me conta...estou ansiosa, curiosa, já não tenho mais unhas...

Eduardo coçou a cabeça embaraçado.

– Anda logo, papai! Eu ouvi vocês no corredor quando chegaram, o senhor estava todo alegrinho...vocês voltaram?

– Acho que sim.

– Iupiiiiiii!!!!! Mas, espere aí...como acha que sim? Voltaram ou não voltaram?

– Eu acho que sim, neném...

– Mas o que vocês fizeram ontem quando saíram?

– Kely, por favor....

– Vocês....vocês...

– Nós saímos para conversar, para continuarmos nossa conversa. Fomos a um barzinho.

– Tá legal, mas e depois do barzinho?

– Fomos a um motel, Kely! É isso que você quer saber?

– Iupiiiiii!!!!! É sim!!!! Então, vocês voltaram! Iupiiii!!!!

– É isso que não sei. Eu dormi no quarto de empregada.

– Não force tanto a barra, seu Eduardo, eu acho que foi um progresso e tanto.

– Você acha?

Recomeços e renascimentos

Foi somente na hora do jantar que Kely obteve as informações sobre a reconciliação dos pais. Ela precisou sair para trabalhar e, enquanto fez o desjejum ou se vestia, a mãe não despertou. Eduardo, por sua vez, retornou para o quarto de empregada assim que a filha foi para o quarto terminar de se aprontar para trabalhar. Ligou durante o dia para casa, mas somente a secretária eletrônica atendia.

– Então? Como foi o dia de vocês? – perguntou Kely, puxando conversa.
– Eu estive com Roberta praticamente toda a tarde.
– Eu percebi que a senhora não estava em casa....liguei para cá várias vezes.
– Você foi até a casa de sua mãe? – perguntou Eduardo para Estela.
– Fui sim. Como previmos, a casa precisa de alguns reparos.
– Do que é que vocês estão falando? – disse Kely, limpando delicadamente o canto da boca com o guardanapo.
– A casa de sua avó está vazia e precisa de reparos.
– Sim, mas por que este súbito interesse em reformar a casa de vovó?
– Bem, neném...como nós conversamos ontem pela manhã, você já sabe da minha decisão quanto ao meu futuro e de seu pai. Ontem nós saímos e de lá pra cá eu pensei bastante em muitas coisas e comuniquei a ele minhas decisões.
– Legal...e o que tudo isso tem em relação com a casa de vovó?
– Depois de tudo o que passamos, coisas que você já sabe e que não cabe ficarmos repetindo, eu acho que precisamos mudar de ares. Esta casa já não é a mesma para mim. Aquela porta do quarto onde Shirley dormia ainda me causa enjôo e eu sinto que para dar a chance que seu pai me pede, eu preciso sair daqui.
– Você vai morar sozinha naquela casa?
– Não, meu amor, seu pai, eu e você vamos morar lá. Aquela casa está vazia, faremos os reparos que precisamos e nos mudaremos para lá.
– Grandes modificações! Para quando é a mudança?

– Acho que dentro de uns quatro ou cinco meses, neném.
– E esta casa? O que será feito dela?
– Esta casa será sua um dia. Alugaremos para que tenhamos uma fonte de renda e ficaremos tranqüilos sabendo que você tem um bem com o qual pode contar.

* * *

O coração de Roberta batia acelerado dentro do peito. Chegara o dia marcado por dona Marina para que ela recebesse, enfim, a quartinha de seu orixá. Muito além de ser um simples recipiente de barro, a quartinha é a representação física do orixá. Isenta da representação antropomórfica sugerida pelas imagens católicas, a quartinha é a representação do orixá por meio de seus fetiches,[22] de objetos aos quais se atribuem poderes característicos do Orixá ao qual aquela quartinha é consagrada. Dessa forma, dentro da quartinha ritualisticamente preparada encontramos pedras consagradas ao orixá, búzios e insígnias em quantidades determinadas por ele mesmo, favas e folhas consagradas a ele e vários outros elementos que compõe energeticamente a quartinha, de forma que ela se torne única, específica de cada médium e seu orixá regente.

Sua preparação requer o recolhimento ritualístico do médium por um certo período, visando à abstenção de determinadas atividades mundanas, resguardo alimentar e sexual. O ritual é feito na fase lunar propícia e dele somente participam pessoas que já tenham feito suas quartinhas. Após a feitura da quartinha, o médium é responsável por sua manutenção e limpeza. Ele se compromete a manter a água em seu interior sempre fresca e limpa, reabastecendo-a a cada sete dias, tendo sempre uma vela acesa ao seu lado e limpando todo o seu interior e os fetiches nela contidos, periodicamente, a cada três meses e na fase lunar propícia. É um ritual para ser feito por aqueles que alcançaram um estágio de amadurecimento dentro do culto, que passaram pelo período do deslumbramento que o início da mediunidade propicia, pois é uma assunção de responsabilidade perante a espiritualidade e perante sua missão mediúnica.

Tudo isso se passava na mente de Roberta com muita clareza e ela se viu novamente jovem no ano de 1982, com 28 anos de idade, cheia de esperanças e com um enorme potencial mediúnico. Recebera boa base doutrinária, mas sua vaidade falou mais alto, não permitindo que ela enxergasse a sabedoria da espiritualidade por meio das negativas que recebeu aos pedidos pelos quais já havia sido advertida de que não seriam atendidos. Viu novamente seu mundo desmoronar com as sucessivas perdas: a perda do namorado, a perda da amiga e a perda do pai. Afastou-se

---

22. Objeto animado ou inanimado, feito pelo homem ou pela natureza, ao qual se atribui poder sobrenatural e se presta culto.

da religião e arrastou o peso de uma mágoa que lhe amargou o coração por mais de vinte anos. Entretanto, hoje entendia e agradecia por não ter tido seus pedidos atendidos, pois agora sabia que seu lugar era ao lado de Joel e que Eduardo nunca lhe pertencera.

Tinha decidido voltar às atividades mediúnicas e comunicara isso à dona Marina no dia do jogo. Omolu respondeu por meio dos búzios que queria que a quartinha fosse devolvida em determinado ritual, no que foi prontamente atendido. Roberta preparou-se para aquele momento com muito carinho. Tomou o banho de ervas assim que chegou ao terreiro, colocou roupas brancas e dirigiu-se para o salão onde as cerimônias eram realizadas e lá encontrou alguns médiuns que atenderam à convocação de dona Marina para aquele evento. Dentre eles estava Tereza. A um sinal de dona Marina, todos assumiram seus lugares nas fileiras que se formaram de cada lado do terreiro; João trouxe o turíbulo[23] e um médium colocou o defumador sobre a brasa do carvão. Uma fumaça perfumada tomou conta do ambiente. Todos entoaram um cântico de defumação, pedindo licença aos mentores para a realização do ritual. Ao final da defumação, fizeram uma prece de abertura e entoaram um cântico para "bater a cabeça". Reverenciaram o altar, prostrando-se no chão em frente a ele em sinal de submissão e respeito às forças ali representadas; pediam proteção e paz para si e para todos os presentes. Viraram-se de frente para a porta de entrada e saudaram Exu, para que ele permitisse que a cerimônia prosseguisse. Exu é o intermediário entre o mundo espiritual e o mundo dos encarnados. Ao mesmo tempo em que ele assume o papel de guardião dos templos, é ele quem regula a comunicação entre os orixás e encantados e o homem. É por isso que se diz que "sem Exu, não se faz nada".

O ritual seguiu crescendo em energia e vibração, na medida em que os passos necessários para a sua execução eram cumpridos. O avançar de um ritual funciona como o abrir de portas, quando se caminha em um corredor com o objetivo de chegar-se ao seu final. A cada etapa cumprida, abre-se uma porta para iniciarmos outra etapa até atingirmos o clímax da reunião que é o convívio com os habitantes do mundo espiritual. Dona Marina posicionou-se em frente ao altar e permitiu a incorporação de Seu Serra Negra, o Caboclo com o qual trabalhava há 72 anos. O guia assumiu gentilmente parte do controle do aparelho fonador de sua médium e transmitiu a todos a alegria por estarem ali reunidos para marcar o retorno de uma filha que se afastara de sua missão, mas que agora retornava sob a proteção de seu orixá. Falou sobre o tempo e o amadurecimento e sobre como a espiritualidade jamais tem pressa e sabe aguardar que o ser humano progrida dentro de seu próprio ritmo. Seu Serra Negra abraçou Roberta demoradamente e ela sentiu todo seu corpo vibrar com a onda de energia que a entidade transmitiu com aquele abraço.

---

23. Vaso onde se queima o incenso.

Todos estavam emocionados e sentiam a vibração do ambiente. O terreiro parecia estar maior do que ele realmente era, a luminosidade estava diferente, as flores mostravam um colorido mais intenso e o chão parecia tremer com cada batida que o ogã dava no couro do atabaque. Seu Serra Negra fez uma saudação a cada uma das falanges de trabalhadores da Umbanda, entoando pontos de Exu, Pomba-gira, Ciganos, Boiadeiros, Caboclos, Pretos-Velhos e Crianças. Depois falou algo ao ouvido de João, que foi até um aposento contíguo ao terreiro, onde ficavam as quartinhas de todos os médiuns, e trouxe para o salão a quartinha de Roberta e a entregou para o Caboclo incorporado na chefe do terreiro. Roberta sentia todo seu corpo formigar, a sola de seus pés parecia soltar faíscas, seu coração batia acelerado e sua respiração era ouvida por todos. A região no alto e no centro de sua cabeça estava toda arrepiada e um peso enorme a mantinha fixada no mesmo lugar onde estava.

– Atotoó!

Saudou o Caboclo, denotando que era chegada a hora de Omolu apresentar-se. Todos os filhos de Omolu que estavam presentes incorporaram o seu orixá. Foi uma incorporação coletiva e simultânea, como se de repente uma onda tivesse passado e feito balançar tudo em sua passagem. Roberta sentiu um abraço quente a envolvendo, era como se uma pessoa que ela não via há muito tempo a tivesse envolvido e demoraria muito a soltá-la. Era um envolvimento que a fazia sentir-se bem, que a revigorava ao mesmo tempo que intensificava todas as sensações de arrepio e formigamento que estava sentindo. Ela sabia o que estava acontecendo. Sabia que era Omolu que se aproximava com intensidade.

Seu Serra Negra entoou uma cantiga para Omolu e o orixá possuiu sua filha plenamente. Deu um brado que ecoou por todo o terreiro, era o brado do guerreiro que venceu uma batalha. Roberta sentia como se tivesse crescido em altura, seu corpo todo formigava e, ao som do atabaque, o orixá dançou por todo o terreiro. Ora dançava vigoroso e jovem, ora dançava alquebrado e cansado. Em determinado momento, o orixá parou em frente ao Caboclo incorporado e este colocou nas mãos da médium possuída pelo orixá a sua quartinha. Omolu segurou a quartinha no alto da cabeça de sua filha, depois tocou com a quartinha a testa, a nuca, o lado esquerdo e o lado direito da cabeça, ajoelhou-se em frente ao altar, depositou a quartinha no chão, deitou-se em frente a ela de bruços, de forma que a cabeça de Roberta quase tocava a quartinha, e desincorporou. Nesse momento, os outros médiuns já estavam desincorporados e a emoção do ritual era sentida por todos os presentes.

Roberta levantou o tronco, mas permaneceu ajoelhada em frente ao altar e à quartinha. Continuava a sentir seu corpo tremer e sua respiração não retornara ao seu ritmo normal.

– Òóré yeye o!!

Seu Serra Negra saudou com alegria o orixá Oxum, a mãe de Roberta, que também se fazia presente naquele ritual. Oxum envolveu sua filha e suas lágrimas se confundiram na felicidade daquele reencontro. Ao desincorporar, o orixá deixou a médium em um estado de tranqüilidade inigualável; o rosto de Roberta transparecia a alegria e a serenidade de que era portadora. O Caboclo dirigiu-se à Roberta, colocou a quartinha em suas mãos e informou que a partir daquele momento ela era a responsável pela sua manutenção. O cuidado que dona Marina teve para com ela foi uma exceção à regra, pois foi um pedido, da própria Oxum, para que aquela quartinha não ficasse sem cuidado, já que na sua destemperança Roberta tinha deixado toda a sua vida religiosa para trás. Porém, o prazo dado por Oxum encerrava-se naquele momento. Era hora de Roberta responder dali por diante pela guarda e cuidado daquilo que ela assumira 21 anos antes.

–Eu quero agradecer, Seu Serra Negra, por toda paciência, por toda compreensão, por toda proteção que a espiritualidade me concedeu, mesmo achando que não fui merecedora de tanto carinho. Eu só fui saber que dona Marina cuidou de minha quartinha todo este tempo alguns meses atrás. Eu fui imatura e egoísta quando não aceitei o "não" que recebi e me julguei superior àqueles a quem, na verdade, devo respeito e obediência. Espero ser ainda merecedora de fazer parte de sua casa, de ser novamente sua filha e de poder dar continuidade ao trabalho que deixei suspenso por todo este tempo. Oxalá permita que tenha tempo, saúde e disposição para levar minha missão.

O Caboclo proferiu algumas palavras de encorajamento que também serviram de estímulo para todos os presentes e deu por encerrado aquele ritual. Após a prece de encerramento, todos foram cumprimentar Roberta pelo seu retorno às atividades mediúnicas.

E A VIDA CONTINUA

No dia seguinte àquele ritual, o telefone da casa de Roberta tocou logo pela manhã. Ela ouviu o primeiro toque e abriu um sorriso. Estava a preparar o café da manhã e interrompeu sua atividade para atender o chamado. Augusto notou a modificação no rosto da mãe e perguntou sonolento:
– Quer que eu atenda?
– Pode deixar, é para mim.
– Como a senhora pode saber sem nem atender?
– Alô, amiga, bom-dia!
Atendeu Roberta alegremente.
– Mãe, tá doida? O que vai pensar a pessoa do outro lado se não for quem a senhora está pensando?
– Bom-dia para você também! Já senti que a noite de ontem foi especial – respondeu Estela do outro lado do telefone, enquanto Roberta fazia sinais para que Augusto ficasse quieto. O rapaz entendeu que a mãe tinha acertado na previsão e saiu resmungando consigo mesmo.
– Parece doida...quero ver o dia que errar e não for dona Estela no telefone...ah, quero ver só a cara dela.
– E foi especial mesmo! Foi lindo...estou muito feliz.
– Quero saber de tudo, mas você vai me contar isso pessoalmente.
– O que você tem para me dizer que vai fazê-lo pessoalmente? – contra argumentou Roberta, entendendo que a anunciada visita da amiga não era apenas para saber de seu retorno ao corpo mediúnico do terreiro de dona Marina.
– Tomei algumas decisões sobre mim e Eduardo e gostaria de comunicá-las e dividi-las com você.
– Ah! Logo vi que havia algo mais atrás desta sua visita...a que horas você vem?
– Lá pelas três horas da tarde.
– Por que não vem mais cedo?
– Vou também para resolver uns assuntos na casa de minha mãe e só devo estar livre por esta hora...chame Tereza! Que tal fazermos um lanche?

À hora aprazada, Estela chamava do portão da casa de Roberta. Tereza já estava lá e sua gargalhada era ouvida desde a calçada. Roberta veio atender e logo colocou Estela ciente do motivo de tanto alvoroço. Era Tereza imitando a sogra e o cunhado, eternos motivos de suas reclamações e alvos de suas ferrenhas críticas. Estela passara antes na confeitaria e comprara biscoitos e doces para o lanche; as três mulheres passaram logo à arrumação da mesa enquanto Tereza seguia em suas imitações, e o tempo passou agradável.

– Ai, meu Deus! Ai, minhas Almas! Ai, minha mãe Iansã! Ai, meu Senhor do Bonfim! Quem diria que depois de tanto tempo eu veria esta cena! Obrigada, meu Deus! Obrigada, minha mãe, por terem permitido que eu vivesse para presenciar esta reconciliação!

– Tereza, sempre dramática...você já pensou em aprender a dançar o tango?

– Não me venha querendo menosprezar minha emoção, Roberta, você sabe muito bem do que eu estou falando...é uma alegria poder ver vocês duas novamente juntas.

– Obrigada pela torcida, Tereza – comentou modestamente Estela depois de sorver um gole de chá.

– Estou falando sério, meninas! Posso dizer sem falsa modéstia que eu tenho sido amiga de Roberta todos estes anos e vi o quanto a perda de sua amizade a afetou. Roberta ficou triste e amarga. Tenho de ser sincera e admitir que pensei muito mal de você, Estela, pois do jeito que as coisas aconteceram, não restava dúvidas de que Roberta tinha sido vítima de uma baita traição. Eu mesma cheguei a sugerir para que Roberta ligasse para sua casa e dissesse todos os desaforos possíveis....foi somente naquela salinha do hospital que tomamos conhecimento de toda a história...meu Deus, Estela, que barra você enfrentou sozinha...

– Não sei se passei no teste...mas, pelo menos, sobrevivi...tudo o que fiz foi pensando no bem-estar de minha família...só não consegui segurar a falsidade de Shirley...aliás, a minha presença aqui hoje tem relação com este assunto.

Nesse momento, Tereza e Roberta colocaram as xícaras de volta na mesa e fixaram toda sua atenção na fala de Estela, que se sentiu como um aluno que enfrentava uma banca examinadora.

– Eu sei que vocês poderão dizer que sou louca e que estou procurando mais aborrecimento. Podem até me julgar sem-vergonha, mas eu e Eduardo resolvemos tentar mais uma vez...

Diante da mudez das duas mulheres à sua frente, Estela passou a relatar toda a sua observação sobre o comportamento de Eduardo naqueles últimos meses, seu visível abatimento físico, sua análise sobre a raiva sentida e que recaía em grande parte sobre ela mesma e sobre Shirley, a opinião e isenção de Kely sobre o assunto, sua consulta com os búzios jogados por dona Marina, a descoberta de que, apesar de tudo, ainda amava Eduardo, a última conversa que teve com ele e sua decisão de morar na casa que era de sua mãe. Foi Tereza quem tomou a palavra assim que Estela deu uma brecha em seu discurso.

— Estela, quem sou eu para julgar sua decisão? Eu até posso pensar que faria diferente, mas tudo não passaria de minha suposição sobre o que eu faria se estivesse no seu lugar. Uma coisa é supor; outra, é experimentar. Quem sabe se no seu lugar eu não faria a mesma coisa? Cada um sabe de si e aos amigos só cabe estar ao lado uns dos outros, torcendo e fazendo a sua parte pela felicidade do outro. Eu não tenho autoridade para opinar na vida de alguém, não vê a minha própria vida? Minha sogra e meu cunhado põem e dispõem à hora que querem, por mais que eu tente fazer Álvaro entender que eles são obsessores encarnados. Eu acho que depois de tudo pelo que você passou, está mais do que na hora de você ser feliz. Se é este o caminho que você escolheu, só cabe a mim desejar o melhor para vocês.

— Eu faço minhas as palavras de Tereza. Não sei se o Eduardo te contou, mas, em uma conversa telefônica, ele comentou que faria todo o possível para a reconciliação, e eu apenas desejei boa sorte para vocês, deixando claro que estaria sempre ao seu lado, independentemente da solução pela qual vocês optassem.

— Obrigada, amigas, pela força. Eu precisava dividir com vocês esta minha decisão. Esta conversa toda de torcer pela felicidade é muito bonita, mas, na "hora do vamos ver", a responsabilidade é de cada um. A impressão que tenho é que nos momentos mais decisivos de nossas vidas estamos sempre sozinhos. O peso da responsabilidade é algo que carregamos sozinhos.

— Estela, está na hora de sermos felizes. Você já notou como perdemos tempo com coisas desnecessárias como a vaidade, o orgulho e o medo? Ser responsável é uma conseqüência natural do amadurecimento. Mais cedo ou mais tarde todo mundo tem de assumir responsabilidades e elas vão ser diretamente proporcionais às nossas escolhas.

— O que você quer dizer com isso, Roberta?

— Hoje posso afirmar que aprendi que nada é eterno. Olhe para nós aqui e agora! Há vinte anos esta reunião era impensável, impossível, fora de questão! Veja como o tempo se encarregou de colocar as coisas nos seus lugares. Entretanto, se não fosse a minha vaidade e o seu medo, tudo poderia ter se esclarecido muito antes. Tá vendo como perdemos tempo com coisas desnecessárias? É aí que entra a vida nos carregando por caminhos esquisitos, de modo a nos apontar que em algum ponto da jornada tomamos a opção menos acertada. E é preciso muita coragem para admitirmos que nos enganamos e recomeçar. Eu estou recomeçando minha vida religiosa, você está recomeçando sua vida conjugal, nós estamos recomeçando nossa vida fraterna. É importante notarmos que as coisas não terminam aqui. É aqui que elas recomeçam e não prometem serem fáceis, pois estamos mais velhas, com a sensação de termos menos tempo e com manias e vícios de comportamento que são difíceis de serem modificados, mas que de forma alguma podem ser empecilhos. E se algum dia alguma dificuldade aparecer, nossa experiência vai nos dizer que nada é eterno e que, por mais que as coisas pareçam sem solução, sempre existe uma saída e...

Roberta ia seguir com seu discurso, mas foi interrompida pela costumeira exclamação de Tereza, que levantou os braços para o alto dizendo:

– Ai, meu Deus! Ai, minhas Almas! Ai, minha mãe Iansã! Ai, meu Senhor do Bonfim! Eu não acredito que vou conseguir falar para vocês uma coisa que está engasgada comigo desde aquele dia no hospital e não consigo encontrar uma oportunidade, mas acho que agora ela se encaixa perfeitamente. É especialmente para você Estela!

– Ai que susto! Você quase me mata desta maneira! O que é isto que você tem para falar, sua maluca?!

Tereza ajeitou o decote do vestido estufando o peito, ela possuía uma voz melodiosa e, para surpresa de Estela e Roberta, cantou:

Quando não houver saída
Quando não houver mais solução
Ainda há de haver saída
Nenhuma idéia vale uma vida
Quando não houver esperança
Quando não restar nem ilusão
Ainda há de haver esperança
Em cada um de nós, algo de uma criança
Enquanto houver sol, enquanto houver sol
Ainda haverá

Estela e Roberta entreolharam-se emocionadas, tentaram falar alguma coisa, mas não conseguiram, pois Tereza havia se empolgado com a diminuta platéia e prosseguiu cantando:

Enquanto houver sol, enquanto houver sol
Quando não houver caminho
Mesmo sem amor, sem direção
A sós ninguém está sozinho
É caminhando que se faz o caminho
Quando não houver desejo
Quando não restar nem mesmo dor
Ainda há de haver desejo
Em cada um de nós, aonde deus colocou
Enquanto houver sol, enquanto houver sol
Ainda haverá
Enquanto houver sol, enquanto houver sol[24]

---

24. Música *Enquanto houver sol*, de Sergio Britto, BRBMG0300729. utilização gentilmente autorizada pelos Titãs.

Muitos outros encontros como aquele se repetiram. Amadurecidas pelo tempo e pela experiência, Estela e Roberta seguiram com suas vidas e, como acontece com todos nós, colheram os resultados de suas escolhas.

Este livro é dedicado a todos os que vivem intensamente e que têm a certeza de que *Enquanto houver sol*, haverá esperança e sempre haverá chance de recomeçarmos a escrever nossa história. Uma história que não seja apenas um encadeamento enfadonho de datas, mas uma história viva. Uma história em que os erros são freqüentes, mas que a esperança precisa ser permanente. Uma grande obra onde todos somos atores, basta assumirmos nosso papel.

FIM

MADRAS® Editora — CADASTRO/MALA DIRETA

Envie este cadastro preenchido e passará a receber informações dos nossos lançamentos, nas áreas que determinar.

Nome _____
RG _____ CPF _____
Endereço Residencial _____
Bairro _____ Cidade _____ Estado ____
CEP _____ Fone _____
E-mail _____
Sexo ❑ Fem. ❑ Masc.   Nascimento _____
Profissão _____ Escolaridade (Nível/Curso) _____

Você compra livros:
❑ livrarias   ❑ feiras   ❑ telefone   ❑ Sedex livro (reembolso postal mais rápido)
❑ outros: _____

Quais os tipos de literatura que você lê:
❑ Jurídicos   ❑ Pedagogia   ❑ Business   ❑ Romances/espíritas
❑ Esoterismo ❑ Psicologia ❑ Saúde   ❑ Espíritas/doutrinas
❑ Bruxaria   ❑ Auto-ajuda ❑ Maçonaria ❑ Outros:

Qual a sua opinião a respeito dessa obra? _____
_____

Indique amigos que gostariam de receber MALA DIRETA:
Nome _____
Endereço Residencial _____
Bairro _____ Cidade _____ CEP _____

Nome do livro adquirido: ***Enquanto Houver Sol***

Para receber catálogos, lista de preços e outras informações, escreva para:

MADRAS EDITORA LTDA.
Rua Paulo Gonçalves, 88 — Santana — 02403-020 — São Paulo/SP
Caixa Postal 12299 — CEP 02013-970 — SP
Tel.: (11) 2281-5555/2959-1127 — Fax.:(11) 2959-3090
www.madras.com.br

Este livro foi composto em Times New Roman, corpo 11/12.
Papel Offset 75g
Impressão e Acabamento
Orgráfic Gráfica e Editora – Rua Freguesia de Poiares, 133 –
Vila Carmozina – São Paulo/SP
CEP 08290-440 – Tel.: (011) 6522-6368 – comercial@terra.com.br